新时代大学生思想政治工作
实践研究系列成果

大学生的那些事儿
——高校辅导员工作案例分析

主编 罗永辉

陕西师范大学出版总社　西安

图书代号　JY24N1944

图书在版编目（CIP）数据

大学生的那些事儿 ：高校辅导员工作案例分析 ／ 罗
永辉主编. -- 西安 ：陕西师范大学出版总社有限公司，
2025.1. -- ISBN 978-7-5695-4693-4

Ⅰ．G645.1

中国国家版本馆CIP数据核字第2024B23G59号

大学生的那些事儿：高校辅导员工作案例分析
DA XUESHENG DE NAXIE SHIER: GAOXIAO FUDAOYUAN GONGZUO ANLI FENXI

罗永辉　主编

出 版 人	刘东风
出版统筹	刘　定
策划编辑	郑　萍
责任编辑	陈君明
责任校对	王淑燕
装帧设计	尹　冰
出版发行	陕西师范大学出版总社
	（西安市长安南路199号　邮编710062）
网　　址	http://www.snupg.com
印　　刷	西安市建明工贸有限责任公司
开　　本	720 mm×1020 mm　1/16
印　　张	18.25
插　　页	2
字　　数	260千
版　　次	2025年1月第1版
印　　次	2025年1月第1次印刷
书　　号	ISBN 978-7-5695-4693-4
定　　价	49.00元

编委会

主　编：罗永辉

副主编：辛向仁　李后东

编　委（按姓氏笔画排序）：

王　党　王耀明　朱　尉　祁斌业

李彩娜　宋　娜　宋吉玲　张　帆

张　倩　张思豆　鲁　燕　衡旭辉

前　言

国家的希望在青年，民族的未来在青年。一直以来党和国家非常重视高校思想政治工作。习近平总书记强调，思想政治工作是学校各项工作的生命线，各级党委、各级教育主管部门、学校党组织都必须紧紧抓在手上。在庆祝中国共产党成立100周年大会上，习近平总书记提出，新时代的中国青年要以实现中华民族伟大复兴为己任，增强做中国人的志气、骨气、底气，不负时代，不负韶华，不负党和人民的殷切期望！这是对"培养什么人、怎样培养人、为谁培养人"这一根本问题的回应。

高校辅导员与学生交往频率高、距离近、接触时间长，辅导员工作是高校思想政治工作的重要组成部分，对学生的思想、学习、日常生活和心理健康有重要的影响。在推进教育现代化、建设教育强国、办好人民满意的教育进程中，建设一支政治强、业务精、纪律严、作风正的高素质辅导员队伍是高校做好思想政治工作的基本保障。

育人者先育己。陕西师范大学历来重视辅导员队伍建设，在党和国家政策制度的指导下，学校不断健全机制体制，规范开展培养培训活动，积极拓宽发展渠道。如自2023年下半年以来，为改善辅导员队伍中部分辅导员存在的发现问题不敏感、看待问题不深刻、解决问题不精准的状况，大力提升辅导员的理论素养、实践能力，在党委主要负责同志、分管负责同志的直接推动下，学校在全校辅导员中开展了"工作案例月交流"活动：每月在校内选出10名辅导员，紧贴工作实际，聚焦学生日常教育管理服务中出现的突出问题、常见问题，分析背后原因，找到解决办法，与学工干部进行面对面分享；同时，邀请国内思想政治教育专家、知名一线辅导员参加活动，给予现场点评。

辅导员"工作案例月交流"活动的开展是解决理论与现实脱节问题的生动实践，是辅导员与大学生共同成长的有益探索。活动得到了辅导员的积极响应，在半年多的时间里，34名学院党委副书记、团委书记、一线辅导员走上了讲台；活动还得到了思想政治教育专家的大力支持，包括国家特聘教授、全国重点马克思主义学院院长、"最美高校辅导员"等17名专家到现场予以指导。为了使这些成果惠及更多的辅导员，编写组对交流案例进行了分类，编写了《大学生的那些事儿——高校辅导员工作案例分析》这本书。

对于尚处在起步、探索阶段的辅导员"工作案例月交流"活动和新时代大学生思想政治工作实践研究成果——本书而言，存在问题、不足是一定的，但我们仍期待本书中围绕案例进行的一系列分析思考能为高校辅导员工作和思想政治教育工作提供一些借鉴。我们希望和大家一起努力，为培养担当民族复兴大任的时代新人贡献力量。

本书编写组
2024 年 10 月

目　　录

第二篇　日常生活引导

第三篇 学业就业辅导

第四篇 心理健康指导

第五篇　学生组织管理

第一篇

思想政治教育

从"小粉红"到"中国红"

——智媒时代网络爱国主义青年的实存样态与引导策略

丁喜　张汉杰

【案例描述】

小王，女，2002 年出生，独生子女，父母均做生意，家庭条件优渥。

2022 年 2 月，正值大二的小王看到"星巴克驱赶借桌子吃盒饭民警"的话题后与众多网友齐聚"星巴克中国"微博，留言痛骂其歧视民警的态度，让其滚出中国。一名网友呼吁大家，理性看待商家对未消费人员的劝离行为。小王看到后将该留言截图至朋友圈，言辞犀利地批判该网友，动员同学们一起"教该网友做人"。她在朋友圈中说："种花战士"就应该喝茶，而不是喝咖啡，更不能喝"美帝国主义"的咖啡。如果以后自己的家人和朋友喝星巴克，就与他们绝交，要守护"最好的阿中哥"。

看到小王的朋友圈后，辅导员第一时间与她沟通，平复她的情绪，告诉她网络上的不当言论有可能引发网络舆情等风险，让"爱国之心"成为"碍国之实"。小王随即删除了朋友圈。深入交流发现，她早在意大利品牌辱华事件时就已有类似行为，之后她在某国内品牌新品服装被指疑似日本军服事件中也曾表现出同样的态度。

【案例分析】

这是一个学生"非理性爱国"的案例。从更宏观的视域来看，小王激进的观点和偏激的行为有可能在网络舆情、社会思潮、安全稳定和意识形态等领域引发风险，需要高度关注。像小王这样爱国热情高涨但爱国方式不当的学生如果不及时引导，有可能造成不可预料的后果。

该案例属于辅导员九大工作职责中思想理论教育和价值引领的范畴。这样的事件是实际工作中情况最复杂、处理难度最大、处理周期最长的，需要有充分的知识储备和丰富的工作经验，同时要与思政专家、学院领导和学生家长形成合力。庆幸的是关注及时，引导得当，该事件在同学中造成的不良影响较小，未引发其他领域的次生灾害。

案例的核心是如何对学生的爱国热情进行引导和转化，进而教育其理性爱国，把爱国情、强国志、报国行自觉融入实现中华民族伟大复兴的奋斗之中。

该事件的情绪引爆点在于星巴克的行为刺伤了小王的爱国情感。小王虽有较多日常消费、娱乐生活方面的经验，但缺少社会经验，因此较难进入具体复杂的现实语境中思考问题，遇到该舆论热点问题，她习惯性地根据言语符号来识别敌我，进而形成标签化的情感和观点。具体来看，她的行为呈现出以下四个特征：

一、言论极化

"群体极化理论"源自社会心理学的探究。该理论指出，群体中的个体思想意识在经过群体成员的共同决策以及观点的碰撞交流后，往往会朝着更为偏激或更为保守的两个极端方向演进。

经过与集体碰撞交流，小王的言论和举动逐渐变得激进，出现了"暴力性互动"，从而引发骂战。她简单地将"喝茶"还是"喝咖啡"这种个人的选择上升到"爱国"高度，偏激地认为"喝咖啡"尤其是"喝星巴克"是不爱国的表现，这是一种典型的狭隘民族主义和盲目排外主义。

二、情感非理性化

实际上，小王在网络活动中并不热衷于参与政治热点和历史叙事话题，可能是由于相关历史知识的欠缺，以及受到非理性主义的影响，缺乏丰富的生活阅历，她所展现出的对国家狂热的情感稍显幼稚。这种宣泄式的情绪话语呈现出非理性的情感倾向。

看到支持星巴克的网友的留言后，她第一时间将该留言截图至朋友圈，痛批该网友"崇洋媚外"的行为，动员同学们一起留言"教育"该网友，这属于非理性情感驱动的行为。她表示要与任何喝星巴克的亲友断绝关系，这更是不理性的举动。非理性批判看似热血沸腾，实则缺乏理性的思考与冷静的分析，这样的行为往往会让爱国主义陷入空洞化的旋涡。

三、方式泛娱乐化

小王习惯采用"二次元"的情感与认知模式看待和处理问题，以"萌系话语"追求感官愉悦和个性展现，在互联网上参与的热点话题集中在时尚消费与文化领域，这与传统爱国主义教育所传递的宏大主题相比，更加契合某些青年的心理需求，容易引起他们的情感共鸣与关注。

她在社交平台上以"种花战士"自称，经常转发官方媒体的推文，并且加上"中国永远是最大爱豆""阿中哥出道5000年14亿活粉""为阿中哥庆生""永远守护阿中哥，永远不脱粉"等词条。这些行为反映她将爱国情怀简化，对热点话题的认知浮于表面，并且表达带有泛娱乐化的倾向。这种倾向若过度，将不利于形成正确的政治价值观，不利于提升参与网络政治的素养，容易使其对网络爱国主义形成片面认知。

四、行动脱现实化

小王在网络上的"出征"是针对"出征"对象的单向"网络声讨"。当情感得以宣泄，网络舆情被激发之后，她又迅速撤离"舆论战场"，对"出征"事件后续发展的持续关注度大幅降低。最终，这场如同游戏般的行动变成了一场"网络狂欢"。这种行为若长期不加以引导，将会使爱国青年在现实中的爱国行动能力逐渐丧失。

查看该事件的评论区，我们发现小王不是个例，她属于被称为"小粉红"的群体中的一员。中国社会科学院发布的 2017 年《社会蓝皮书：中国社会形势分析与预测》指出，近年来一个引人瞩目的现象是"小粉红"群体崛起，他们显示出强烈的爱国热情，敢于在公开场合和互联网表达爱党爱国情感。

"小粉红"泛指出生于 20 世纪 90 年代及以后，成长经历深深嵌入现代市场经济与城市生活的新一代网络爱国青年群体。他们的行动方式、话语模式、情感结构都扎根于全球化的市场经济社会，却体现为一种"去全球化"特征。中华民族伟大复兴种种迹象使他们产生了强烈的国家自豪感。言论上，他们更多地直接从生活体验和感受出发，较少体现出理论性和政治性；情绪上，在维护主流价值观的同时，容易表现出冲动和偏激的倾向；行动上，他们在商业粉丝文化中训练出了强大的自我动员与组织能力。

从国际环境来看，复杂的地缘政治和西方的打压升级不断刺激着他们敏感的神经；从娱乐环境来看，娱乐化的生活和碎片化的信息使得他们深入思考的能力下降；互联网重构了"政治参与"的内涵和边界，对现实冷漠的他们，积极地在互联网上参与政治议题，批判意识趋显；同时互联网的"隐匿性"也使得他们表达的顾忌减少，情绪被无形放大。

【解决办法】

智媒时代，如何对像小王这样的青年进行理性爱国教育和引导，使之"激于义"而"止于理"，让爱国不只是一种强烈的情感和口号式的表达，而成为一种更坚定、持久、成熟的信念，把爱国情、强国志、报国行自觉融入实现中华民族伟大复兴的奋斗之中，同时也避免该类事件引发网络舆情和意识形态等领域的风险，本案例从情感、认知和行为三个向度出发做了一些探索。

一、情感向度：正向激励肯定爱国热情

工作中，辅导员充分肯定学生的爱国热情。学生积极进入主流舆论场，在网络上抒发爱国热情的行为确实展现出其积极参与政治生活的态度。同时，在"集体出征"以及各种网络趣缘共同体的日常组织活动中体现出来的较强的分工协作性，也是他们时间观念比较强、富有个人效能感和组织计划性等人格特质的集中反映。根据学生的这一特征，可以推荐小王担任班干部，同时充分发挥其网络影响力，让其积极健康的爱国热情影响和带动身边更多的同学。

二、认知向度：教育引导提升爱国认知

以习近平总书记关于弘扬爱国主义精神的重要论述为根本遵循，与思政专家、学院领导、专业教师和学生家长形成育人合力，坚持远近贯通，将久久为功与重点推进相结合，经常性地与学生沟通，帮助学生树立正确的爱国认知。

一是深入开展国情教育和形势政策教育。引导学生正确认识"两个大局"时代背景下国际国内形势；正确认识中华民族伟大复兴进程中所面临的战略机遇和风险挑战；正确认识非理性爱国行为暗藏的网络舆情、安全稳定和意识形态领域的危机；正确认识国家安全对安邦定国的重要作用。

二是充分发挥课堂教学的主渠道作用。思想政治理论课是爱国主义教育的主阵地，要通过该课程使学生认识到爱国主义的本质就是坚持爱

国、爱党和爱社会主义高度统一；认识到讲爱国的同时应该具备国际视野和国际胸怀，要把弘扬爱国主义精神与扩大对外开放结合起来，善于从不同文明中寻求智慧、汲取营养，共同推动人类文明发展进步，摒弃狭隘的民族主义和盲目的排外主义；认识到作为新时代的爱国青年应该涵养积极进取开放包容理性平和的国民心态，既不妄自尊大也不妄自菲薄，做到自尊自信、理性平和。

三是唱响互联网爱国主义主旋律。加强爱国主义网络内容建设，广泛开展网上主题教育活动；加强网络文明素养和网上舆论引导，汇聚网上正能量。

三、行为向度：以实践行动深化爱国责任

引导学生将爱国情、强国志、报国行自觉融入坚持和发展中国特色社会主义事业、建设社会主义现代化强国、实现中华民族伟大复兴的奋斗之中。

一是广泛组织开展实践活动。将爱国主义内容融入党日、团日、主题班会等各类主题教育活动之中；强化校训校歌校史的爱国主义教育功能，组织开展丰富多彩的校园文化活动；组织学生参观纪念馆、展览馆、博物馆、烈士纪念设施，参加"三下乡"、学雷锋志愿服务、创新创业、公益活动等，更好地了解国情民情，强化责任担当。

二是组织重大纪念活动。充分挖掘重大纪念日、重大历史事件的爱国主义内涵，组织开展系列庆祝或纪念活动。

三是发挥传统和现代节日的涵育功能。大力实施中国传统节日振兴工程，深化"我们的节日"主题活动，利用春节、元宵、清明、端午、七夕、中秋、重阳等重要传统节日，开展丰富多彩、积极健康、富有价值内涵的民俗文化活动，引导学生感悟中华文化、增进家国情怀。创新活动形式、强化教育功能、营造氛围，发挥青年节、国庆节等现代节日的爱国主义教育作用。

【经验启示】

当今世界正经历百年未有之大变局，我国正处于实现中华民族伟大复兴关键时期。爱国主义尤其是网络爱国主义容易受境外势力、网络亚文化和群体极端情绪的影响，遭遇着新的时代挑战。要将"小粉红"引导为"中国红"，就必须考虑青年群体的特殊性以及传播生态的新变化。

一是必须提高警惕。对于像小王这样的"小粉红"而言，对其网络爱国主义的高度热情和行动自觉必须予以肯定，同时也要防范爱国主义走向极端与狭隘，更要避免非理性思维给爱国主义带来的消极影响。

二是不断提升辅导员自身的知识储备。遇到该类问题的辅导员必须旗帜鲜明地站出来引导学生建立理性的爱国主义认知，规避学生爱国认知中存在的误区，不断提升社会主义意识形态在青年中的认同度，将爱国热情转化为报效祖国的坚强意志和顽强拼搏的实际行动，完成由爱国情感到坚定的爱国主义信念的转变。

三是多方协同形成育人合力。首先要借助思政教师的专业力量加强对学生的引导，将爱国主义精神贯穿于教育全过程，同时要加强网络空间意见领袖队伍的建设，打造一支高素质、专业化、正能量的网络舆情领袖队伍，共同夯实国家意识形态在互联网领域青年中的基础。

2024年3月，农夫山泉事件引发了网友的激烈讨论。这次，小王在留言中提到：我很爱国，但是爱国不应该被"带节奏"。我们爱国，就要让自己变得强大，让自己成为对国家有用的人，这才是我们最应该做的事。

"小粉红"爱党爱国的情怀朴素而感性，但他们的知识和阅历尚不足以分析复杂的政治事件和社会现象，面对热点事件时的发言和行动易情绪化，有可能给爱国主义带来消极影响。作为辅导员，我们需要在更丰富多元的维度上来认识"小粉红"，进而理解他们的价值取向和行为选择，从而将他们引导成为真正的"中国红"。

【专家点评】

在当今世界格局的深刻变革中，中国正处于实现中华民族伟大复兴的关键时期，这一过程中不可避免地会遇到来自西方资本主义意识形态的挑战和冲击。特别是随着信息技术的迅猛发展，信息传播场域中的潜在风险日益凸显，对爱国主义尤其是网络爱国主义构成了新的挑战。智媒时代，如何对青年进行理性爱国教育和引导，该案例给出了有效的解决方案。结合该案例，有两点需要加强：一是要讲清讲透爱国主义的本质是坚持爱国和爱党、爱社会主义高度统一；二是要告诉学生，学生的爱国就是要将爱国和学习结合起来，认真学习专业知识，掌握专业技能和方法，用自己的实际行动为祖国做贡献。

【专家简介】

包心鉴，中国政治学会学术委员会副主任，山东省习近平新时代中国特色社会主义思想研究中心学术委员会委员、特邀研究员，山东大学特聘教授。

一个"刺头"学生的"拔刺"教育之路
——从叛逆到成长的故事

高宇轩　鲁燕

【案例描述】

小妍，家庭经济状况良好，兴趣爱好广泛，尤其喜欢日本动漫。高中时期她学习成绩优异，深受老师同学喜欢，偶尔做一些越规矩的事情，不但没有受到批评，还被同学们认为是独立自主与实力并存的"女神"。高考她以全班第二的成绩考入大学，更加剧了小妍自我膨胀的心态。

进入大学后，小妍仍旧我行我素，沉迷化妆、打游戏，学习成绩下滑至班级中下等。在升班选拔考试中落选，在班委选举中再次落选，她便产生了自我怀疑。在各项比赛中她也都表现平平，大多未能胜出，又加剧了她心理的失落感。于是，为了博得关注，她刻意制造话题。在某次班级提交期末作业时，任课老师要求全体学生按照学号从小到大排好顺序提交纸质版作业，有同学提出是否可以提交电子版时，老师表示作业要留存归档，需要纸质版。小妍不认可，开始在课堂上阴阳怪气接老师的话，长时间戴着耳机听歌，大声嚼口香糖，梳头发，导致课堂师生僵持、氛围压抑，事情不了了之。在发生这个情况后，辅导员主动了解小妍平时表现，发现小妍经常就一些存在争议的问题与老师理论，企图通过该方式获得同学们的喜爱和关注。

【案例分析】

本案例是学生日常事务管理中经常会出现的一种现象。学生出于某种目的，故意挑战教师的"刺头"行为，属于辅导员工作职责中思想理论教育和价值引领的范畴。

"刺头"学生遇到一点小事就会产生激烈的对抗情绪，甚至借题发挥，故意挑战规则底线。小妍因为老师没有同意部分同学提出的要求，故意夸大问题使老师难堪。她的举动针对的可能并不是老师本人，而是师者所代表的管理权威。"刺头"学生大多会呈现出一些共性特征：首先是不思上进、学业不良；其次是有逆反心理、抵触交流；再次是惹事撒谎、心理自卑。他们往往表现出阴阳怪气接话、不按照要求办事、做事一意孤行、对学校和老师有敌视心理等行为。这些行为极具煽动性，对周围同学有非常不良的影响，不但会干扰其他同学正常的学习生活，还容易在同学中形成盲目跟风的趋势，严重的话会导致学生管理局面失控，造成难以挽回的损失。

"刺头"行为与大学生维护自身正当利益以及合理正当表达诉求有着本质的区别。正当表达自身诉求是通过合理合规的途径寻求合理利益。而"刺头"学生则不然，他们规矩意识弱，不断彰显"个性"。小妍由于心态失衡，希望通过"刺头"行为刷存在感，博得同学们的关注和认可。剖析小妍的情况，有以下三点原因：

一、家庭溺爱型教育导致学生对规则缺乏敬畏

家庭在培养孩子品德、塑造人格方面发挥着不可取代的作用。小妍父母均为医生，家境良好，小妍在家长期被父母溺爱，未经历过大的挫折，导致其进入更强的竞争环境后心态失衡，同时由于缺少解决问题的能力，厌烦、逃避等负面情绪加剧，产生了敌对心理。加之校规校纪对于违纪与不良行为举止的界定不够清晰，没有纪律的硬性约束，老师对学生的教育引导效果不佳。在与任课老师发生冲突后，任课老师选择了冷处理的方式，也助长了学生的嚣张气焰。小妍在成长过程中没有经历过挫折和失败，进入一个全新的环境后，以前应对问题的方式行不通，

加之缺少解决问题的能力，无法适应新环境，且没有合理宣泄负面情绪的途径，使得她负面情绪越攒越多，最后占据了上风，对新环境中的人产生了敌对心理。

二、"00 后"学生成长环境导致他们对问题认知不足

马克思认为，人的本质"是一切社会关系的总和"[①]，"只有在共同体中，个人才能获得全面发展其才能的手段"[②]。"00 后"学生是伴随着互联网成长起来的一代，他们成长环境的特殊性，对于传统管理模式极具挑战性：信息茧房构筑的人为信息壁垒，割裂了社会关系并阻止其融合；进入大学之前一直处于高强度学业轨道，对社会的认知有局限，对人际关系处理经验不足，看待问题容易片面；当现实情况没有达到预期时，容易出现逃避现实、钻牛角尖的行为，将自己放在教育者的对立面。小妍受成长环境和个人兴趣影响，长期沉浸在幻想的动漫世界，割裂了和真实社会的联系，动漫人物的价值观在潜移默化中对她造成了影响。进入大学后，小妍面临的不仅仅是学业方面的挑战，还包括人际交往、个人发展等方面的现实挑战，由于缺乏正确解决问题的能力，她处理问题便容易极端化。

三、竞争压力加剧导致心理产生落差

大学阶段是学生自我意识集中爆发的关键时间段。根据埃里克森的心理社会发展理论（他将个体心理发展分为八个阶段），步入大学阶段的学生正处于亲密感对抗孤独感的矛盾时期。在这一阶段，学生对于自我形象、自我判断、自我发展等多方面的认知会发生很大改变。选拔方式、评优方式、学习方式的改变使得一些学生心理出现了落差。能够进入重点大学学习的学生，在高中成绩都是名列前茅的，但是进入大学后，发现身边

---

① 马克思. 费尔巴哈——唯物主义观点和唯心主义观点的对立 [M]//中共中央马克思恩格斯列宁斯大林著作编译局. 德意志意识形态. 北京：人民出版社，1988：89.

② 马克思，恩格斯. 对费尔巴哈、布·鲍威尔和施蒂纳所代表的现代德国哲学的批判 [M]//中共中央马克思恩格斯列宁斯大林著作编译局. 马克思恩格斯文集：第一卷. 北京：人民出版社，2009：571.

的同学都很优秀，甚至有自己没有的优势，便产生了现实与希望之间的落差。人是社会化的动物，教育是人社会化的主要途径。小妍在校园集体生活中没有获得预期的反馈，在内心矛盾的驱使下，就会寻找其他的途径满足心理需求。在这种心理落差下，内心累积的问题爆发，就会通过其他特殊方式来获得别人的认可与关注，维持之前的受关注情况。

【解决办法】

"刺头"学生并不是天生带"刺"，借题发挥挑战规则的情况出现，是家庭、环境、心理等多方面的原因导致的问题行为。了解了"刺头"学生之所以"刺"的原因，就要对症下药进行"拔刺"，要第一时间解决问题，防止矛盾升级出现更大的问题。这就需要辅导员、任课教师、朋辈同学用责任、爱心和真诚形成教育合力进行教育转化。

一、望闻问切，诊断"长刺"原因

首先，要了解学生产生"刺头"现象的根本原因，精准快速处理问题。这类学生往往自尊心较强，在沟通时要有技巧。强硬的沟通方式不仅会让辅导员"碰钉子"，还会加大与学生的距离，导致学生更加反感与老师沟通。第一，与学生就事论事直面问题，化解师生矛盾，防止问题扩大升级。要把握主要矛盾的主要方面，从正本清源上对"刺头"行为加以定性，根据"刺头"学生群体的特点开展工作；走进学生内心，站在学生的角度思考解决措施，避免事态扩大升级，甚至引起网络发酵，产生更大次生危机。第二，不急于求成，要在铸魂育人的长期性上下功夫。学生成长是一种螺旋式上升的过程，不能指望一两次沟通就达到期待的质变；要在日常生活中主动与学生沟通，了解学生过去与现在的学习、生活、爱好等，找到与学生的共同话题，用鲜活实例打动学生，赢得学生认同。

其次，要采取多种途径深入观察了解学生，把握学生的思维动向。要用全面联系发展的眼光看待此类学生问题。通过与其舍友、同学沟通，了解此类学生思想、生活、行动上的变化，有针对性地了解其在不同场合下的行为表现，对学生做出更加全面的人物画像。与家长建立密切联系，了解学生在成长过程中家庭教育的模式，了解学生在成长各阶段的经历，做到家校信息互通。与任课老师互通信息，形成教育合力。通过综合掌握与学生相关的信息，分析学生出现叛逆现象的自身性格、家庭环境、学校氛围影响等的原因，预判学生还可能会出现的问题，做好应急预案，通过正向积极引导，将解决问题前置，避免产生连锁反应。

二、寻找时机，走进"刺头"心里

一要把握教育契机。"刺头"学生往往由一些心理或情感上的问题造成，需要倾听和理解。心理学研究将倾听分为五个层次：第一层是表层倾听，第二层是反应性倾听，第三层是深入倾听，第四层是综合倾听，第五层是创造性倾听。辅导员与"刺头"学生沟通时，要建立有效沟通渠道，借助班会、查宿、食堂就餐等机会，讲究方法技巧，不流于谈话形式表层，要直触学生心灵，了解他们的想法和感受，找出他们的困扰和难题，及时给予建议和帮助。要注意与学生谈话的时机和场合，尽量选在学生更熟悉的宿舍、食堂环境下开展，消减学生的抵触感。要利用朋辈教育力量，形成良好的班级氛围，让他们参与到集体生活中，感受到集体的温暖和支持。还要帮助引导学生关注自己的逆商，提高自己的逆商。

二要加强规矩意识。在"软管理"的方式下，还要有"硬约束"。规则纪律是校园管理的基础，也是约束学生的底线。对"刺头"学生要以理服人地讲规章纪律，发挥纪律的强制性作用，对于违反者要及时提醒、批评或处罚，把握好底线，绝不能突破红线底线产生"破窗效应"。通过"软硬兼施"的育人方式，帮助学生树立规则意识，遵守规矩要求。

作为与学生打交道最多的人，辅导员要理解学生，相信学生，以自己的言行促使"刺头"学生转变不良观念和行为。

三、不遗寸长，欣赏"毛刺"美丽

首先，要发现闪光之处。积极心理学家弗雷德里克森指出，人所固有的积极力量得到培育和增长，消极方面才能被消除或抑制。在指出"刺头"学生不足之处时，不能只是一味否定，这样会增强学生的逆反心理，产生适得其反的作用。要深入了解学生的优点和长处，发现他们身上的闪光点，通过挖掘学生潜质，提高学生自信心。当"刺头"学生有所转变时，及时给予正向的鼓励，相信肯定的力量，让他们感受到自己的价值，获得成就感，并以此为基础激励他们不断向前，提升前进的动力。

其次，要搭建展示平台。积极心理学家唐纳德·克利夫顿提出了优势理论，指要能够识别个人优势，并将其发挥为才干，最终将才干变为优秀的表现。这一理论对于"刺头"学生的管理具有很大启发意义。"刺头"学生形成的原因具有特殊性，要具体问题具体分析。针对学生的能力和爱好，搭建兴趣小组、班级文体活动、校园展示机会等平台，鼓励学生发挥特长，踊跃参与。在班级日常管理中，充分利用主题班会、团日活动等契机，让"刺头"学生参与到策划、组织节目当中，发挥特长，崭露头角，提高自信心。还要抓住时机加强对学生的理想信念教育以及世界观、人生观、价值观的引导，发挥价值引领的正向激励作用。

在小妍四年的大学生活中，她的行为发生了明显变化，后来谈起课堂顶撞事件，她表示自己当时太不懂事，也很后悔。现在的小妍充满着正能量，已签约至某重点中学。

【经验启示】

辅导员作为大学生思想政治教育的基层力量，要真正成为学生成长成才的人生导师和健康生活的知心朋友，把握好大学生这一年龄段的心理特征，"刺头"学生将不再是学生管理工作的绊脚石，而是辅导员经验提升的磨刀石。以上案例给我们的启示有：以情感人，从"心"出发。作为辅导员，要能够把握学生心理变化，在尊重学生选择、接纳学生个性的基础上，引导学生遵守规则成长，遵循规律对学生进行教育。这需要辅导员对学生有更多的关心、爱心、耐心。无论"刺头"学生有怎样的外在表现，其实质都是对规则的挑战，辅导员只有坚守好规则底线，把"心"放进去，才能与"刺头"学生以心换心。

以理服人，宽严相济。在处理"刺头"学生的问题时，首先要控制好自身情绪，语言和行为要符合教师身份，不冲动行事，不激化矛盾，不以权压人，可以采用急事缓办的方式，通过谈心谈话、解决实际困难等办法，运用"温柔的力量"平复学生的情绪，感化学生。

管理"刺头"学生的方法不是一成不变的，要针对学生发生问题的原因有针对性地开展。真正的教育是从心与心的对话开始的，而心与心的交流从真诚的沟通开始。

【专家点评】

"刺头"学生容易与教育者产生对立情绪，辅导员在解决这种问题时需要通过营造更好化解矛盾的环境，借力校友环境、学友环境来解决问题。对于小妍这类的案例，我有两点建议。

第一点是做学生工作，目的是要让每一名学生在校期间得到全面的发展，身体、心理、品德、学业各方面能够健康发展。这就需要辅导员在工作时对学生有感情，舍得在学生身上投入精力。辅导员工作中也存在二八定律，用80%的时间和精力在20%的学生身上——开展学生工作不可能对每个学生都平均用力，对于重点学生，往往用的时间最多，耗的精力最大，必须全身心投入。

第二点是做学生工作其实是做人的工作。每个人都有个性，但同时人和人之间又有共同的特点。辅导员需要把握青年学生的共同点，找到做好他们工作的规律。同时要注意不能简单地对号入座，每一名学生的成长经历不同，导致其认知方式、思维理念也不同，要在遵循学生成长成才规律的前提下因材施教，帮助他们走出成长的困惑、解决挫折烦恼。

【专家简介】

颜晓峰，《习近平新时代中国特色社会主义思想概论》教材首席专家，国家社科基金重大项目首席专家，天津大学马克思主义学院院长。

向"网"的生活里要校正航向
——网红文化中学生价值观偏差的教育引导

贾丹阳　王斐

【案例描述】

小萱是一名艺术专业的大三学生，容貌姣好，在语言表达和外形塑造方面有着很好的基础。小萱喜欢在微博、小红书等社交平台上以图片的形式记录大学生活日常，对网络上的网红、vlog博主十分关注，慢慢地，小萱发现有些网红、博主的视频和图片都是经过专业包装呈现在互联网上，将"粉丝经济"、网络流量转变为经济收入的，同样具备实力的小萱很羡慕，也很向往这样的生活。

某次她在微博上发布了一组精美自拍照之后，一家网红MCN（多频道网络）公司通过私信联系到小萱，想要将其包装成重量级网红，广告收入按照比例分成，但要求小萱在直播、视频或照片文案中注明"女大学生"身份，并且要紧跟网络热点发布言论或者作品吸引流量。面对这个能让自己成为向往已久的网红博主的机会，小萱没有多想便签约了。此后为了提高点赞数和话题度，小萱经常去网络热点话题评论区"冲锋陷阵"，即便被封号也会重新开个小号与粉丝进行互动。随着粉丝积累得越来越多，小萱的自拍照也越发越多，社会生活范围逐渐变大，不像以前一样积极参加校内文艺活动，还经常缺课外出去高档场所，穿高仿名牌服装植入广告，"去自习室不如去直播间"的想法也促使小萱购买了补光灯，准备在宿舍里开直播。舍友们认为这影响到了她们的生活秩序，侵犯了她们的隐私，找到老师进行调解，小萱的直播计划也暂时搁浅了。

【案例分析】

小萱这个案例十分典型，反映出了学生在网红文化洪流中出现的价值观偏差问题。

网红文化是一种流行的网络社会现象，就其本质而言是一种亚文化，在文化权力关系上处于从属的地位。身为千禧一代的小萱是互联网原住民，作为网红文化用户的主体，其生活方式和交往方式深受互联网的影响。近些年来，网红文化刺激了经济发展并使互联网职业多样化，但是一些负面网红文化呈现出传播内容浮浅化、传播信息泛娱乐化、传播价值观念非主流化、传播模式虚拟化等相悖于主流文化的异动样态，对价值观尚处于形塑期的大学生产生了严重的影响。

从社会层面来看，据公开数据显示，2022年中国网红经济市场规模达到1.3万亿元，同比增长26.9%。2023年6月，新浪微博发布了一项"当代年轻人就业在关注什么"的问卷数据，显示近万名受访应届毕业生中，61.6%的人就业时会考虑网红直播等新兴职业，这表明网红文化对大学生的价值观念产生了深刻的影响。一些大学生不仅追捧、效仿一些哗众取宠的网红达人，甚至简单地将其看作是滋生和繁衍"成功"的现实机遇和丰厚土壤。这些网红达人的思维方式、行为取向、价值观念，成为青年构建自我身份认同的原材料，特别是他们创造出的不良网红文化已经成为人们价值遮蔽与价值失范的诱因。培育时代新人，深彻研究互联网时代网红文化给青年带来的价值局限及其路径超越尤为紧迫和重要。

从这个案例本身来看，小萱对网红博主有向往，以至于价值观产生偏差，偏离"学生"主体身份，为了所谓的流量和话题度导致网络言行失范，并产生了不良的价值观、消费观、审美观。造成这种问题的具体原因有以下三个方面。

一、从个人动机来看，以小萱为代表的青年网络身份认同存在偏差

性格特点。小萱的成长过程比较平稳，因为性格和形象优势，加上专业锻炼，习惯被聚焦被关注，对被包装得精致多金的网红文化心生羡慕，当网红聚光灯照来的时候便毫不犹豫签约了网红机构。

身份认同。当今网络媒体平台成为虚拟表演的"布道者"，个别学生构建精致高级的女大学生形象，在一众点赞和好评中实现了个人身份认同和价值肯定。这在大学生媒介接触动机中很常见。但是从现实情况来看，专业网红都有背后团队的策划与炒作，他们展示的是自身经过美化加工过的所谓成功经历、价值观念。

趋利心理。小萱收到第一笔提成后，更想实现经济自由、名利双收，因而更加精心地经营自己的网络形象，认为读书无用，这也映射出网红文化很容易将"走红"与"成功"等同起来，导致急功近利的浮躁心态，陷入迷思幻想中不可自拔。在表象与现实交织而形成的巨大网络中，青年往往无法辨别真实情况，产生了价值选择偏差的客观事实，从而进一步出现价值观功利化、虚荣化、去信仰化的现实表征。

二、从日常教育角度来看，面向学生开展网络文化潮流引导存在缺位

第一，欠缺媒介素养和专业实践教育。网红文化作为亚文化的一种，其兴起的时间尚短，内容没有经过严格的筛选和鉴别，质量良莠不齐，且又缺乏及时有效的监管和引导，但是其传播范围广，传播速度快，一些低质量的内容会在短时间内造成比较大的影响。透视网红文化的精神实质，娱乐至上与虚无主义是其典型表现。在谈话中学生本人表示，"我以为换

个小号就没人知道我了""我也想提前适应新媒体行业的要求"。小萱作为传媒类专业的学生，比其他学生更加明白网络生态和传播规范，但是她无视言论规范，贴上引人眼球的"女大学生"标签，营造高消费人设，以至于忽视学业，干扰宿舍生活，这些行为都需要进一步通过提高媒介素养和专业认识进行纠正。

第二，缺乏针对性成长规划的指导。Z世代是互联网原住民，观看直播以及成为主播对于他们来说距离感很小。这几年的求职环境压力可能让一部分毕业生存在尝试心理，只注意到直播行业表面上的光鲜亮丽，希望进入"赚快钱"的行业中，而忽略了整个行业发展中"沉默的大多数"以及"成名的代价"，所以大学生需要更全面、辩证地认识和对待这个职业。

第三，未能及时引导学生理性全面看待网红文化。网红文化监管和筛选机制在不断完善，小萱选择从事自媒体行业是没有错的，但是她目前的不当言行和价值观偏离是需要及时进行引导纠正的。面向青年，引导青年，给青年提供风清气正的文化环境，向他们传播有思想深度、有文化内涵的网络文化，将社会主义核心价值观渗入青年的情感认同和行为习惯是我们亟待关注和思考的重要问题。这些都要求我们不断完善监管和筛选网红文化的机制。

三、从社会环境来看，网络亚文化良莠不齐给青年成长带来消极影响

在网红潮流的造势中，短视频浪潮使得部分大学生沉迷满足于"短平快"的感官体验，逐渐减少奋斗实践。小萱羡慕网红，为获得更多的点击量，"潜心"打造虚拟形象，偏离学生主体身份，更是相信了"去自习室不如去直播间"这样的读书无用论。

"网红生产"致力于将人格魅力进行资本化，通过捆绑夺人眼球的标签，满足了网民看客的猎奇心理，大学生这一群体也被某些网络媒体"妖魔化"，甚至成为商业化网络时代的牺牲品和受害者。这不仅损害了大学

生群体的整体社会形象，还引起了社会公众对于高校教育的负面评价。

同时，由于网红文化更新、扩散、流行、过气"快"的特点，内容创作往往缺乏深度与沉淀，浅层娱乐和信息碎片化对青年认知产生了负面作用。

【解决办法】

一、点破错误行为，针对学生行为以"三讲"明确网络言行规范要求

一谈网络规范制约。当学生发言违反了网络文明规定时，要结合传媒专业知识给学生讲明网络舆论生态和风险，讲解中央网信办发布的《关于加强"自媒体"管理的通知》相关规范要求，以法明理，教育引导学生自觉反思行为，加强网络言行自我规约。

二谈学习生活秩序。向小萱讲明宿舍管理规定以及舍友对生活环境和隐私的诉求，引导其共同维护好宿舍生活。还要形成家校合力，结合小萱工薪家庭的背景对她的消费行为进行引导，讲明虚假高消费所带来的虚无精神需求，避免消费理念倒置。对于缺课行为，要依据教学规定提出批评教育，并联合专业课教师向学生讲明专业技能提升才是真正的"一技之长"。

三谈职业生涯规划。网红现象的持续升温向大学生展示了在互联网时代的另一种职业出路和职业选择，小萱能够结合个人特长找到自己擅长的平台，并记录分享生活是没有错的，正确认识、规划网红职业也能成为能力拓展的一个窗口，但也要清楚认识其背后存在的风险和较短的发展周期，要明晰自己的能力水平以及长远成功所需要的积淀。特别是在选择尝试的时候，要警惕网红机构的合法性是否经过验证，签约信息和个人信息能否得到妥善保管、运用。另外小萱还要警惕网红机构的不当做法，比如为吸引眼球让她贴上"女大学生"的标签传递一些擦边、拜金等的内容，这导致大学生社会形象被刻板化甚至污名化，对于学生群体和教育群体来说会产生极坏的影响。

二、提升认识判断，针对学生认知从"三力"校正偏差航向

在讲明几个表层行为要求之后，要聆听学生的内心想法，便于了解其目标异化背后的心路历程，根据实际情况进行航向校对。

一要使学生拥有网络文化的把关力。引导小萱在阅读和实践中感知世界的多元性，带领她参加毕业年级就业分享会，在对比分析中进一步明确价值选择。引导其正视网红职业的价值取向和长远发展，很多哗众取宠的网红就像夜空流星转瞬即逝，作为大学生，要将社会所需、人民所需的文化内容结合新媒体技术手段做到讲好真故事、传递正能量、帮助更多人，做真正有意义、有价值的网络传播才不会"过气"。

二要提升学生自我发展的规划力。实现人生价值的方式有很多种，要帮助小萱认识到当前发展和长远成功之间的关系，不能在物质消费和虚拟认同影响下盲目相信读书无用论。小萱表示虽然对做网红这件事有点顾虑，但毕业后仍想从事新媒体行业。结合其选择，以及其合约期未结束的情况，建议其要利用资源学习新媒体传播的技能，了解运营机制和方法，同时在传播内容上聚焦大学生青春生活和文化。

三要增强学生身份认同的内生力。青年学生通过网络虚拟个体的自我表演来实现身份认同，小萱也提到在生活里对比网络形象还是有落差感，因此要引导学生将现实生活和网络生活连接起来，网络分享应该是现实生活的窗口，而非主舞台。要鼓励学生通过自我成长获得荣誉，建立内核自信，这样就不会因"点赞少"而无法实现认同，产生心理落差。我们要在平等愉悦的氛围中向青年讲清楚理论与现实之间的落差，帮助学生构建对网络文化认知的自我调适机制，形成对自我、他人、社会的理性正确认识和评价。

三、善于以文化人，针对学生发展由"三正"塑造清朗红心"新网红"

首先，树立正能量榜样示范。结合学生自媒体平台不温不火的运营现状，引导学生向上对标，找到正能量网红目标，可利用媒体博主，类似复

旦大学冯琳、新华社记者张扬，高质量学习博主等优秀学长学姐，引导其校正方向。同时，正确发挥网络平台正能量作用，将具备正能量的网红作为榜样，强化传播纽带作用，实现文化影响与价值引领，既确保在复杂的网络环境中，始终有人能够举旗亮剑，坚持正向的价值标准，又能以榜样的力量有效激发青年的生活激情和创造才能。

其次，参与正能量传播。如学生有明显特长，可以吸纳其加入校内新媒体工作室开展新媒体实践，比如直播助农、非遗宣传、主流短视频音频创作等，让学生在优质文化作品的创作和传播中培育和提升媒介素养，校准其在参与媒体传播过程中的价值标准和价值取向，最终帮助其形成独立思考以及分辨真伪善恶的能力。

再次，输出正能量创作。网红主播行业虽然有很多灵活之处，但是想要持续发展"不过气"，还在于主播个人的内在积淀和知识积累，稳定而高质量的内容输出就来源于知识、阅历以及创新力的不断提升，要在向下扎根的基础上才能抓住机遇窗口。在合约期内小萱是否应该继续输出网络内容是个很关键的问题。结合实际情况，辅导员建议其策划国风系列视频，如以民族服饰等作为分享展示内容。毕业后，小萱在一家文化传播公司工作，但是已经不做台前人了，而是做起了创意策划和项目运营。

【经验启示】

一、日常教育与平台监管协同，实现媒介素养提升转化多元互通

要在日常教育中将媒介素养教育前置，不是等发现学生做了违背网络规范的行为才去"灭火"，要在工作中将媒介素养教育纳入日常教育体系，并且组织善于网络交际的新生建立媒介素养实践团队。走近学生，建立沟通，了解学生网络生活和思想价值观动向，将网络文明教育纳入新生入学教育必修课，定期举办网络文明活动。还可组织学生团队利用课余时间给中小学生做网络文明宣讲。

二、文化浸润与实践体悟协同，实现价值引领和现实体验同频共振

面向学生开展工作，并不是要简单粗暴地消灭这些非主流意识形态，而是要在"一元主导、多样并存"的原则下与其开展对话、沟通，吸收整合同质非主流意识形态，坚决抵制异质非主流的恶意攻击。要将文化育人与实践育人协同，实现媒介素养与实践体验的同频共振。我们应当发挥过滤和引导作用，对于网络热点话题要及时辨析，对社交媒体上活跃的学生要及时跟进，给予指导，针对学生不同的闪光点，切中学生的需求并在实践中引导其成长。

三、将"主渠道"与"云对话"结合，实现内容形式与传播效果多维提升

要辩证看待网红文化，走进青年的学习、娱乐生活，浸入青年可感知、可参与、可践行的领域，以身边人讲述身边事的方式，以情感激发和价值思考引导价值追求，结合青年价值观形成发展规律，借鉴网红传播模式的优势和特点，围绕大学生鲜活现实、热点话题、成长困惑主动进行交流，激发学生参与实践活动的热情，深入了解社情和实际生活，将线下的"主渠道"与线上的"云对话"相结合。

作为辅导员，要做好网上内容的"把关人"与大学生网络生活的"引导者"。在网红文化的裹挟下探索大学生思想政治教育难点痛点问题的解决办法，深入辨析网络文化动向，用亲近青年话语的方式提升话语权，促进传统与现代的水乳交融，为大学生呈现既"有营养"又丰富的网络生活指南。

【专家点评】

此案例选题很准确，因为网络经济是现在社会化建设当中重要的内容，我们不能回避这个真实存在的问题，但是当下网络治理还不够完善，

网络秩序维护仍需努力。作为辅导员应该如何给予青年价值观正向引导，并做好文化传承引导，是非常值得思考的。在本案例的具体处理中，辅导员抓得准、说得清、导得好，能够将理论思考和实际工作有机结合。其中更为重要的是辅导员首先抓住传媒类学生的媒介素养提升，在培养传媒人才的同时，更好地引导和促进学生建立正向价值观；其次引导学生明确当前目标与长远发展之间的关系，读书期间深厚的文化积淀和学习积累对于未来在传媒行业发展的重要支持作用，激励学生抓住当下学习机会，提升素质和培养能力。总的来说，本案例的做法是值得参考的。

【专家简介】

胡元梓，国家哲学社会科学办公室政治学学科评议组成员，人民出版社《新华文摘》编辑部编审，中国政治学会理事，中国行政管理学会理事。

小"乐趣"带来大"麻烦"

——一则大一新生引发舆情的思考

汤治国　王一喆

【案例描述】

小豪同学，大一新生，入校前有一个200多粉丝的抖音账号，经常发布关于个人生活、学习情况的视频或转载、制作的娱乐性作品。上大学后，小豪换了一部新手机，并于某天晚上在宿舍向舍友展示手机的拍照性能，随后舍友在阳台上进行摄像头拉伸操作，感受手机的像素画质。在此过程中，小豪进行了视频拍摄记录，经过后期配乐和配文发布在抖音平台，网友询问对面是否为女生宿舍，小豪仅回复一个调皮的表情，让外界误以为在拍摄女生宿舍。在视频获得了一定关注后，小豪心满意足就寝，未料该视频于当晚开始迅速发酵。次日一大早，小豪的抖音已有近百条的留言，内容以质询和谩骂为主。

尽管小豪在得知事态失控后立即删除了网络视频，但已经引发的舆情却愈演愈烈，诸多网媒和自媒体，将原视频经过二次加工转发至微博等其他网络平台，对学校形象造成了不良影响。

【案例分析】

此案例是网络思想政治教育中大学生网络行为规范与价值引领范畴的问题。案例中反映出"00后"大学新生自身缺乏网络法律法规意识，网络文明素养尚未养成，正处于思想活跃时期，喜好追求新颖多元的文化，易受到网络亚文化消极因素的影响，使自己的价值判断出现偏差，出现网络行为失态。经过分析，案例中有多方因素交织影响，主要有以下三个方面：

一、大学新生网络文明素养较低，网络行为责任感不强

"新形势下提升大学生的网络文明素养是培养担当民族复兴大任时代新人的重要着力点。"[①] "网络文明素养包括网络政治安全素养、网络道德责任素养、网络心理健康素养等。"[②] 准大学生无学习压力，自主支配时间较多，日常生活中对网络过度依赖，随意在网上进行浏览，接触大量的信息，其中有不少有害的信息他们难以辨别，使得其不能站在客观正确的立场分析问题。当在现实生活中遇到问题，与网络世界形成强烈反差，他们会选择沉浸在网络世界中。网络世界具有相对自由、虚拟、隐蔽的特点，会给他们带来暂时的满足感。另外大学生法律意识、道德观念易受影响，特别是在侥幸心理的支配下，往往会出现失范行为，比如，跟帖表达意见时，有时会恶语相向，甚至人身攻击，发表过激虚假言论。这些现象均反映出部分大学生网络法律意识和道德意识差。

小豪对网络世界给自己带来的虚荣心和被关注的满足感产生了依赖，这也是因为他在网络世界不断寻求自己的兴趣点，造成自身对网络世界的行为活动更加执着，对现实的规矩和法律的认识则十分淡薄。在多种因素的影响下，小豪对有关舍友的视频肆意进行加工，让作品更博人眼球，在网上与网民的互动中还有意制造故事、扭曲事实等，无限地享受网络带来的虚拟的满足感，而忽视了现实社会对大学生行为道德的要求

---

① 王昊. 新形势下大学生的网络文明素养提升研究 [J]. 思想理论教育导刊, 2018（1）: 139.

② 沈晓海. 新时代大学生网络文明素养的审视与提升 [J]. 高校辅导员学刊, 2019（5）: 46.

和约束。

二、"00后"大学生思想活跃且易变，个人需求上倾向于追求新颖与多元化

"00后"大学生群体的新需求给思想政治教育带来巨大挑战，大学生正处于探索自我和世界的阶段，思想正处于活跃爆发期，他们的需求呈现出碎片化、多维度、易变化的特点。[①] 此外高校历来都是多元文化交融、交锋的重要场域，网络亚文化也借助互联网在高校内快速生长，造成大学生的价值取向呈现多元化趋势。这种多元文化的交织对他们形成稳定的价值观产生了多方面的影响。

案例中的小豪在大学入学后表现较为活跃，刚入校接触新的同学较多，更容易接触到不同的价值观念，与同学的偶然间交流也能找到新的乐趣点，而这种新的乐趣点正好符合他自己要获取更多的流量和关注的需求，因此与其自身惯有的娱乐化的网络行为产生了关联。但如果表达方式有悖于现实身份的要求，就会如案例中的情况一样，引发舆论的抨击。

三、大学生群体易受网络亚文化影响，导致其价值判断产生偏差

随着经济全球化的加速发展，我国社会结构的转型致使人们的价值观呈现多元化趋势。同时，随着互联网技术的发展，以网络为新媒介的信息传递和交流方式对社会文化样态进行了全方位的渗透，出现了一种新文化样态，即网络亚文化。网络亚文化是与网络主流文化相联系又有别于网络主流文化的一种文化样态，"是随着互联网的广泛兴起而形成的一种新生代文化"[②]。网络亚文化在当代大学生的成长和发展中产生了重

---

① 王海建. "00后"大学生的群体特点与思想政治教育策略［J］. 思想理论教育，2018（10）：90-94.

② 李礼. 网络亚文化的后现代逻辑：对"屌丝"现象的解读［J］. 青年研究，2013（2）：71.

大的影响，其消极因素使他们的价值观等出现不同程度的异化，表现为对社会现象进行简单肯定或否定，并试图用娱乐麻痹大众，消解主体对事物的存在和本质、对现实及世界的深度思考，[①]使人们逃离社会现实，逐渐丧失判断能力。这会使大学生自我意志减弱，与自身实际生活逐渐疏离，主体行为意识被淡化，出现了现实生活被网络虚拟世界控制的现象。

案例中的小豪为大一新生，高中毕业后长期沉迷在网络虚拟世界中，常将个人日常生活状况等制作成视频并发布到网上，致使自己常常简单化、片面化地看待问题，无法做到全面自主地去认识事物和判断是非，导致他在网络中的个人行为出现了严重的偏差。

【解决办法】

网络亚文化消极因素影响了大学生的价值判断和信息甄别能力，久而久之会令学生的思想意识出现偏差，显现出不容忽视的负面效应，这明显不利于学生的良性发展。解决此类问题应该注重引导学生理性认识网络亚文化，独立思考，培养甄别有害信息的能力，还要进一步提升他们的网络法律意识和文明素养，注重回归现实问题和实际的思想困惑。

一、回归现实，积极解决学生日常存在的思想问题和实际需求

网络亚文化是现实社会的映射，应该立足网络亚文化产生的现实条件，准确研判社会发展的时代特点和社会矛盾，以及社会群体心理特点。[②]大学生之所以会对网络亚文化产生依赖感，缺少正确的自我认知能力，是因为学生在学习以及日常生活中，存在一些无法自主解决的问题。大学生是价值观认同的主体，是各种利益关系中的"现实的人"，只

---

① 孟杰. 网络亚文化对培育青年志气、骨气、底气的影响及应对策略［J］. 思想理论教育导刊，2022（6）：153-159.

② 王玺. 网络亚文化影响下的青年社会心态引导［J］. 人民论坛，2019（34）：108-109.

有不断地改善他们成长发展的基本物质条件，让他们感受到来自国家、社会、学校、家庭的关心和温暖，才能充分调动他们的主体性，进而让他们产生对社会主义核心价值观的认同和情感。在物质生活和精神世界中取得一定的支持，学生的情感取向、价值观念才能更加稳定，才能有利于大学新生度过大学适应阶段。

进入大学后，部分学生可能难以适应新环境，辅导员要及时做好以下两个方面：（1）应当密切关注部分新生所面临的生活困难以及适应障碍问题，为学生解决生活中的实际困难，给予他们精神上的支持和鼓励。（2）及时引导新生正确辨识网络亚文化中的内容，对消极情绪和错误观点进行理性批判，拨开学生思想迷雾，帮助学生树立正确的价值观念和生活学习的信心。

二、精准引领，构建丰富的学生实践活动平台

高校文化建设过程中，要始终将马克思文化观作为指导基础，以理想信念教育、道德教育和爱国主义教育为手段，建设起良好校风、教风和学风，构建出多种形式的高校文化建设载体，从而更好实现学生全面健康发展。[①] 辅导员要积极创造主流文化的实践教育机会，以更加生动翔实的思想政治教育贴近学生，切实走进学生的日常生活实践中，达到对学生的思想和价值进行引领的目的。对此，高校辅导员需要做好以下两点。（1）壮大主流文化，开辟多样化的主流文化学习阵地，利用校园网络进一步宣传主流文化与时政热点，同时利用这类学生熟悉网络的优势，加入校园官方媒体平台推送正能量的文化作品，充分利用博物馆、展览馆、红色革命教育基地，拓展育人场所，满足学生多样化的需求，进一步提升思想政治教育的时效性和针对性。（2）为学生拓展提升专业能力的实践平台。根据学生的兴趣和特长，组织各种专业技能活动、竞赛和社

---

① 杨扬. 马克思主义文化视域下的高校文化建设［J］. 新闻战线，2015（7）：184-185.

会实践活动，同时通过邀请专家、名师、优秀榜样，为学生讲授成长励志故事，引导学生进一步关注自身的内在发展，进一步培养学生的奋斗精神和理想信念。

三、双向奔赴，提升网络思政教育工作者工作水平和学生文明素养

党的二十大以来，在习近平总书记关于网络强国重要论述指引下，网络文明成为社会主义精神文明建设和网络强国建设的重要任务。这要求思政工作者必须将提高网络文明素养作为培育大学生的重点方向，深刻认识网络文明的培育机理，创新推动网络育人的工作格局。思政工作者与大学生需提升网络信息素养，利用网络资源传递正确价值观，辨别信息真伪，同时学习网络安全法、互联网信息服务管理办法等法规。

在有明确的方向指引的前提下，我们还需做好以下几个具体方面。（1）前置网络普法教育，紧抓入学教育的有利契机，结合警示案例、宣传教育，筑牢学生的法律意识防线，使其严守法律底线，提升自己对网络风险的辨别能力。（2）辅导员需要有针对性地加强学习网络思政教育方法，学习开展网络思政教育的相关理论与实证案例，此外还需进一步提升网络舆情风险研判和应急处置能力。

【经验启示】

本案例反映出当前大学新生法律意识淡薄，网络文明素养有待提高，易受网络亚文化中消极因素的影响，且大学新生追求新颖、易变的思想特点也导致大学生在价值观形成过程中的变量被无限扩大。所以此案例给我们的启示为：（1）重视大学新生的网络安全教育，同时前置网络普法教育，通过入学教育、警示案例学习等，提升大学新生的网络法律法规意识，筑牢大学生网络安全观，加强其网络风险预判能力。（2）关切学生现实问题，及时纾解其思想之惑，通过走访、谈话、家访等形式及时了解大学新生在适应新环境的过程中遇到的困难，回应学生在生活、学习、人际

交往中的需求，将可能产生的问题化解在萌芽状态。（3）持续提升思政工作者网络思政教育水平，树立网络思想政治教育意识，利用网络思政平台与线下活动相结合的方式，开拓校园主流文化育人平台，开辟答疑解惑阵地，帮助大学新生辨别网络亚文化的利弊、回应社会热点关切。

【专家点评】

在互联网的冲击下，高校的网络思想政治教育面临的形势变化更加复杂，辅导员精准开展学生思想政治教育也更具挑战。该案例从一个大学新生网络行为问题，引发思政教育工作者对重视大学新生网络思政教育工作的思考。通过案例分析，结合思政教育的工作实际，我有三个方面的观点：（1）此案例非常符合现在学生的学情变化，互联网不断发展，学生的思想也出现了更多的新情况，同时对高校开展大学生网络思政教育等带来了挑战。此案例是思政教育问题的一个缩影，具有典型性。（2）此案例的研讨分析抓住了深层次问题，分析的切入点精准，解决问题的办法和措施具有针对性、实效性，能够从本质上解决同类问题，能够对有此类问题困惑的老师产生新的启发。（3）随着网络时代的到来，传统的高校思想政治教育工作方法满足不了学生发展的思想政治教育需求，高校辅导员必须立足当前，掌握网络思政教育的主动权，强化网络思想政治教育思维，在工作中聚焦学生的全面发展，切实解决学生实际生活学习中的困难，助力学生更好地成长成才。

【专家简介】

傅慧芳，《理论与评论》常务副主编，国家万人计划全国哲学社会科学领军人才，文化名家暨"四个一批"人才，全国基层理论宣讲先进个人，福建师范大学马克思主义学院院长。

从二次元的精神慰藉回归现实生活的真实成长

——大一新生适应性阶段的教育引导与心理护航

王雅茹　解建团

【案例描述】

"哇哦!"同学们发出一片惊呼。当小岩刚刚参加完漫展,以角色扮演的服饰与夸张的妆容进入教室时,引来了同学们的一阵围观与讨论。

这是小岩入学两个月后某次去教室上课的场景。

小岩,某大学本科一年级的学生。在该生的成长过程中,父母工作忙碌,小岩主要由爷爷奶奶照料。初、高中阶段,小岩曾遭遇校园霸凌,情绪持续处于低落状态。幸而,父母及时发现了小岩的抑郁迹象,并带他接受了专业的抗抑郁治疗。由于父母工作仍旧忙碌且难觅同龄人的慰藉,小岩转而将大部分精力用于网络冲浪,直至偶然接触到二次元世界,从此沉迷其中。

入学以来,小岩凭借卓越的表达能力与出色的办公技能成功当选班委。然而,因对班委工作重视程度不足和时间管理不当,小岩的班委工作表现欠佳,引起同学不满。一段时间后,经班委民主测评,免去小岩班委职务。自此,小岩便觉难以融入班级,转而全身心投入二次元世界,奔忙于漫展等活动,与班级同学日渐疏远。

在与辅导员的谈心谈话中，小岩表示，同学们聚集的目光让自己恍若动漫主角，内心洋溢着被关注的喜悦。辅导员老师肯定了小岩对于正向的动漫人物的喜爱，但提醒小岩作为一名大学生，要懂得根据场合着恰当的服装，避免因夸张的服饰与妆容干扰正常的教学秩序。但小岩认为学校不应该干涉学生的穿衣自由，坦言自己在大学生活中交友寥寥且缺乏发光发热的平台，只能在二次元世界而非现实生活中寻求情感慰藉与压力释放的方式。

【案例分析】

案例中小岩的问题可以归结为在入学适应性阶段中产生逃避的心理防御机制，具体表现为过度沉迷于二次元世界。这反映了学生个体对于现实困境的一种无意识的回避与否定，转而通过构建二次元世界作为逃避现实生活中问题、自我保护的手段。进入大学后，学生的学习形式、社交方式、生活环境发生巨变，角色的转变要求学生自身具有独立的应变能力、良好的抗压能力、灵活的心理调适能力等等，更要求学生的社会关系给予其足够的情感支持。而小岩在这个过程中并未实现良性的转变，且未得到相应的情绪疏导，使其逐渐将生活的重心放在二次元世界中。

二次元原指"二维世界"，即包含长度和宽度的二维空间，是一个几何学的概念，后用来指代日本的 Manga（漫画）、Anime（动画）、Game（电子游戏），在华语地区则是 Comic（漫画）、Animation（动画）、Game（游戏）的统称。① 艾瑞咨询 2020 年发布的《中国二次元产业研究报告》显示，中国二次元用户有望在 2023 年达到 5 亿。②2022 年，中国社会

---

① 林品. 青年亚文化与官方意识形态的"双向破壁"——"二次元民族主义"的兴起［J］. 探索与争鸣，2016（2）：69-72.

② 艾瑞咨询发布《中国二次元产业研究报告》[EB/OL].[2024-09-12]. https://www.idigital.com.cn/report/detail?id=3865.

科学院社会心理与行为实验室以及社会科学文献出版社联合发布了《未成年人蓝皮书：中国未成年人数字生活与网络保护研究报告（2021—2022）》。蓝皮书指出，二次元在未成年人中较为流行。调查数据显示，近八成的未成年人了解过二次元文化，超半数的未成年人实际接触过二次元文化，近四成的未成年人会观看动画、动漫，近三成的未成年人会打游戏。同时，近三成的未成年人喜爱二次元文化。[①] 由此可见，二次元文化对于青少年群体有着不可忽视的影响。剖析此案例中小岩沉迷二次元世界、忽视现实生活的现象，主要有以下几个原因。

一、学生遇到问题归因存在偏差

归因性偏差涉及学生对自己学习成绩、社交行为等的原因解释，这种归因方式可能会对学生的学习动力、情绪状态和未来的行为产生深远影响。小岩因时间管理不当且对学生工作重视程度不足，工作成效甚微，同学们颇有微词。由于缺乏及时的自我反省与调整，小岩在班委民主测评中未能取得及格的成绩，被免去班委职务。对此，小岩错误归因于同学们对他的偏见，从而陷入习得性无助的泥沼，无法迈出解决困境的第一步。当学生化上角色仿妆与穿戴角色服饰时，他能够短暂脱离遭遇困境的大学生活，置身于梦幻的二次元世界，获得短暂的快乐与安慰，故小岩引来同学们围观时，会有种仿佛化身动漫角色被关注的自得感。

二、学生自主时间的失衡把控

大学生身份转变，需要学生自主分配课程学习、社交活动、兴趣爱好、体育锻炼等的时间，明确自己的学习目标和生活目标，并且根据短期和长期目标，在合理的时间布局中完成每一项任务。学生还需要学会根据任务的紧急性和重要性来排序，优先处理重要且紧急的任务。最后，

---

① 田丰，高文珺. 未成年人蓝皮书：中国未成年人数字生活与网络保护研究报告（2021—2022）［M］. 北京：社会科学文献出版社，2022: 62-70.

学生还需要合理疏导因任务未完成而产生的情绪问题，反思各项任务的完成情况且及时调整自己的时间规划。小岩所在班级的学业任务本就耗时较多，且小岩将过多的时间用于自己喜爱的二次元动漫，只能挤占休息时间完成学生工作。这就使得小岩休息不足且学生工作成效不佳，学生工作的疏漏引发了班级同学对于小岩的不满情绪，使得小岩陷入自我否定与怀疑的情绪，也失去了班级同学的情感支持。

三、学生社交互动的需求不满

小岩自幼与爷爷奶奶相伴，因思维差异与代沟难以获得情感支持。在学生的成长过程中，如果父母长时期处于缺位状态，往往会使得学生的幼年需求不能得到充分满足，内心安全感匮乏。学生或者沉默不语不敢争取权益，或者言语犀利易伤他人，以遮盖内心对于亲密关系的渴望与不安。不同于班级成员交往，角色扮演者因二次元活动而结识，虽来自不同的圈层，但只是因为兴趣相交，并不涉及日常生活中的一些摩擦、竞争关系，因此更能自由相谈，并且通过各自所扮演的角色产生情感联系，给双方的关系加上玫瑰色滤镜，故而更能获得一种组织认同感与归属感，将二次元活动作为反现实生活的精神寄托。

四、学生疏解压力的放纵消遣式娱乐

不同于现实生活中的诸多长期性的、复杂性的挑战，学生在二次元的虚拟世界中以虚拟的人物形象可以迅速完成系统的任务，获得较多的成就感，从而疏解现实生活中的压力，忘却现实生活中无法短时间内解决的烦恼。且部分娱乐软件利用算法不断推送学生喜爱的内容，不断刺激学生的兴奋点，无限拉长学生的使用时间，引导学生沉迷其中以付费体验相关项目，从而实现资本增值的目的。长久为之，学生容易在二次元世界中获得现实生活中无法得到的成就感与满足感，从而沉迷其中，将其作为自己疏解现实压力的放纵的消遣式娱乐。

五、学生性格导向的二次元吸引

处于青少年时期的学生往往喜欢冒险、追求新奇体验，进入大学的新鲜感殆尽，学生容易被二次元人物丰富多彩的冒险生活所吸引。这些二次元人物展现出的冒险、新奇的生活方式，以及他们在不断的挑战中结交朋友、实现成长的历程，容易与学生的内心产生强烈共鸣。在二次元的世界里，学生能够通过角色扮演、动漫创作等等，积极发挥个人主观能动性，不仅可以体验到前所未有的新奇感受，还可以展现自己的独特个性和审美追求。学生在这个过程中不断探索并追求一种自己喜爱的生活方式，而这一过程也会让学生愈发沉迷于二次元世界之中。

【解决办法】

一、界定二次元活动的合理场所，加强学生自我身份认同

案例中的小岩作为一名大学生，以夸张的妆容与服饰现身教室，极容易干扰正常的教学秩序。在尊重学生个人兴趣爱好的基础上，辅导员要为学生讲清相关校规与公序良俗，积极引导学生加强身份认同，平衡好个人自由和教学秩序的关系，在合理的场所进行合规的二次元活动，保证好自身的人身安全与财产安全。同时，辅导员还要鼓励学生积极参与校园社团和课外活动，在合适的场所以合理的方式积极展示自己的兴趣爱好。

二、把握二次元动漫的话语机制，与学生建立沟通的可能

在与小岩的沟通中，小岩屡屡使用二次元文化中的一些特定表达方式或语言习惯，使得辅导员与学生的沟通极不顺畅。因此，把握二次元动漫的话语机制是与学生沟通的重要一步，例如要明白现充、ORZ、集邮等二次元话语的意思。辅导员可以通过阅读与二次元相关的书籍，观看二次元动漫作品，浏览二次元动漫评论等方式，深入了解二次元文化

中的特定表达方式或语言习惯。在与学生沟通时，辅导员也要耐心倾听学生使用的二次元话语，并尝试适应与学会这种沟通方式，从而理解学生的想法和感受。再进一步，辅导员可以利用二次元文化中的一些话题，如学生喜爱的动漫作品类型、角色设定或故事情节等，与学生展开相关讨论，拉近与学生的距离，在学生感兴趣的话题中开展教育引导活动。

三、分析二次元动漫的角色设定，帮助学生规划发展目标

二次元动漫角色以学生向往的形象塑造与性格特质，吸引学生共情其成长经历，引发学生的情感共鸣。辅导员可以在分析学生喜爱的动漫角色过程中，洞悉学生的内心需求与成长期待，如情感需求、价值观取向、目标设定等等，将动漫角色的成长经历转化为契合学生个人需求、能力素养和长期规划的具体的、可实现的发展目标，引导学生参与现实的社会实践、志愿服务和专业实习，在现实生活中认识自己需要扮演的不同角色，了解不同角色的要求和挑战、使命和担当，鼓励学生不断追求自我发展，逐渐实现自己的人生理想，在现实生活中完成自我的多重角色建构。

四、辨别二次元动漫的价值观念，引导学生警惕文化入侵

随着二次元动漫产业的资本投入，为实现资本增值而跌破历史底线、道德底线、法律红线的动漫作品屡屡突破监管和审查而在学生群体中传播，辅导员要引导学生增强网络素养，提高理性思考和辨别能力，警惕文化入侵，有效防范化解意识形态风险，鼓励学生接触和欣赏具有积极价值观、正能量的动漫作品，坚定理想信念，守正红色传统。同时，鼓励喜欢动漫的学生互相交流，了解不同国家和地区的动漫作品，感知不同文化的魅力所在，不断拓宽学生的文化视野，增强学生的文化包容性和文化鉴赏力。

【经验启示】

入学适应性阶段是学生从高中过渡到大学的学习和生活环境的关键时期，很多学生在这个过程中容易因适应不良而产生逃避心理，本案例

中的小岩就表现为沉迷于二次元的虚拟世界。对于像小岩这样的学生，作为辅导员应协同高校各个部门、家长、社会等等，合力为学生提供帮助，引导学生回归现实的大学生活。

一是理解与关注学生适应性阶段的心理需求，回归学生沉迷于二次元世界的现实原因。辅导员要通过谈心谈话、问卷调查等方式，及时了解学生的心理需求，为学生提供必要的支持和帮助。同时，辅导员应加强与家长的沟通和合作，共同关注学生的心理健康和成长需求，共同商讨与实施解决方案。

二是增强与锻炼学生的自我调适能力，使其明白二次元世界是疏解方式而非逃避手段。逃避型心理防御机制如否认、投射和合理化等，在短期内能为学生提供一定的心理安慰，但就长期而言，会阻碍其回归现实生活的成长。辅导员应重视培养学生的自我调适能力，协同学校心理中心部门，通过心理健康教育、心理咨询等方式，引导学生逐步认识不良情绪，通过合理的方式排解不良情绪。

三是引导与鼓励学生平衡虚拟与现实生活，防止学生过度依赖甚至迷失于二次元世界。辅导员应协同学校思政教师，引导学生正确看待二次元文化等亚文化，鼓励学生在享受这些文化的独特乐趣与创意表达时，也关注其潜在的负面影响。通过组织丰富多彩的课外活动、社会实践等方式，帮助学生建立健康的生活方式、兴趣爱好和人际关系，在现实生活中实现全面发展。

【专家点评】

本案例展示了辅导员引导学生从虚拟世界回归真实世界的过程。作为高校思想教育工作的重要力量，辅导员面对学生沉迷二次元世界、逃避现实的心理防御机制，要做好以下几点：

首先，了解二次元文化。随着网络文化的圈层化趋势日益明显，学生群体中的二次元文化已经成为一种不可忽视的亚文化现象。辅导员只有先了解二次元文化才能与学生进行交流，在交流中对接学生在人格发展中的真实需求。这也就要求辅导员要从深层次做好学生人格发展的研究，即不仅是简单地了解动漫、游戏等二次元作品的制作技术和风格特点，更要深入挖掘二次元文化所蕴含的价值观念、思想意识和情感体验，从中找出真实世界和虚拟世界的矛盾所在。

其次，辨别二次元文化。学生过度依赖二次元世界，原因往往在于学生在其中寻找到了归属感和自我认可，将这种自得其乐表达为不合时宜的言行或装扮，以此来短暂地摆脱现实困境。作为辅导员，要鼓励学生多参加社会实践、志愿服务等等，引导学生了解真实的社会生活百态以及多样精彩的人生，培养他们的社会责任感，使其逐渐树立健康向上的自我发展目标。同时，在这个过程中要积极关注学生的心理健康，引导学生认识到自己过度依赖二次元文化的问题所在，提前发现并干预相关的危机事件。

最后，用好二次元文化。在当前信息化、网络化的时代背景下，思想教育工作是在两个世界当中展开的——教师的和学生的，真实的和虚拟的。二次元文化可以作为青年喜欢的一种表达方式，融入辅导员日常的思想政治教育工作中，成为辅导员与学生建立沟通桥梁的新途径。辅导员可以在合理运用二次元文化中，完成两个世界的有效链接和沟通，实现对学生的价值引领，最终达到思想政治教育的理想效果。

【专家简介】

吴闻川，西北工业大学学工部部长。

从"看见了才相信"到"相信了才看见"

——一名迷茫学生的拨云见日之路

张媚　王一喆

【案例描述】

小杨，男，一名体育类非师范生，高水平运动员。在几次查宿过程中，辅导员发现小杨都在自顾自地打游戏，老师来了也只是礼貌性地打个招呼就继续打游戏。他平日对班级活动的参与度不高，对课堂学习和校园文化活动也缺乏积极性和主动性。在初步掌握学生的基本情况后，结合日常观察、档案追踪以及与其家长、舍友以及学生骨干的沟通，辅导员了解到，小杨平日较为自负、贪玩儿，学习热情不高。

在与小杨谈心谈话几次后，小杨逐渐向老师吐露了心声："进入大学后，大学的自由让我高中阶段的焦虑得以释放，我看见身边同学打游戏，我也买了游戏装备；我看见我们同学创业开网店，有钱有面儿，我也想挣钱，摆了几次摊儿，没挣到啥钱；平日喜欢刷视频看直播，感觉这些都是真实的生活，也让我觉得很放松。您常说要有紧迫感和危机感，说实话我看不到，也体会不到，有点遥远。一学期快要过去了，感觉自己一事无成，新的焦虑又慢慢出现了。入校前想着大学毕业后做一名中学体育老师，现在挺迷茫的，不知道将来能干点什么。"

在与小杨的沟通过程中，当谈到高考体育成绩时，辅导员能感受到他的自信；当谈到身边榜样、大学规划和成长时，又能感受到他的迷茫。辅导员所要面对的是：如何帮助这类学生突破自我，走出自我麻醉和欺骗的困局，在人生价值追求中成长为目标长远、明确的青年学生。

【案例分析】

案例中小杨同学的问题，从表面看似乎是不爱学习，缺乏未来规划的学风建设问题，实际上，小杨同学愿意相信眼前的"事实"，选择了一种享受式的生活方式，选择性地看不见身边的正能量，反映出他的价值取向已经产生偏差，因此，本案例属于思想政治教育和价值引领问题，具体属于未形成正确的学习、就业价值观问题。大学正是青年学生人生规划发展的关键期，但学生们未来规划迷茫、学习意义感低下、就业价值观不清晰等现象屡见不鲜。具体来看，产生这样的迷茫的主要原因有以下几个方面。

一、"今朝有酒今朝醉"，活在当下

辅导员在与小杨母亲的沟通中了解到，在高中阶段，小杨父母和教练对他的管理较为严格，目标就是提高体育成绩，考上好大学。小杨平日训练刻苦，是父母和教练眼中的乖孩子。走出家长、教练、老师的视线，走进自主性更强的大学校园，曾经的目标已经实现，奋发学习和刻苦训练的动力源泉需要重铸。青年学生刚入大学，会接触各种人生观、思想价值观，都在尝试选择适合自己的价值取向。一起游戏的哥们喊着"再玩一局，再打一场，再冲一次"，刷着抖音的同学享受地看着"游戏闯关绝招"，有人传授着学习经验，"大学考试关键在最后一周，前面随便玩"：小杨对此深信不疑。看着眼前的"美好"和学习"妙招"，小杨逐渐陷入了不可自拔的当下享乐主义的陷阱，追求即时满足、短期回报，只顾眼前、不考虑将来，全然忘记了成为一名合格体育老师的初心，更

忘记了实现这一目标所需的储备知识技能。[①]

二、有选择地"吃苦",有用才行

小杨是高水平运动员,体育成绩优异。他曾说:"老师,我吃得了运动训练的苦,吃不了学习的苦,也曾想过要沉下心来学习,但是坚持不下来。"他片面地听说训练成绩优异可以保研,为此重实践训练而轻理论课学习;金钱至上,羡慕同学中的某总,去吃摆摊儿的"苦"是为了挣钱;不爱参加集体活动,自认为对个人发展没用:这些都是实用主义价值取向的一些表现。在今天的大学校园里,不少学生关注分数、绩点、奖学金等对保研就业有价值的"筹码",只做于自己有益的事,不能给自己带来直接利益的事情就消极对待,"策略性摆烂"。这种现象往往会造成对他人的漠不关心,对远大目标缺乏激情,不利于形成正确的学习、就业价值观。

三、"看见了才相信",眼见为实

沉溺于打游戏、看直播买东西、学习就"躺平",像小杨这样,一些青年学生相信看见的这些是真实的生活,互联网的"茧房效应"也让其沉溺其中,全然忽略了身边钻研学习的、穿梭于实验室的、往返于训练场的、参加如火如荼集体活动的同学,忽略了身边眼见为实的学习榜样。部分学生看不到未来的发展与前途,这是信念不够坚定的表现,也是学习、就业价值取向未正确养成的具体表现,因为他们缺乏对学业和职业规划的科学思考。大学生正处于理想信念形成和确立的阶段,由于阅历不足,容易从自身角度、从理想状态的角度认识和理解世界,不可避免地会在理想和现实、利己和利他、小我和大我等方面遇到思想困惑。"看见了才相信",是理想信念不坚定的表现,既不科学,又不保险,还容易被利用。

---

① 徐先艳.当代大学生价值取向的三个特征[N].中国青年报,2023-12-26(10).

【解决办法】

青年的阅历是有限的，往往会选择将自身作为认识世界和理解世界的原点，难免会有局限性和片面性。刚步入大学的小杨，最主要的任务是学习，最应该关注的是学习情况和未来职业选择。小杨入校前有做体育教师的职业理想，但是从未结合理想进行正确努力，进入大学后贪玩、不爱学习、缺乏科学规划，逐渐迷失自我。解决小杨这类学生的思想和现实困境，辅导员应该从激发学习兴趣，提供学习方式、方法的正确指导，提供科学的职业生涯指导和就业帮扶做起，具体可以从破解思想之困、关心成长之路和激发内生动力来着手。[①]

一、强化说理沟通，在厘清价值观中明辨是非曲直，解决思想之困

用好谈心谈话。面对思想问题，不能一味地迎合哄着，在谈心谈话中必须旗帜鲜明地告诉学生存在的认知误区，帮助学生做好职业生涯规划分析，认清学习仍然是大学第一要务，即先进行正确学习、就业价值观的引导。用好引导场域。吸收和鼓励学生积极成为学生助管参与日常工作，增加与辅导员见面机会，提高谈心谈话频次，在谈心谈话中聊成长发展、聊专业训练，倾听其想法和需求，建立彼此信任的基础。用好育人平台。除班级的党团活动外，鼓励学生积极参加学校、学院组织的红色主题大赛、红色观影、示范团日学习等活动，激发其学习前辈、朋辈楷模的担当作为和奉献精神，增强其思想主动性。

二、提供服务，在解决实际问题中纠正思想之偏，扶正成长之路

学业帮扶，整合资源，以"大道理与小课堂"模式促学业。通过每周日的学生集体"晚点名"课，开辟体能"加油站"，邀请学科带头人、教授博导等讲学科，讲专业发展，讲清楚知识技能储备是将来从事体育教

---

① 唐红霞，徐川.新时代新征程做好青年工作的三维审视［J］.高校辅导员学刊，2023，15（01）：7-12，96.

师工作、实现优质就业的重要因素这一大道理。成立督学—助学帮扶小组，设立小课堂，辅导员是督学，成绩好的班团骨干是助学帮手，帮扶小课堂带着学，常问常督促。就业帮扶，综合育人力量，专业化指导就业创业。针对同学们想创业挣钱的情况，辅导员邀请了有创业经验的李同学言传身教，他说："我几乎每天只睡五个小时，除了学习，闲暇时间录制教学视频，联系工厂，周末还会出去跑业务，根本没时间打游戏。"小杨看到了创业同学身上自己以前没看见的艰辛和努力，了解到原来赚钱并不是他摆摊这么回事儿。同时，为进一步帮助学生做好职业规划，一方面邀请学科教学方面的专家面向全体学生讲授教学技能，一方面鼓励有从事体育教师工作想法的同学们参加学校、学院组织的教师技能大赛，以赛促练，提升就业技能。此外，鼓励学生参加实践帮扶，发挥专业技能，服务同学找自己。比如，在帮助学生的过程中，辅导员鼓励体育成绩好的同学参加学校裁判协会和体育服务指导团，在春季运动会前到各学院帮助其参赛队员训练田径项目，叮嘱他们一定要发挥专业优势全力以赴传授专业技能。运动会结束后，很多同学的表现得到了各学院老师们的赞许，他们说："你们的同学太负责了，训练来得早走得晚，让我们的学生成绩取得了很大进步，我们给他们颁发了优秀教练员证书。"从班级活动、校运会的工作人员到裁判员、教练员，学生们在服务同学、服务集体中逐渐找到了自我的价值。

三、发挥学科特色，在潜移默化中坚定理想信念，激发内生动力①

体育是德、智、体、美、劳"五育"中的重要部分，具有养德、益智、健体、健美、助劳的育人作用，还有着"塑身""塑心""塑志"的价值，为了最有效地发挥体育育人特色，激发体育生体育强国之志，学院加强顶层设计，从氛围营造、榜样引领和赛事育人方面多处发力：

---

① 荣誉磊,陈大权."五育并举"视域下高校体育育人价值探究及育人模式创新[J].学园，2024，17（16）：7-9.

营造浓厚体育育人氛围，校院联合构建了"党建＋一站式学生社区服务"模式，在宿舍园区打造体育精神文化墙、文化路。强化体育人才榜样引领，邀请德高望重的教授，冠军，各类优秀学子代表以宣讲的方式走近学生，激发青年学生的思想认同、情感共鸣和学习动力，很多学生到现在还保留着和冠军的合影。用好大型活动育人功能，鼓励并支持学生参加中国—中亚峰会开幕式表演、黄陵祭祖表演、省级羽毛球赛志愿服务、体育支教等多项重要活动，在参与志愿服务和社会实践的过程中，在处理个人与集体、利己与利他、小我与大我关系的过程中，学生们逐渐明确应该坚守的正确价值取向。

经过一年多的帮扶引导，小杨同学递交了入团申请书，经过团支部推优和培养，小杨目前已经成为一名光荣的共青团员。辅导员在又一个春季学期宿舍走访的时候，发现他专为游戏准备的大显示屏不见了，他说："老师，我寄回家了。"他还参加了年级、学院组织的教师技能大赛，曾经挂科的两门功课也补考通过了，学习步入正轨。作为学校裁判协会的一名干事，他在省级羽毛球赛的现场担任过裁判……如今马上进入大学三年级，辅导员在与其交流时问道："将来想当体育老师吗，能当体育老师吗？""必须能！老师，我相信我能，说不定将来还能拿教学大赛一等奖呢。"因为信念坚定，他目光逐渐长远，学业和职业规划愈发清晰，已经能看到未来的发展方向。

【经验启示】

青年大学生正处于"拔节孕穗期"，处在世界观、人生观、价值观形成的关键时期，需要精心培育、精准滴灌。如何引导学生明辨是非与善恶、分清重点与主次，形成正确的学习、就业价值观，确保思想不"迷航"，能够经受住各种风险与考验是高校辅导员的重要工作内容，也是做好学生思想价值引领工作的重要着力点。结合本案例，我们能得到如下启示。①

一是坚持关爱学生，保持常学常新，提升能力本领。老师关注、帮扶学生的经历往往会给师生双方留下难忘的记忆，会在学生成长中给学生个体带来自信和温暖。辅导员要善于观察学生，寻找"小杨"，帮扶"小杨"。辅导员需要通过学习与实践，深入了解和掌握青年学生特点；不断提升价值引领的判断力和话语权，方能够与时俱进地开展青年思想引领工作。

二是坚持问题导向，抓住关键突破口，打通最后一公里。紧密围绕学生特点，做好思想问题的根源剖析，为学生进行个性画像；根据问题对症开方，制造一些"关照""压力"，为学生的改变创造条件；解决实际问题，抓在日常浸润，在解决日常管理、学风建设、职业规划等学生的实际问题中，乘势而上，顺势而为解决他们的思想问题。

三是坚持系统思维，学会借力引力，夯实育人成效。坚持用系统思维看待问题，在党建带团建体制机制上，多方联动，有效发挥党团、专业教师、赛事活动、校友社会等多方力量，做好大思政育人师生的桥梁；结合学科特色，有针对性地开展体育精神教育、实践能力培养、网络新载体育人，在大型活动的参与和组织中塑身、塑心、塑志，从发现—追踪—举措—实时反馈机制中，为学生提供价值引领的实践路径和精神食粮。

思想引领不是简单的理论说教，是如盐在水、成风化人的全方位塑造。从"看见了才相信"到"相信了才看见"，从迷茫虚度到坚定职业选择，中间的距离是正确的价值观，是坚定的理想信念。相信了才看见，就是心有所信，方能行远，有了坚定的理想信念，就能看见希望，看到梦想，看见高尚。

---

① 沈壮海，洪志劲.论对青年的政治引领及其加强——学习习近平总书记关于加强对广大青年政治引领的重要论述 [J].青年学报，2023（05）：4-11.

【专家点评】

大学生正处在世界观、人生观、价值观形成的重要阶段，发挥好价值引领作用是高校辅导员的重要工作内容。从"看见了才相信"到"相信了才看见"，这个案例的题目较为新颖独特，能够从思想价值引领的角度来回答学生进入大学后由于学业、职业目标不清晰所陷入的"享乐"与迷茫，并提出了较为完整的解决思路，学生也得到了成长。提到思想价值引领，建议问题要聚焦，无论是在日常工作中还是案例分析中，价值引领要聚焦到具体方面，不能空泛来谈，比如本案例就聚焦到了学业、职业/就业价值观引领。再比如遇到就业价值观问题，可以从职业特点、就业要素着手分析，通过掌握知识技能、满足精神需求等方面进行具体引导和指导。在日常工作中，对服务对象的精准指导和帮扶将给高校辅导员带来更高的能力要求。

【专家简介】

夏晓虹，中国高等教育学会第七届理事会常务理事，《高校辅导员》常务副主编，中国高等教育学会辅导员工作研究分会秘书处办公室原主任、教育部高校思想政治工作队伍培训研修中心（山东大学）办公室原主任。

一个频繁"告状"的学生

——一名经常匿名反映问题学生引发的思考与引导

杨茜

【案例描述】

2023年9月下旬,某学校党委教师工作部反映,某学院一名学生用电子邮箱匿名举报:在一门专业选修课上,教师不尊重学生意愿,强行安排座位,并对表现出不满的学生进行人身攻击。TA认为这种行为有悖师德师风。

通过举报的QQ邮箱号,学校确定这名学生为小王。由于小王是匿名举报,辅导员没有直接找她询问此事,而是先通过其他同学了解事情经过。经了解,有三个班的部分同学选修这门课,任课教师为了方便考勤,要求各班同学在相对固定的区域就座。课堂上的确有个别同学不愿调换座位,但最终都服从了授课教师的安排。

10月下旬,小王又通过教师工作部邮箱匿名反映另一名专业选修课教师随意调课问题。经过和学院教学秘书以及学习委员核实,该老师因为周末要出差曾两次调课:学术会议多安排在周末,老师和学生商量能否将周五下午的课调到周三下午,大部分同学表示同意,任课教师便决定申请调课。事后,教学秘书和任课教师进行了沟通,课程时间不再变更。

11月中旬,小王再次通过学工部勤工助学中心信箱匿名举报:

学院一名贫困生经常在朋友圈晒美食、旅游的照片，并且有名牌衣服和包。她认为学院在困难生认定和助学金发放上把关不严。辅导员多方核实，小王同学反映的问题不属实，学院也将调查结果反馈给了学工部。

【案例分析】

案例中小王频繁匿名举报的行为是"00后"大学生以自我为中心的自我意识偏差，高自尊、高敏感性格特质在学校日常教育和管理过程中师生关系、沟通上的体现。具体表现为以下几点。

一、高自尊、高敏感性格引发人际困扰和冲突

小王是家中独女，家庭经济条件较好，从小学习舞蹈，进入大学后，在校园文艺演出中表现比较活跃，个人自尊水平较高。小王很有主见，当年高考报志愿，母亲不同意她报考本专业，但她坚持自己的选择。她很在意别人对自己的评价，导致其对人际关系很敏感。她曾找辅导员聊天，主动倾诉宿舍关系给她造成的困扰。小王成长过程中的一帆风顺，塑造了她性格中追求完美、独立自主和敏感的特质。当他人意见和自己的意愿不一致时，她没有学会通过良好有效的沟通解决问题，而是通过抨击、控诉的方式宣泄自己无处安放的情绪。

二、自我意识偏差引发情绪管理失控

当代大学生自我意识的特点是：自我认识不全面，处于矛盾的过渡阶段；情绪化心理比较广泛，不易控制情绪；对新事物的接受能力强，辨别是非能力弱；心理发展逐渐成熟，但缺乏全面性和针对性。大学生自我意识的发展水平比较高，但还没有完全成熟，因而容易出现各种偏差。高中阶段，为了让学生全身心地应对高考，学校和家庭帮助他们屏蔽掉了生活中的诸多"杂音"。他们缺乏分析复杂问题的能力和处理人际矛盾的方法，进入大学独立生活后，诸多问题开始显现。因此，当个人

的诉求得不到回应或者价值标准受到挑战时，他们表达个人意见会带有强烈的主观评价和个人情绪。以自我为中心的自我意识是一种认知偏差，也是心理不成熟的表现，这是个体发展性问题，在大学生中比较普遍。

小王第一封信里充满了"控诉"语言，愤怒情绪喷涌而出。当她向授课老师表达不愿换座位的意愿没有得到应允时，她觉得学生在教室里没有人权，老师就像"霸主"一样，可以随意践踏学生的尊严。在第二个事件里，老师调整的课堂时间和小王的活动安排有冲突，虽然大部分同学表示同意，但她认为老师在开学初确定好的上课时间不应随便调整，中途调课的理由缺乏合理性，征求同学的意见实际是"道德绑架"。在这两个事件里，小王的反应过于强烈，从自我的角度进行认识、评价，出现了以自我为中心的行为。当她个人意愿受挫时，不能很好地进行调整从而导致情绪管理失控。

三、高校教师对"00后"大学生思想特点掌握不够

当老师要求小王调换座位时，她表示不愿和男生坐，但并没有得到老师的理解。当老师的调课安排打乱小王原有计划时，她认为老师在随意打破规则。师生之间冲突的根源在于不同年代人的价值理念和师生角色定位不同。"00后"大学生成长于一个倡导开放、独立和自由的时代，具有较强的独立性和自主性。大多数"00后"大学生家庭受物质条件制约较少，更注重个体的情感表达和价值体现。[①]"00后"大学生习惯平等地交流沟通，喜欢换位思考式的沟通，拒绝命令式的安排。而在传统的师生关系中，教师通常扮演着知识传授者和学生学习指导者角色，拥有绝对的权威，这也是教师的核心角色；而学生扮演了知识的接受者，行为遵从者的角色，往往处于较为被动的地位。网络在教育中的广泛应用，为个性化学习和智能化教学提供了可能。因此，师生角色扮演发生了变

---

① 沈千帆，付坤，马立民，等．"00后"大学生群体特征及教育策略［J］．学校党建与思想教育，2019（12）：55-56.

化，教师角色权威性减弱，学生对教师的依赖性也减弱，师生互动中的平等性和合作性增强。[①] 但是部分高校教师没有适应学生个体和师生关系的变化，也没有真正领会"以生为本"的内涵，还在用惯有模式和"00后"的大学生相处，因此触发了矛盾。

四、信息不对称导致在学生管理中产生误解

第三起事件中，小王因刷到同学小张朋友圈里的美食和旅游照片，怀疑小张通过上报虚假信息被学院认定为困难生并获得助学金，进而质疑学院困难生认定工作的公正性。经核实，小张前两年并没有申请困难生认定，今年因家中遭遇变故才萌发了申请助学金的想法。朋友圈里品尝美食的照片是她与舍友用优惠券就餐时所拍，旅游照片是她赴外地探亲时所拍。

学校困难生认定工作由班级评议小组完成，学生申报材料限定于小组成员知晓，为了保护学生个人隐私，评议小组成员不得外传学生信息，故小张家中的变故其他同学也并不知晓。再加上小张是一个喜欢使用朋友圈记录生活的人，因此外人看到的都是小张生活中美好的一面。由于小王并不了解事情的全部信息，又被小张"炫"出来的选择性内容所迷惑，致使小王误解了小张，进而对学院助学金评定工作的公正性产生怀疑。这起事件表现出来的是典型的信息不对称导致的理解偏差。产生这个问题的原因有两方面，一是大学生带有设计性的朋友圈内容有误导性。小张和舍友用优惠券吃了一次"大餐"，在吃饭的过程中从不同的角度拍摄了很多照片。每当小张想通过朋友圈记录一下自己当下的好心情时，就会把吃"大餐"拍的照片排列组合成九宫格发布出去。因此，小张一次吃饭的照片成了小王提及的多次聚餐活动的证明。记录个人日常生活或情绪本是私人事务，但一旦公布于网络，就可能成为公共话题，难免会

---

① 杜春娟. Chat GPT 语言模型对高校师生关系的挑战与应对——基于角色理论的分析 [J]. 教育理论与实践，2024（21）：3-8.

引起他人的揣测和非议。二是学生管理中个人隐私的保密原则。大学在贫困生的认定过程中会对学生隐私采取保护措施，这种措施保护了贫困生的自尊心，但个人信息不对外公开，必然会让其他同学感觉到这项工作透明度不够，无法进行有效监督。如果这种保护措施导致个别学生冒充困难生骗取国家助学金，学生们会认为这有悖个人诚信和社会公平，因此信息无法全部公开的评定工作容易让人心存疑虑。

【解决办法】

一、及时对问题进行调查、反馈

小王一直是匿名反映问题，并在第三封信件里再三强调要相关部门对自己学院做好保密工作。因此，学院在三起事件调查过程中一直没有和小王进行面对面的沟通，对反映的问题是通过其他途径进行调查验证，撰写情况说明反馈给相关部门的，小王在得到相关部门的回复后未再次询问。

二、适时对学生进行提醒、教育

考虑到小王是班委，辅导员以和班委成员集体座谈的方式，将学院了解到的情况全面客观地进行了说明，和班委成员讨论了应如何处理此类事情。最后辅导员向班委提出以下三点要求：一是班干部既然是老师和同学之间的桥梁，就要善于和老师进行沟通，要将同学的意见准确传递给老师，协助老师有效开展教学活动。当师生的意见有分歧时，班干部应该站在两方的角度审视问题，通过综合考虑找到双方可以接受的解决办法。二是作为班干部，要学会用心观察周围的同学，对同学要有全面客观的评价，谨防在不清楚原委的情况下对其他同学进行评判，影响班级和谐。三是班干部对同学中的特殊群体要格外关注，例如学业困难生、家庭经济困难生等，要以包容的心态对待他们，关爱他们，给他们提供力所能及的帮助。

三、应时对政策进行解释、说明

针对学生对学院困难生认定工作提出的疑问，辅导员组织班会把评定工作的程序和做法向同学们进行了详细的解释说明。同时向同学们提出三点要求：一是申请困难生认定的同学要秉持诚信的态度，如实提供相关材料；二是同学对评定结果存有异议时，应将所了解的情况及时反馈给辅导员；三是同学之间、师生之间要建立基本的信任关系，这是建立优良班风的基础。

【经验启示】

对学生管理工作，该案例给予我们的启示主要有：

第一，辅导员与学生建立信任关系是开展工作的基础。2023年6月，小王所在的班级调整了辅导员，在较短时间内双方尚未建立起信任关系。当学生诉求得不到满足而产生不良情绪时，不愿找新辅导员倾诉，选择发匿名邮件的方式来宣泄个人情绪。因此，调整班级辅导员后，新辅导员应尽快与学生建立信任关系，并用心发现学生内在心理冲突、人际敏感等困扰，多些日常关心关怀，让学生有存在感、获得感、满足感。

第二，高校教师应主动构建平等的师生关系。高校教师要结合"00后"大学生注重平等和崇尚个性的心理特点，树立平等的教育观念，调整与学生的相处模式，减少控制型的管理，提供更轻松但具有明确引导性的教育方式，做学生的良师益友。

第三，信息公开是化解学生管理中矛盾纠纷的途径。学生质疑管理工作中的公平公正性，很多时候是管理工作中信息发布不及时不公开等原因造成的，因此涉及学生利益的相关工作要广泛征求学生意见，及时公开信息，消除误解。

第四，引导大学生通过合理方式表达个人诉求。随着当代高校学生管理工作逐步规范化、法制化，大学生维护个人权益意识在增强。高校管理者应主动引导大学生通过合理渠道，理性表达个人诉求，对为泄私愤而恶意诬陷他人的行为要予以遏制，杜绝"告状"之风破坏学生之间、师生之间的关系。

【专家点评】

随着社会的发展，大学生对个人权益关注度越来越高，表达诉求的愿望也更主动，这是社会开放包容的体现。然而，个别学生在不了解实情的状况下以匿名方式经常性反映问题，可能对同学之间、师生之间的信任关系造成破坏。由个人情绪而起，甚至恶意报复性地反映问题，则不仅会伤害教师感情，还将破坏学生价值观的形成。因此，教育工作者要从学生个人成长的角度出发，引导学生用积极的方式解决问题，建立良好的师生关系，形成文明和谐的校园氛围。

【专家简介】

田鹏颖，东北大学二级教授，马克思主义理论学科博士生导师。教育部"长江学者"特聘教授，国家"万人计划"哲学社会科学领军人才，国务院特殊津贴专家。

网络原住民"发酵"的猎奇心
——大学生网络行为失范的教育与引导

宋娜

【案例描述】

新生入校不久，学生向辅导员转发了一条微信聊天拼接的长图，内容显示"救护车来了，警车来了，出事了"。该图是微信群的聊天记录、网络相关图片、微博评论等内容的剪辑和拼接，来源于校外某个学生群。通过发布消息的头像、相关聊天内容，学院初步确定发布人为刚入校不久的新生小李。经过与学生核实，小李承认图片中是他和自己好友的微信聊天内容，其中拼接了几张网络图片和看到的一些评论。很快，该微信聊天拼接长图开始在校内、校外群组和网络平台上快速传播，引发了大量的围观与评论。部分学生、家长因此向学校询问"发生了什么事"，引发了一定程度的猜疑和恐慌。一天之内，网络上发布了多个版本的"长图"，与最初的内容已经大相径庭。经过几天的持续发酵，该微信图片在传播内容上被不断"添油加醋"，广泛传播，引起了社会广泛关注，对学生本人和学校均造成了不良的影响。最终，经过校内外多部门协调处理，经历了一周左右的网络发酵，此次舆情才得到平息。

【案例分析】

该案例属于网络思想政治教育中大学生网络行为规范与价值引领方面的问题，可以从直接原因、潜在诱因和深层归因三个方面进行分析。

一、直接原因

经过谈话发现，该生转发聊天内容的直接原因是强烈的猎奇心。一是求关注。他对于这个"听闻"感到震惊和好奇，特别是各种版本的表达、网络上的猜测，激起了他强烈的好奇心。二是求反馈。该生想要第一时间分享和接收到他人的反馈，所以他和三个最信任的朋友聊起了此事。对于该事件是否真实，转发后是否会产生其他影响，他并未关注，动机很单纯，但是后果很严重。

二、潜在诱因

一是所处阶段的改变。该生转发信息的时间在大一新生入校之初，新的学习环境、生活空间、师生关系以及初步建立的大学朋友圈，这些都反映出学生从高中阶段向大学阶段的过渡特性，学生对个人行为、行为后果缺乏自我管理和约束的意识。二是所处环境的改变。从高中封闭的学习环境、紧张的学习时间、严格限制手机使用等，进入到相对独立、自由的大学，是从有限控制到无限自由的"巨变"。这种自由更体现在网络使用和发布内容的边界上，学生们强烈的表达欲在低门槛的网络空间无限膨胀、发酵。

三、深层归因

一是个人思想心理发展不成熟。该生处在新生入校初期，在角色转换与适应的过程中处于新生心理失衡期；在稳定性上表现为思想不够成熟，价值观具有一定的稳定性，但自身意志薄弱，人生阅历不足，容易受外界环境的干扰。二是个人对网络空间潜在风险认识与甄别、辨识能力不足。对于网络转发的后果，该生从最初的"不以为然"到"惊恐万分"。聊天内容也从简单的微信聊天到无限的加工扩散，从内部转发到网络发酵，"传言"经过多次"加工"，在人数发酵、内容变异、传播速度、影响程度上，与当事人最初的认知相比都产生了极大的偏差。这表现了学生虽然是网络原住民，但是他们面对互联网上海量的信息，甄别、选择能力有限，风险认识不足。三是个人对网络法律法规缺乏认识。网络虽是虚拟空间，但绝非法外之地。最初转发截图给三个好朋友，小李一直认为这属于个人行为，是个人在网络上的自由，与他人无关。由于缺乏法律意识，他仅凭主观臆断，将个人听到的、看到的、网络上的内容通过聊天记录和图片拼接的形式向外转发，形成了谣言，在一定程度上造成了家长、大众的恐慌，对学校声誉造成了不良影响。

【解决办法】

一、追根溯源，及时止损，做好警示

一是收到学生转发的截图，辅导员第一时间上报，第一时间通过发布消息的头像、相关聊天内容，初步确定发布人，第一时间与该生对话，厘清信息来源的背景、转发的原因，梳理清楚第一手资料。二是通过多方谈话和情况确认，告知小李，他所转发的内容为"不实信息"，其行为对标《治安管理处罚法》第二十五条之规定，属于散布谣言行为，要求小李不得再次转发，并与他确定接收人信息，电话告知接收信息方不得再次转发以及转发可能造成的严重后果。三是根据取证信息，按照《学生违纪处理办法》的相关规定，依规处理，之后由点及面，警示他人。四是寻求多方协助，请当事人积极配合，共同做好舆情监测与后期处理，做好总结反思。

二、归因分析，心理疏导，家校合力

一是心理疏导，家校合力，平稳过渡。从"不以为然"到"惊恐万

分"，小李的心情如过山车一般，跌宕起伏，连续几天，网络上、朋友间、宿舍里各种声音不绝于耳，辅导员、学院配合家长积极引导学生，在处理此次事件中也不断调适小李的心理状态。二是厘清原因，答疑与普法相结合。首先，解决他的两个质疑点。第一是微信一对一转发给三个人，并未在公共网络平台上发布的质疑。针对此问题，告知学生转发的内容是虚假信息，已构成散布谣言的事实，谣言传播无论多少次都构成违法。第二是他也是转发的内容，他有什么问题。针对此问题，告知其造成严重后果和恶劣影响的主要源头是他重新拼接的长图，通过个人想象，虚构事实，并通过各种途径进行虚构信息散布的行为就是造谣，依据《中华人民共和国刑法》《中华人民共和国治安管理处罚法》相关规定：造谣和传谣都属于违法行为，情节严重的，就会构成刑事犯罪；如果没有达到情节严重程度的，不构成刑事犯罪，但违反了治安行政法规，需要给予治安管理处罚。三是认真表态，做出承诺。针对该事件，积极引导学生正确看待，通过一对一谈话、网络法律法规的学习，努力提高小李使用网络的规范性和甄别力、判断力，他经过学习，对个人今后的网络行为也做出了承诺。

三、教育引导，有效回归，思想引领

坚持由点及面，由个体到集体的工作思路。一是平稳过渡。由于个人的原因，打乱了宿舍舍友的正常学习生活，对此，首先疏导该生与宿舍舍友的关系，帮助他们回归正常学习生活。二是骨干培训。以案为例，深入剖析，各年级对学生骨干开展培训，提升工作敏锐性，延伸工作触角，引导他们带头成为清朗网络空间的捍卫者、守护者，提高对网络行为的认识，抵制网络错误行为。三是团队研讨。学工干部以此为例，深入剖析该事件背后大学生网络行为现状，开展工作反思。通过晚点名、党团活动、集体辅导等多种形式，多措并举提升学生的网络甄别能力和网络文化素养，做网络文明的践行者。

【经验启示】

一、把握入学关键期，师生共画同心圆，精准对接

一是前置探索"00后"大学生的群体性特征，做好工作预判。加强网络思想政治教育的理论与实证研究，提升辅导员开展网络思想政治教育的预见性和针对性，更好地发挥思想政治教育的价值引领作用，提升实效性。二是前置摸排"00后"大学生的个体性差异，做好学情预估。通过谈心谈话、主题班会、学情分析等方式，总结学生成长和发展规律，结合所带学生的专业特点，展开差异化分析和研究，在工作中重点聚焦触发点、低燃点和关注点。

二、回应学生关切，实现双向奔赴，精准施策

一是基于学生教育需求与现实问题，释疑解惑。作为网络原住民，"00后"大学生在遇到无法排解的问题或者压力时，会从虚拟世界中寻求放松，对网络亚文化产生强烈的依赖。作为辅导员，需要下沉一线，本着围绕学生、关照学生、服务学生的原则，摸清"00后"学生的"脉搏"，才能见微知著，精准防控。二是以案例为素材，提升大学生网络素养与甄别能力。互联网媒体化、虚拟化的交流特点，以及相对弱化的主体间联系，让"00后"大学生更加务实。辅导员在开展思政教育工作过程中，可以用身边的真实案例重点打造，把事例深化成事理，对学生进行教育引导，改变学生不信法律信网友的状况，筑牢法律底线意识。三是深挖实现"供给侧"与"需求侧"的配比平衡。网络原住民面对纷繁复杂、图文并茂的海量信息，为什么要听辅导员的？我们宣讲的教育内容、教育形式是否与学生需求相匹配？切入上是否与学生有共情，情感上是否有共鸣，利益上是否有交汇？解答了这些问题，工作上前置准备，才能把有音量的教育做得有能量，提升教育引导实效。

三、做好主流价值引领，同频共振，精准发力

一是加强学生的理想信念教育。在互联网虚拟空间中，现实社会中

的规则约束被极大弱化，人们借助互联网的隐匿性或者隐形的翅膀跳出既有的观念，进行不够严谨的思考。作为紧握民族复兴接力棒的"00后"大学生，教育工作者需要教育引导他们树立远大理想，明确"青春"应该在哪里用力，为谁用情，如何用心，做什么样的人。用真理的永恒力量感召学生，助力学生将朴素的情感固化为坚定的理想信念。二是提升辅导员自身建设。互联网的虚拟空间，辅导员与学生之间可能存在空间虽近可心间尚远，表面熟知却并未真知的状况。作为学生教育工作者，我们仍需持续学习，坚定为党育人、为国育才的使命担当，特别是要在面对网络亚文化、圈层文化等网络文化对主流意识形态、价值观的冲击时，不断抢占网络思想政治教育的主阵地。

【专家点评】

当前，网络安全与政治安全、经济安全、文化安全、社会安全、军事安全等领域相互交融、相互影响，已然成为我们面临的最复杂、最严峻的非传统安全问题之一，在国家安全体系中的重要性更加凸显。该案例从个案出发，引发教育工作者进一步关注"00后"大学生的网络素养、甄别能力教育与价值引领工作。通过案例分析，结合当前的形势，教育工作者在工作中需要从三个方面进一步加强教育能力：第一，主动提高对网络世界的警惕性，网络作为一个非常大的变量，需要将其变为有效增量，发挥正向引领作用；第二，强化辩证地认识网络这把"双刃剑"的能力，结合真实案例、安全教育与宣讲等多种形式提升学生的辨别力；第三，强化边界意识，特别是网络层面的素养提升与遵守相关法律法规的自觉。

【专家简介】

田鹏颖，东北大学二级教授，马克思主义理论学科博士生导师。教育部"长江学者"特聘教授，国家"万人计划"哲学社会科学领军人才，享受国务院特殊津贴专家。

一张三八妇女节"贺卡"

——一名女大学生认知偏差的矫正

段晓辉　杨茜

【案例描述】

小许，女，博士研究生。2022 年三八妇女节时，有学生发现小许在学校食堂门口发放妇女节"贺卡"，卡片上有涉嫌激化性别矛盾的相关内容，随即告知辅导员。辅导员和学院副书记立即找到小许了解相关情况。

在与小许的谈话中，辅导员了解到她有着复杂且艰难的成长经历。她出生在一个重男轻女的家庭，父亲酗酒并有家暴倾向，母亲最终选择独自抚养小许。此外，小许的母亲作为家中长女还要承担娘家的一些责任，身心疲惫，常将生活中的不如意向小许倾诉。小许从小就体会着母亲作为一名女性在社会生活中的不易，但母亲"倒苦水"式的情感沟通方式让她感到窒息，母女关系也因此并不融洽。

据小许描述，卡片上的文字是短视频平台推送的（她发觉由于她对女性问题关注度比较高，平台经常给她推送相关内容）。在三八妇女节时，她萌发了给女同学送贺卡的想法，一方面是希望通过贺卡鼓励女性自信自立，另一方面，也希望通过这种方式引起大家对女性问题的关注。

事后，辅导员对小许进行了持续关注，发现她在个人微博上非常活跃，会事无巨细地发布自己的日常生活，内容充斥着对当前生活的抱怨。微博显示，她对学校关于贺卡事件的处理结果颇有微词，认为大家对女性问题并不重视，社会层面上涉及女性的事件经常得不到妥善解决。这些言论和观点反映了小许内心的困惑，她尝试通过社交媒体表达自己的态度和立场，寻求更多的认同和支持。

在与小许的接触中，辅导员发现她在女性问题方面表现出强烈的关注并持维护态度。小许的成长环境深刻影响了她的世界观和价值观，使得她对女性问题方面的话题格外敏感，她希望通过自己的努力，引起大家对女性问题的重视。

综上所述，小许的家庭背景、个人成长经历使她对女性问题有着深刻的认识和敏感度。她希望通过网络表达自己的观点，引起更多人的关注和讨论。尽管她的表达方式显得激进，但这正是她内心真实感受的反映。

【案例分析】

本案例反映出负性的成长经历及原生家庭带给小许同学的心理创伤，隐藏着小许同学对于女性话题的困惑，以及在互联网"社群化"下，与女性话题相关的网络社群对青年学生价值观形成产生的影响，属于辅导员工作职责中的思想理论教育和价值引领范畴。

一、童年创伤导致人格发展受阻

案例中，小许成长过程中经历了较多负性事件。重男轻女观念使得奶奶和父亲对她的性别表现出明显的偏见，导致她从小缺乏应有的关爱和支持，缺乏安全感。父亲的行为不仅让家庭生活陷入混乱，也给小许带来了极大的心理创伤。这些经历使小许心理发育过程中有持久的负性情绪记忆，对其人格发展造成了明显的阻碍。母亲长期遭受家暴，后独自抚养小许，同时承担原生家庭的责任，生活的重压，使得母亲有意无意地将这些不如意传达给小许，长此以往，小许感到窒息，并由此导致了她对亲密关系的负面认知。

小许的小腿肚上有个快乐小女孩的文身，投射出她童年缺少应得的关爱，也投射出其内心对快乐的向往。虽然她已长大成人，但还是保留了那个没有被满足的小孩的心理特征，这就是创伤的形成。她的微博内容充斥着对学习生活琐事的抱怨，如果通过微博内容给她画像，她就像一个遇到困难不知道该如何解决只能通过网络空间进行宣泄的小女孩。这种情绪宣泄也反映了她内心深处的无助和孤独，揭示了她在现实生活中缺乏有效的社会支持与情绪宣泄途径。

二、女性主义思潮对当代大学生的影响

当代中国女性主义思潮围绕女性发展、男女平等等问题展开了广泛的讨论和呼吁。在客观上，一方面产生了积极效应，有助于纠正、消除一些陈旧、错误观念，推动大众增强对男女平等、妇女权益保护的认识。另一方面，部分人缺乏对新中国妇女发展状况的全面了解，容易受到一些错误观点的蛊惑，煽动性别对立，影响社会秩序。他们利用女性话题批评国家，动辄把中国的性别问题与人权、民主、言论自由等相关联，利用与性别有关的负面新闻鼓动大众问责政府，有意识地在大众特别是青年学生中扩大影响，打造网络社群，发起网络联署、网络征集等行动，影响青年学生对女性主义话题的正确认识。

案例中的小许同学就是由于成长经历的缺憾，接收了较多有关女性主义的信息，使得她对女性问题产生了并不全面、理性的认知。由于缺乏对整体社会背景和发展状况的全面了解，她容易将视野局限于日常生活中的具体现象，或是将具体问题放大为社会问题，未能看到问题全貌。她对女性问题的关注虽然有合理性，但在信息不对称的情况下，可能产

生偏差，对现实问题产生误解。

三、网络社群易形成信息茧房

大数据为我们的生活提供了便利，却也极易形成信息茧房。互联网和自媒体平台通过算法推荐，为用户推送他们感兴趣的内容，长此以往，用户接触到的信息越来越单一，视野越来越狭窄。在这种环境下，用户容易陷入信息茧房，只看到符合自己观点的信息并被不断强化，从而忽视或排斥其他不同的声音。

童年时期的遭遇以及母亲生活的不易，使得小许对女性角色和社会地位有着特殊的理解和期待，因而对女性相关话题的关注度较高，在大数据抓取下，社交媒体频繁给她推荐关于女性问题的信息，这些良莠不齐的信息影响着她对女性问题的看法和态度。然而社交媒体上的信息往往具有片面性和极端性，可能导致她对某些问题产生误解或过度解读。互联网上的标签化言论为她提供了向外探头的"台阶"，她却忽视了这些台阶上散落的"玻璃渣子"（网络言论中隐藏的偏见和误导），她在互联网社群中找到了情感共鸣和表达渠道，却也因此容易陷入信息误区，形成偏颇的观念。

本案例反映出负面的成长经历和复杂的互联网环境对青年学生的心理和认知形成具有深远影响。小许的童年创伤导致她的人格发展受阻，对生活和社会的认知带有深刻的负面情绪，而女性主义思潮和互联网社群进一步放大了这些情绪，使她在表达和认知方面产生偏差。通过分析该案例，我们可以更好地理解青年学生的内心世界，找到帮助他们的方法，促进他们的全面发展。

【解决办法】

高校辅导员作为学生思想价值的引领者和成长成才的引路人，不仅要做好学生的日常事务管理和服务工作，更要及时发现学生的思想困惑，陪护其成长。因此，作为小许的辅导员，应深刻认识到这一事件的复杂性和敏感性，充分发挥自身职责，为她提供心理支持，以及有效的思想政治教育和价值引领。

一、精准识别问题，重视导师及"两课"教师责任的发挥

一些大学生易受西方消极价值观念影响和不良思想侵蚀，在此背景下，辅导员要通过多种渠道了解学生的思想状况和行为特点。

深入调查摸底：与小许的宿舍同学、课题组成员等交流，了解她在日常生活中的行为和思想动态，确保她的言行背后没有其他组织或势力的支持，从而更精准地进行思想引导和教育。

联系导师和本科学校辅导员：与小许的研究生导师、本科学校辅导员保持密切沟通，了解她在日常学习和生活中的表现，判断她是否受到外部势力的影响。根据教育部印发的《关于全面落实研究生导师立德树人职责的意见》，导师在学生的思想政治教育中起着重要作用，应积极参与到小许的教育引导工作中来。

协同"两课"教师：与学校的思想政治理论课教师合作，针对小许的思想状况和变化特点，制定专门的意识形态教育方案，增强意识形态教育的针对性和实效性。通过课堂和课外活动，帮助小许树立正确的价值观和世界观。

二、科学情感疏导和持久心理关怀

小许在微博上表现出强烈的表达愿望，然而，不当的情绪宣泄可能会引发争议或误解。辅导员通过关注小许的微博内容，深入了解她的情绪和思想变化。针对小许的心理创伤和情绪困扰，辅导员及时为其提供必要的心理支持。受女性问题困扰的小许容易对男辅导员性别标签化，因此，作为男辅导员要和小许建立信任连接，通过倾听、理解和鼓励，成为她社会支持系统里一个重要支撑点。

同时，建议小许寻求专业的心理咨询，帮助小许心中那个受伤的小女孩尽快成长起来。此外，辅导员还需对小许的个人社交平台进行持续关注，了解她的学习、生活、情绪波动和思想动态，及时发现并处理潜在问题和困难。

三、深化正向价值分析与积极引领

在与小许沟通时，辅导员首先要理解其对于女性个体价值的尊重和追求，以及其对母亲摆脱社会角色束缚、追求自我实现的期望。只有先理解了小许的价值追求和情感诉求，才能够引导她正确看待女性角色和社会地位，帮助其树立正确的性别观念。随后，向小许阐述性别平等的重要性，强调女性在社会中的独立地位和贡献，从而提升其正确看待和判断女性相关言论的能力。

同时，引导小许理解母亲的艰辛和付出，珍惜母女感情，以更加成熟和理性的态度面对家庭关系，改善母女之间的沟通方式，促进家庭幸福。最后，增强学生网络社群信息的甄别能力，防止信息茧房的形成。通过信息素养教育，引导小许学会辨别和筛选网络信息，避免受到片面和极端观点的误导。

四、加强家校沟通与集体融入

针对小许与母亲之间情感关系的连接，辅导员还需加强与家长之间的沟通，同时推动小许融入集体。

首先，通过与家长的连线做小许与家长之间沟通的桥梁，把小许的真实想法告诉家长，希望家长能够配合，给予孩子更多关怀和理解，多倾听孩子的心声，关注孩子的感受，尝试理解孩子的想法并能真正关心她的需求。其次，发动导师、学生干部、身边的党员及小许的舍友，让他们多关心关注小许，课后多陪伴她；围绕她的兴趣爱好开展相关活动，鼓励其参与其中；帮助小许合理规划生活和学业，转移她对"女性主义"

的过度关注。最后，帮助小许制定合理的生活和学业规划，指导其平衡学业和生活，树立积极的生活态度，培养健康的兴趣爱好，拓宽视野，提升综合素质。

通过上述解决办法和具体实施方案，辅导员教育引导小许学会正确处理成长中的困惑和挑战，提升其心理健康水平，树立正确价值观念，促进其全面发展。同时，这些措施背后的逻辑也同样适用于帮助其他学生应对类似的问题。此外，作为学生的辅导员，也应不断提升自身的专业素养和工作能力，切实履行职责，成为学生成长成才的坚实后盾。

【经验启示】

研究生辅导员和研究生导师二者的核心职能都是"立德树人"，研究生辅导员应加强与导师的沟通和信息交流，建立定期的信息交换、动态评估和对策讨论机制，切实实现协同培育目标，进一步提升自身在思想政治教育、心理健康支持和日常教育管理工作方面的实效。

自媒体平台中的女性主义思潮对我国社会主义主流价值观的构建具有一定的挑战。从思想政治教育的角度来说，我们既要发挥女性主义思潮中所蕴含的有助于女性发展的积极作用，也要加强思想政治教育，消除其负面影响，引导学生形成正确的社会主义女性主义观。

师范类院校女生较多，对女性主义思潮关注度较高，鉴于当前我国女性主义思潮的发展现状和隐藏的意识形态风险，应将其纳入意识形态风险控制范围中开展科学研判。同时在关键时间节点、社会相关热点话题等方面，积极主动地开展价值引导。

此案例同时也对当前辅导员做好大学生网络思想政治教育、守好意识形态主阵地提供了新的关注点。互联网时代出现了"线上社牛线下社恐"的现象，在校生中这样的学生具有一定比例，因此辅导员需要建立相应的信息员队伍，及时关注和发现学生在网络平台的信息传递，以掌握一手资源，遇到类似事件时能够及时介入，并能够通过其发布的相关内容及时了解学生思想、心理、生活等方面的真实情况，全面了解学生后给予其准确的指导与引导。

【专家点评】

案例中，学生因受童年创伤经历影响，对女性问题关注度较高，继而催生了后续行为。辅导员在处理此事件过程中，能够通过开展活动、与该生共同探讨和女性主义相关的学术研究、社会热点，因势利导，引导学生正确看待女性主义话题、女性主义行为，做法值得肯定。

随着信息社会的发展，大学生可以便捷地接触各类社会思潮，同时，由于大学生缺乏是非辨别力，也易受错误观点、不当言论影响。该案例也警醒广大辅导员，要及时关注网络动态，主动学习各种社会思潮相关知识，不断提高自身信息甄别能力、研判能力和思想引导能力，及时破除信息茧房隐患，引导学生正确看待各类社会思潮，做到既能广泛涉猎，也能有所取舍。

【专家简介】

冯培，首都经济贸易大学马克思主义学院教授，首都经济贸易大学原党委书记，教育部高校思想政治理论课教学指导委员会委员，教育部大学生思想政治教育研究中心专家委员会委员。

"内卷"还是"躺平"，我该何去何从？

——由一名学生在学习生活中的困惑引发的思考

杨子熙　贾颖辉

【案例描述】

"老师，我这次已经很努力了，结果专业技能大赛甚至连小组赛老师都没有选中我。上学期我也努力学习，认真完成作业，我室友写 2000 字的论文，我写 5000 字的论文，结果分数下来我还不如他高。期末考试我感觉自己发挥得还不错，但是距离奖学金评定又差了几名……为什么失败的总是我？这样努力还有什么意义？既然这样，还不如干脆躺平。"这是本案例学生主动向辅导员求助时说的几句话。

小张，男，师范生。进入大学以后，他发现身边人都很优秀，杨同学英语竞赛获奖，刘同学经常泡图书馆，李同学发表论文，小张总会不自觉地拿自己和别人比较，生怕自己落后，一时间陷入"我该怎么办"的焦虑和恐慌中，于是小张也"内卷"起来，渴望考取好成绩，获得周围人的赞美和肯定，因此也导致心理压力过大，功利化，看重结果，以获得奖学金、高分作为目标。为了获得更高的成绩，他将重点放在了课业"量"上，于是在不知不觉中就形成了"作业要比要求多写一倍甚至几倍"的习惯，但仍然没有得到理想的成绩。于是，小张就变得内心敏感且自信心不足，觉得既然"卷不动"，那便就地"躺平"，破罐子破摔，没课的时候窝在宿舍跟朋友打游戏到深夜，期末考试前临时抱佛脚，只要不挂科就行。

在和小张同学沟通的过程中，辅导员能感受到他的不安、焦虑、消极，以及同辈给他带来的压力。在辅导员的耐心疏导和长期帮助下，小张逐渐找到自我，根据自身特点制订了科学的大学生活规划和职业规划，还获得了三等奖学金。

【案例分析】

"我太南了"、"内卷"、"卷心菜"（内心不想卷，被迫参与内卷，但看起来很"菜"的人）、"摸鱼"、"躺平"，这些词语流行于学生群体，是新媒体时代大学生的网络社交用语，一定程度体现了社会群体的价值取向和行为取向。

"内卷"与"躺平"表征了部分青年的"生存画像"，折射出这一群体生存与发展的现实困境及背后所隐含的较为复杂的社会文化心态。从主体性视角来分析，"内卷"与"躺平"，意味着青年主体性产生了创造性缺乏、自主性缺失、价值认知偏失等诸多困顿。为此，要倡导弘扬正确的价值观、人生观，再次确证青年的主体性，完成对"内卷"与"躺平"的疏解。就本案例来看，"内卷""躺平"等各种网络亚文化现象对青年大学生产生了负面影响。小张努力面对课程多、压力大、身边同学屡屡获奖的大学生活，做了一些"伪努力"后成绩却不甚理想，最后选择"躺平"宣泄情绪、释放压力，表现出经受挫折后的无力感。但深入剖析后发现，问题的本质表现为辅导员思想政治工作领域面临的几个挑战，即"三观"教育面临社会个体化的时代挑战，传统教育方式面临网络新媒体的技术挑战，全面化发展面临功利化标准的评价挑战。因此，该案例属于思想理论教育和价值引领问题。

我们认为，小张出现此类问题的主要原因有以下几点。一是"内卷"

现象弱化青年的奋斗目标。表现为小张凡事都要追求完美，事事想要争强好胜，这在一定意义上是好事，但是遇到困难和暂时的挫折时，他自信心不强，目标不够坚定。与此同时，身边优秀的同学太多，各方面压力传导得又快又强，导致小张过分看重甚至功利化看重结果，很容易让其产生自我怀疑和否定，从而陷入奋斗的焦虑中。二是现实矛盾消磨青年的奋斗自觉。舍友说小张自从连续几次受到打击以后，整个人闷闷不乐，不愿意和大家过多交流，即便交流也是说一些丧气的话，例如"我都这么努力了，还是这个样子，干脆'躺平'得了……"甚至出现旷课、熬夜打游戏等情况，表明小张不能正视差距，内心浮躁，同时折射出以小张为代表的部分青年群体复杂的社会心态和价值取向。三是亚文化形态解构青年的奋斗意义。网络媒介技术加速发展，导致社会话语体系不断被重构，不论是"内卷"还是"躺平"都是以颇具形象性和趣味性的青年亚文化形态出现，随即产生巨大传播力和影响力，这也是对以小张为代表的青年群体主体性发展产生影响的重要因素。四是"伪努力"现象异化青年的奋斗行为。小张自述的努力为"经常去图书馆学习""考试周熬夜复习""PPT美化了好几遍""小论文字数超过要求的2000字"等。但实际上，小张学习效率并不高，也未能完全专心投入学习，不可否认存在"伪努力"现象：去图书馆学习，书没看进去几页，手机却忍不住玩了好几次；PPT只停留在美化形式上，却不分析更改其内容结构；小论文字数多但是学术观点比较陈旧。五是"躺平"标签消解青年的奋斗意志。小张放弃努力所呈现的妥协，想要"躺平"的特征，表达自我嘲讽和颓废的心态，都显示小张学习的内驱动力不足，没有树立坚定的目标和对奋斗的正确认识，表现为既然"卷"不动，何不如"躺平"。

【解决办法】

"内卷""躺平"现象都是内外因共同作用的结果。培育青年积极向上的社会心态是一个物质性满足、精神性建构、价值观塑造和心理性调适的过程，既离不开外部环境的干预与陶冶，又需要内部环境的协调与配合。这就需要一方面通过净化青年成长的环境和强化网络空间的舆论治理，打破"圈层壁"；另一方面借助培育青年的奋斗精神、提升青年的抗挫折能力等方式，打破"情绪壁"，进行合理引导与治理。只有这样，才能规避青年"内卷""躺平"现象的消极面。

针对此案例，小张在面对优秀朋辈时陷入了"内卷"焦虑，在经过一番"伪奋斗"之后，没有达到既定目标，于是呈现出"躺平"的状态。我们首先要教育引导小张辩证、理性地看待竞争，在改变自己与接纳自我之间寻找平衡点，不要因外部环境动摇自己的目标，更不要盲目地以量取胜，只有这样才不会被"内卷"带偏。其次要清晰、客观地认识自我。客观分析自身存在的问题，正确评估自己的优缺点，明确奋斗方向。譬如，未来想成为一名怎样的人民教师？现在应该往哪方面努力，自己的能力在什么水平？让自己拥有更清晰、更明确的自我规划。再者，要建立适当、合理的负面情绪宣泄渠道，帮助小张这类群体找到舒缓自身压力的"树洞"。最后，要引导这类同学坦然、豁达地面对成长。引导小张明白青年时代的焦虑和彷徨是成长的必经过程，这也符合事物发展的客观规律，个人的成长也必定是螺旋式上升的。可以采取许多积极方式，比如通过与朋友同学交流、加强体育锻炼，合理调节负面情绪，提升抗逆力；通过主动参与社会实践活动，培育劳动精神和奋斗精神。

一、推心置腹，理性平和，形成"正视卷"的思想自觉

在谈话中，要肯定小张的进取之心，理解他的心理变化，进而引导其辩证、理性地看待竞争；引导其组建或参与一项大学生创新创业项目，在团队协作中发挥自己的优势并与他人形成优势互补，互助共赢，以此找到理性竞争的正确途径，缓解周围环境带来的朋辈压力，构建健康竞争的"命运共同体"；鼓励其多读历史书籍，在波澜壮阔的历史中体会"行到水穷处，坐看云起时"的豁达心境。还可以在学生层面开展各类心理团辅活

动，例如"心心相印、健康同行"素质拓展活动、"心灵之约"团体辅导活动，也可以打造"晚间树洞"倾诉平台等，纾解学生成长中的困惑，提高学生的抗挫能力，培养大学生理性平和的阳光心态。

二、认识自我，寻找方向，练就"突破卷"的过硬本领

小张盲目追随优秀同学，将"高分""拿奖学金"当作目标，但并没有产生持续的奋斗动力。针对此问题，辅导员首先需要引导其明晰"自己的特点是什么，想成为怎样的一名人民教师"，引导其清晰地认识自我，制订科学的大学生活学习规划；鼓励其定期参与学院举办的"师范生技能提升计划"，参与案例设计、"三笔字"大赛、朋辈课堂展示活动等，提升自身能力。课堂外，辅导员要借助教育实习，辅导全体师范生执行—评估—调整计划，从实际出发，制订合理的目标与实施路径，实现专业学习与教育实践的统一。

三、学业帮扶，精准施策，解决"卷不动"的实际困难

针对小张学业上的问题，辅导员要连同班主任、专业教师一起分析他在学习方法上存在的问题，并为其制订学习方案，一对一帮助小张打磨完善课件，并指导其根据自身情况设立明确且合理的短期和长期目标；鼓励其定期参与学院举办的提升师范生技能的活动，提高核心素养；通过定期教材内容梳理、针对重难点反复练习、回顾阶段性学习成果等途径，帮助小张树立学习信心；鼓励其积极参与"名师大讲堂""学术讲座"等活动，开阔学习视野，拓展专业领域思路，化解对未来的迷茫；借助学校心理咨询专业力量对其进行定期心理疏导、状态评估以帮助其缓解心理压力。

四、开展调研，把握情况，廓清"亚文化"的负面影响

开展调研，结合座谈交流、宿舍走访、谈心谈话、干部反馈等多种形式，了解学生受到"内卷""躺平"等网络亚文化影响的程度、原因，掌握典型个体与案例。结合调研，将所涉学生的情况进行初步分类，精准"画

像"，重点关注行为较为激烈、深陷泥潭的重点群体，与其中的党员、团员和学生骨干进行深入谈话，了解出现"内卷""摆烂"现象背后的原因，以方便解决实际问题。结合学生的家庭情况、就业形势、成长趋势入情入理地分析，澄清网络亚文化的负面效应。通过晚点名、主题班会、团日活动等，引导青年树立正确的奋斗观，深化对"什么是奋斗，为了谁而奋斗，由谁来奋斗，如何去奋斗"等一系列问题的认识，摒弃"内卷"带来的徒劳的虚假奋斗。谈话中也要理解一些大学生由于受到互联网泥沙俱下的外部影响造成的认识受限问题，敢于回应其对社会热点问题的困惑与不解，从长效长远出发引导学生辩证分析成长发展形势，给予正面支持，消解现实壁垒；还可通过辩论赛、问卷调查、访谈等形式帮助学生准确辨识、及时规避、合理应对亚文化带来的影响。

五、榜样引领，同频共振，营造"良性卷"的社会氛围

面对网络亚文化现象，要主动发声，敢于亮剑，理直气壮讲道理，实现线上线下同频共振弘扬正能量。一方面用"西部红烛 两代师表"精神，比如张新科教授少年立志，一生坚守，四十余载潜心治学，把《史记》研究做到底的先进故事激励学生，这种持之以恒的奋斗产生的质变值得年轻一代学习。另一方面主动占领网络空间舆论阵地，对偏离奋斗方向的娱乐现象和舆论进行及时纠正，筑牢网络舆论阵地，增强青年主体自觉，丰富网络文化供给，打造红色网络精品项目，例如"青年榜样说""奋斗正当时"等，弘扬正能量，抓住青年群体的个性特点和心理需求，精准引导，进而抵消网络世界中的"内卷""躺平"思潮，真正实现舆论氛围的良性循环。利用党支部、团支部政治理论学习深化对"什么是奋斗，为了谁而奋斗，由谁来奋斗，如何去奋斗"等一系列问题的认识。

【经验启示】

青年的理想发展状态应当是自由全面的，但部分青年在面对各种亚文

化现象时的内心焦虑难以排解、奋斗观念遭到侵蚀、人生目标变得模糊，从而引发"内卷""躺平"等社会行为。消解亚文化现象对青年的影响是保证青年健康成长的基础，也是牢牢掌握意识形态话语权的实践要求。在本案例所涉问题的解决过程中，有如下经验启示：一方面，日常教育突出政治引导和价值引领。辅导员自身要关注网络文化，提高媒介素养和网络技能，开展更具"三性一力"（思想性、理论性、针对性和亲和力）的思想政治教育。另一方面，要动态掌握大学生真实的认知状态、心理状态和思想状态。针对当下部分青年秉持急于求成的奋斗观和急功近利的竞争观，有必要通过奋斗精神的培育，引导青年形塑严谨务实的劳动态度和苦干实干的实践品格。教育引导青年克服心浮气躁的不良作风，不被外界纷纷扰扰的杂音干扰。在此过程中也要注意个体的差异，有针对性地开展思想教育，持续做好关心帮扶。

习近平总书记强调："实现我们的发展目标，需要广大青年锲而不舍、驰而不息的奋斗。"当代青年要以自信、自强、自立的姿态，主动地去创造和谋划自己的未来，担当起应有的社会职责，展现自己的价值。

【专家点评】

选题中的问题是很多辅导员都反复提到过的，但是这个问题如何讲述，在学生身上如何表现，不同的学生是不一样的，因此该选题非常有意义，是值得辅导员反复讲述的。本案例分析得比较透彻，不仅仅看到学生本身存在的问题，还看到了社会化导致的问题，即社会在高速发展中给今天的年轻人带来的问题，并提出这个问题是具有普遍意义和规律性的。在案例解决路径上，一方面案例中的措施有切实的帮助，这个措施可以切实解决学生遇到的问题，会让学生发自内心地觉得它是有用的；另一方面是结尾升华，案例中不仅仅提到了解决措施，还进一步提出在学生走出困境向上走的时候，我们要如何给予学生方向。总的来说，该案例的选题、成因分析、解决路径都设计得比较完美。

近几年来，与案例中的"内卷""躺平"等相似的流行词在不断变化，但是这些词本质上都反映了相同的问题，面对这个问题，我们要通过以下三个方面做好学生工作：

第一，同理心的呈现。辅导员要建立起同理心，首先要肯定学生，其次要让学生认识到他存在的这种问题并不是个例，而是普遍存在的，是当今社会发展客观存在的问题。

第二，关心帮助学生解决实际困难。辅导员要更深一步和学生讲清楚，在他的目标设定中，要认清哪些东西是他需要的，而哪些东西又是他看到别人有而想要的，从而设定恰当的目标，完成对自我的认识。

第三，案例提升。这其实和我们本次案例讲述的主题"奋斗"是相符的。如案例最后的讲述，引用了一些例子，给学生看到了多样的人生形态。辅导员也要先让学生认识到，在当今社会或在历史上，人类有各种各样的人生形态，他所认为的那种必须达到的人生形态并不是唯一的。在这种认识之上，让学生去奋斗，有奋斗的指向，这样会更具思维性。

【专家简介】

张润枝，教育部高校思政课"思想道德与法治"分教学指导委员会委员，全国高校思想政治理论课教师 2015 年度影响力人物，北京师范大学马克思主义学院院长。

一个网络"小愤青"的新闻之声
——大学生网络表达失范的教育引导

王斐

【案例描述】

小陈喜欢新闻行业，学习专业课的热情很高，在课堂上经常会表达个人立场和观点，希望可以发出新闻"正义之声"，即便与任课老师、班内同学观点不一致，也会坚持自己的想法，并且在网络上发表出来，寻求"志同道合"的声音。当网络上有一些热点新闻时，他喜欢第一时间在知乎、微博等平台发言，常用一些批判和反讽语气表达对现实世界的强烈不满和反感，认为这样可以"针砭时弊"，但其内容通常都是非理性的、偏执的，他具有强烈的表达欲和自证想法，却往往缺乏理性和客观的思考，容易被极端思想所吸引，像极了"愤青"。

2022 年国际某地区爆发冲突，国内民众特别是青年大学生对这场冲突的关注度持续飙升，引发网络热议。小陈通过社交媒体将一则未经证实的新闻截图转发至班级微信群、QQ 空间、微信朋友圈……有些同学也点赞、关注、评论、转发了这条信息，一时之间，这条信息成为同学们关注的热点，甚至有酿成网络危机的风险。

【案例分析】

这是一起大学生在参与网络政治话题传播中所表现出的网络媒介素养不足的典型案例。

分析该案例时，应当将小问题与大矛盾相结合，将教育与转化相结合，将学生个人特性与网络话语表达相结合，通过个例尝试分析大学生群体网络政治话语参与和表达的深层动因，从而探究提升大学生网络媒介素养的现实路径。

新时代大学生作为网民中先进的知识分子，具有一定的知识储备和专业技能，他们适应能力强，思想文化素质高，学习和掌握网络技术快，符合网络社会发展的要求，其网络使用率不断攀升，成为网络社会的主力军。根据第 47 次《中国互联网络发展状况统计报告》统计，在我国网民群体中，学生占比 21.0%，位居所有职业第一。新型网络媒介为大学生开辟了探索世界的新途径，使大学生不再局限于校园范围内的学习和活动。同时，网络的广泛性、即时性、平等性等特点也促使大学生逐渐倾向于在网络空间中表达自己的意见观点和政治认知，参与讨论社会及政治话题也日渐发展为常态。

但是，互联网的开放性、隐匿性等特征，导致网络环境复杂，网络安全受到威胁；加之大学生自身社会实践经验不足，辨识能力有限使得他们的认知容易产生偏差，使网络政治话题传播存在非理性、片面化等诸多问题。探析本案例产生的原因，主要有以下四点。

一、个人价值认同的追求

在数字时代，信息以爆炸式的速度增长和传播，使得人们面临着前所未有的信息选择压力。青年群体虽然整体上具有较高的文化素养和学习能力，但在面对海量、复杂且真假难辨的网络信息时，仍可能表现出认知短板。小陈学习热情高，对自我价值和认知认同有着较高追求，但是缺乏理性全面的认知和正确规范的方式。部分学生在专业学习过程中感受到新闻与传播学科的表达性、传播性、辩证性，但刻板片面地理解了新闻的"正义感"，对于未来的新闻传播人才来说，他们的政治意识不足，对于新闻规律和新闻现实的把控度不足，加上思维心智尚不成熟，喜欢用反讽批判话语，容易在舆论浪尖造成负面影响。

二、网络言论表达出现失衡

当前网络空间存在身份隐蔽、言论发表自由等特点，学生对于网络法治缺乏全面了解，使他们容易忽略现实中的各种道德约束和规范。且由于网络信息的传播成本低，信息源真假难辨，学生的情感宣泄战胜了理性思考，更容易出现冲动的网络表达。认知能力的差异直接影响个体对网络信息的处理和判断。认知偏差也是导致青年网络行为失范的重要因素。由于个人经验、价值观等方面的差异，青年在接收和处理信息时往往带有一定的主观性和偏见。他们可能只关注与自己观点相符的信息而忽视其他不同声音，更有甚者可能因为对某些信息存在误解或偏见而做出错误的判断和行动。这种认知偏差不仅限制了青年的视野和思维发展空间，还可能加剧社会分裂和矛盾。

三、网络媒介素养仍有欠缺

缺乏理性、批判性思维是青年网络行为失范的重要原因之一。在信息泛滥的时代背景下，青年往往难以对接收到的信息进行全面、深入的分析和判断。他们可能受到信息发布者的影响和操控，盲目跟风或传播未经核实的信息。这种缺乏独立思考和判断能力的行为不仅容易引发网络谣言和虚假信息的传播，还可能对社会稳定和公共安全造成威胁。大学生的自我主体意识不断增强，但个人网络媒介素养却没有得到同步提升，由于媒介知识和社会经验的局限，他们考虑问题时往往从自身或群体利益出发做出简单判断，一旦遇到与自己的认知产生偏差的情况，就会出现争辩或者过激言论，造成较为严重的舆论后果。网络文化良莠不齐的现状也使得青年学生难以客观理性看待各种现象，容易被网络潮流文化左右价值判断，这在后真相时代更为突出。相关课堂教学过程中对于职业道德和价值判断教育程度不足，也是大学生未建立起对新闻道德、网络舆论的审慎态度的重要原因。

四、复杂社会思潮影响深远

社会思潮具有强大的动员和发动青年的能力，它既能激发青年的积极性和创造力，也可能催生消极、负面的社会行为。近年来，负面社会思潮通过网络平台迅速传播，对青年产生了深远影响，例如泛娱乐主义、消费主义、网络民族主义、极端个人主义等，它们往往以吸引眼球、煽动情绪、猎奇渗透为手段，诱导青年产生错误的价值观和行为方式，进而使部分青年忽视精神追求和道德修养，在学习和生活中更加功利、浮躁。在负面社会思潮的影响下，一些青年过度关注个人利益，忽视社会责任和集体利益。

【解决办法】

一、厘清问题点

在解决小陈这类问题时首先要厘清问题等级和点面关系，按照"由急到缓""由点到面"的原则梳理处理思路，具体要思考以下几个问题：

（1）如何及时干预、正确地处理此刻学生群内的"人声沸沸"？

（2）如何强化日常教育的管理，帮助学生们提高网络言论表达的理性和规范性？

（3）如何以此为契机做好网络环境治理，提升学生的网络媒介素养？

二、问题处置实践

在具体实践过程中可以从"快""准""导"三个维度出发。

（一）畅通信息渠道，快速入局干预，妥当处理发酵型言论

辅导员在日常工作时，就要建立好网络信息员队伍，做好培训和引导

工作，通过及时关注网络信息、平台监测等途径，做到全面监测和掌握舆情信息；培训、引导信息员第一时间汇报情况，了解舆情的发生过程。辅导员在接到信息后要做到早介入、早谋划、早处置，结合学生视角和言论进行应对，引导学生在和平的正向情感上构建共鸣，发表主流意见。

首先呼吁大家停止讨论，理性看待，禁止转发未经证实的信息，并对发布的信息进行删除，以免造成不良影响；随后核查信息源，如发现是假新闻的，要及时澄清事实，给学生一个正面答复。辅导员与小陈开展面对面谈话，先从他感兴趣的热点新闻聊起，消除距离感，循序渐进，肯定他关注国际形势的态度，再对他传播不实言论作出批评教育；要向他讲明当前传播不实信息的危害性，阻止网络舆情的进一步发酵，然后更深层次地引导他树立正确的大局观，具备广阔的胸怀和开阔的视野，不拘泥于个人偏激的认知。同时对参与讨论的所有学生做好意识形态教育工作，分批组织相关学生开展座谈，带领学生学习了解国家层面的新闻舆论工作要求，以及《网络安全法》等网络管理制度，列举青年意识形态问题案例和国际舆论现状，启发学生理性思辨，强化素养，讲明网络群组言论规范，明确告知他们不得造谣传谣。

（二）由点及面谈话，提升学生传媒担当意识，做好人才培养管理

习近平总书记在党的新闻舆论工作座谈会上强调指出，要承担起党的新闻舆论工作的职责和使命，"必须把政治方向摆在第一位"。

在网络高度发展的时代背景下，小陈等一众充满激情和理想的青年，要全面提升政治参与水平，必须全面提高专业化媒介素养。在教育管理过程中，教师要将培养卓越新闻人才作为目标，通过多种学习教育环节引导学生坚持正确政治方向、坚持新闻真实性原则、遵守法律纪律，组织学生学习《中国新闻工作者职业道德准则》，恪守新闻职业道德，提升人文情怀和独立思考能力，成为有品德和职业理想追求的新闻人才。

面向所有学生开展网络责任教育和网络文明教育，以马克思主义新闻观为指引，以专业教育强基固本，提升学生对错误信息的甄别能力，引导

学生透过网络信息和表面现象更加清晰地认识到事物的本质和规律，多角度分析事物的本质特征，精确预判事件的发展趋势，正确参与网络活动，在复杂多变的网络言论空间中建立正确积极的价值观和世界观，不被网络文化裹挟而产生价值观偏差。

将媒介素养教育纳入学生日常教育，面向全体学生宣讲网络言行规范并组织其签订《网络文明行动承诺书》；进一步完善学生网络舆情预警机制，将日常讨论和舆情苗头分类管理，分级处理，辨别学生在热点、焦点话题中的网络异常言论和动向，避免学生被网络推手带节奏，进而引发舆情风险；畅通网络意见反馈渠道，帮助青年学生建立正确的网络表达方式，以理性客观态度参与社会话题讨论；举办清朗网络系列体验活动，让学生沉浸式体验网络空间的复杂和多变；组建"清朗网络学生护航员"队伍，关注学生网络生活，做好网络动态监测，及时反馈异常动向，并引导学生规范个人网络言行。

（三）借势引导转化，提升学生媒介素养，强化网络空间治理

畅通渠道，发挥全员育人作用。联动专业课教师、媒体界优秀院友打造新闻传播德育新模式，举办新闻伦理、职业精神、职业道德主题讨论会，引导学生理性深度思考；持续推进记者节系列活动，引导学生寻访好记者、好故事、好网民，提高大学生网络参与的秩序意识；以《卓越新闻传播人才教育培养 2.0 计划》为指导，建设"进基层、懂国情、长本领"的新闻传播实践育人项目，让学生自主申报、规范实践，通过真实体验和感悟来培养家国情怀与担当意识。

因势利导，强化实践育人效果。因势利导，感召专业基础好的学生加入学生网评员队伍。将网络思政教育融入学业教育、实践教育中去，将类似小陈的学生纳入"马克思主义新闻观研学班"，通过更深入的专业学习，着重培养其对网络信息的识别、抵制、批判能力，培养法律意识、强化社会责任感，比如发挥小陈文笔好的优势，让其担任正能量网评员。面向群体着重引导学生用正确的思想武装头脑，提升自身判断水平，强化社

会责任感，鼓励学生加入"网络护航员"队伍，将网络思政教育融入专业实践中，通过创作正能量网络文化作品，使学生由"护航员"向"领航员"转变，实现学生在网络参与中的自我教育、自我管理、自我监督能力的提升。打造平台，建设网络思政阵地，以社会主义核心价值观为引领，以优秀中华文化为资源，重视网络文化的传播，依托学院的新媒体平台、辅导员工作室建设师生共融型新媒体网络思政场域，让学生在找准方向的基础上积极参与网络文化作品创作，以身实践，丰富大学生的业余文化生活，宣传正能量，弘扬社会主旋律。

转变方式，提高网络参与秩序。在教育过程中要变"单向"为"双向"，实现线上参与和线下引导相结合，依托学院的新媒体平台、多个学生工作平台，释放校园治理活力，在守牢政治安全底线的基础上，畅通信息公开渠道，经常性组织大学生进行多元的交流与互动，不断提升大学生的文明素养和网络素养。变"被动"为"主动"，网络媒介提供了属于年轻人的天然"社群"和实践"大课堂"，使其能够作为校园"主体"建言献策，充分激发其主观能动性。化"管理"为"服务"，做好网络话语表达相关的舆情引导，建立完善的舆情监督机制，纠正大学生的非理性行为，提升大学生的思想认识，创造良好的网络文化空间，不断增强网络思政话语权。

【经验启示】

强化学生思想政治教育，建立正确的网络参与秩序意识。在工作中我们要通过丰富思想政治教育的方式和途径，提高学生的政治敏锐力、政治辨别力、政治判断力，要结合大学生的思想行为特点，引导大学生增强自我的社会责任感和公民意识，树立正确的网络表达意识，有序、理性地参与话题讨论。特别是面向新闻传播专业的学生，提升政治能力、培养党性是人才培养的重要内容，关系着宣传舆论工作的方向和质量，因此要结合新时代卓越新闻人才培养的目标让学生通过学、做、练、讲、评等方式提升自身的政治认知和专业技能。

普及学生网络媒介素养教育，培养学生网络参与的责任感。网络为大学生提供了一个看似无限广阔的舞台，让他们可以通过发表言论、展示才艺、参与网络活动等方式吸引眼球、获得关注。然而，这种追求往往带有盲目性和功利性，容易使他们陷入网络成瘾、过度消费、网络暴力等失范行为的旋涡之中，所以要将媒介素养教育纳入日常教育中，讲好网络法律规章的"底线"，鼓励学生创造网络文明的"风景线"，引领学生建立网络参与的责任感和文明意识，并以大学生的清新面貌引导网络文化正向发展。

【专家点评】

本案例具有个体性，也具有普遍性。当前网络空间中的舆论对青年学生的价值判断产生了重要影响，应当结合实际加强引导，进行原因分析时要注重人才培养的各个方面，比如课堂教学中职业道德、价值判断引导的缺失。案例中的小陈专业学习热情很高，值得鼓励，但出现问题时要及时纠偏，结合新闻人才培养目标，使小陈强化传媒学子的政治担当。在实际教育管理中要从职业道德培养扩展到世界观、价值观教育，让新闻传媒学子能够以马克思主义新闻观为指引建立个人成长目标。对于不良网络参与行为，要强化法律法规教育，进一步提升学生的网络媒介素养。

【专家简介】

刘先春，兰州大学马克思主义学院教授，中央马克思主义理论研究和建设工程首席专家，国家社科基金重大招标项目首席专家，首届全国思政课影响力人物十大标兵之一。

第二篇

日常生活引导

"含羞草"也期待春天

——一例社交恐惧症状学生案例分析

代晓飞

【案例描述】

小胡，男，本科二年级学生。父母在其很小的时候就离异了，他与母亲多年没有联系，父亲对他的关心也较少，他从小与姑姑关系亲密，放假也都回姑姑家居住。

自入校以来，小胡处于自我封闭状态：基本不和宿舍及班级同学交流，不参加集体活动；经常旷课，甚至考试都不参加，多门课程不及格，已经达到学业警示条件；平时基本不去食堂用餐，喜欢叫外卖或将饭菜打包到宿舍用餐；日常生活作息混乱，黑白颠倒，沉迷游戏。

在与小胡的谈话中，由于"社恐"而出门就习惯戴口罩的他头脑清楚，讲话虽然吞吞吐吐，但能够正常交流。他自述极度"社恐"，在人多的环境中常感觉所有人都在关注自己，会产生体温升高、目光涣散的身体反应，因此害怕到教室、食堂、校园等人多的环境；因为害怕别人关注的目光，高度近视的他选择不戴眼镜出门；怕说错话得罪别人而不愿和同学、老师进行交流。虽然谈话的内容都比较轻松，但可以明显感到他很不自在。小胡也坦言，自己不想和老师对话，是出于礼貌而没有离开。在谈话中，小胡表示自己对学业也很焦虑，不能接受留级情况的发生，但又因为不愿接触其他同学而不想去上课，自己也非常痛苦于黑白颠倒的生活，但不知该如何破解。

【案例分析】

案例中的小胡表现出了较为明显的社交恐惧状态：性格敏感孤僻，过度在意他人的眼光或评价，自卑感强烈；不敢到人多的场所，不愿和他人面对面交流，甚至出现了一些躯体化的症状；长时间沉迷网络，希望能够在虚拟世界中找到自我价值和慰藉。

日常工作中，我们会经常听到学生抱怨："老师，我'社恐'，我不愿意参加集体活动，不喜欢和别人聊天。""比起线下交流，我更喜欢线上打字聊天，因为我'社恐'啊。""我很多时候都是一个人待着，这样感觉很舒服。""社恐"已经成为流行语，以"社恐"为关键词在微博、小红书进行检索，相关话题数量众多，话题总阅读量也多到难以统计。《中国青年报》曾面向全国大学生开展问卷调查，有80%的受访大学生表示自己存在轻微的"社恐"。那么，到底什么是"社恐"？"社恐"是心理疾病吗？"社恐"产生的原因是什么？我们该如何有效引导？

一、什么是"社恐"，大学生"社恐"一定是心理疾病吗？

提到"社恐"，我们会习惯性地认为是社交恐惧症。社交恐惧症，在医学上又称社交焦虑障碍，是神经症的一种亚型，当患者处于社交场合或与人打交道时，会出现明显而持久的害怕、焦虑情绪，为了减轻这些恐惧，患者往往会回避社交场合。患者能够认识到这些害怕是过分和不必要的，但无法控制。这些恐惧可能会引起明显的痛苦，还可能伴发诸多躯体症状，如脸红、心跳加快、口或咽喉部干燥、吞咽困难，有的还会全身颤抖或肌肉抽搐、出汗、恶心或呕吐等。

心理疾病的确诊必须经过严密的临床诊断、心理咨询或量表数据评估及多次的谈心谈话，患者表现出的症状已经严重影响了正常的工作或学习生活。本案例中，小胡虽然出现了一些躯体化的"社恐"症状，但并没有因为社交焦虑而放弃学业，并且表现出了一定程度的自我控制，说明小胡并非严重的社交恐惧症。具体而言，他的情况是由于长期的自我封闭和沉迷网络导致社交功能退化，是接近于社交恐惧症的一种社交恐惧状态。

通过以上分析可以看出，"社恐"可以表现为社交恐惧症，是一种心理疾病；但多数情况下表现为一种刻意回避社交场合或面临社交时呈现出紧张焦虑反应的社交恐惧状态。还有部分个体表现出的是假"社恐"，他们主动地给自己贴上"社恐"的标签而心安理得地"躺平"，从而在网络上或自己的小世界里享受安逸的生活。无论是哪种情况，这些学生都有被认可的需求，内心深处都会极度渴望得到他人的关怀与重视。

二、"社恐"产生的原因分析

"社恐"产生的原因包含如下几个方面。

社会维度。当今中国经济正处于提质换挡、转型升级时期，就业、升学竞争压力大，大学生普遍对自身发展更为关注，不愿付出时间和精力在交流交往上；在自媒体时代，各种放弃奋斗、提倡避世和安于现状的"毒鸡汤"在网络传播，很多学生辨别力较差，选择了认同"躺平""佛系"等错误的人生观和价值观。

家庭维度。文中的小胡从小缺少父母的陪伴和关心，在亲戚家长大，这样的家庭教育往往会使其对与人交往天然敬而远之，不相信人与人之间真挚的情感；缺乏情感支撑，没有父母的依靠，遇到困难和痛苦时得不到有效的帮助，自己又没有能力解决，干脆直接自我封闭，拒绝一切活动和外在事物。

教育维度。在学生求学过程中，学习成绩是家校最重视的内容，特别是在中学时期，学生活动的圈子主要是家庭和学校，社交被认为是浪费时间的行为，学生也没有条件社交；即便到了大学，繁重的课业，考研、考公、考证的压力，也使很多学生不愿投入时间精力去进行交流，导致学生的交往欲望和社交能力逐渐退化。

个体维度。首先是个体在认知上的扭曲，具体表现为高估他人对自己的关注程度，或夸大自己的小错误带来的消极影响，或对他人的情绪表现过于敏感，这些都会导致"社恐"的出现。其次是网络的影响。一个电子屏将学生"禁锢"在虚拟的方寸空间里，交友、游戏、购物、发表观点都在网络上完成，特别是网络的匿名功能能使"社恐"的学生感到自在和舒适，导致其更加不愿意投入现实世界的人际交往中。再者，学生耐挫性缺乏。从小到大，这些学生的主要任务就是学习，家长几乎包办了所有的日常生活事务，他们在生活中几乎没有遇到过挫折，导致普遍缺少克服困难的韧劲和积极面对社会的阳光心态。

【解决办法】

一、分类施策：针对学生不同程度的"社恐"采取相应的辅导策略

辅导员要结合家庭状况分析、心理筛查、谈心谈话、信息反馈等，分辨学生"社恐"的严重程度，及时干预，分类施策。

一是心理咨询缓解焦虑。对于小胡，辅导员发现他的社交焦虑和恐惧状态较为严重，而且有明显的躯体化症状，经过与家人交流，学生也曾去医院进行诊断，医生给出的治疗方案是心理咨询。在此基础上，辅导员坚持带他在学校心理中心进行心理咨询。在专业的指导与帮助下，小胡的焦虑和恐惧情绪逐渐消退，但交往障碍仍然明显。

二是情感陪伴增进交流。宿舍是小胡生活的主要环境，人员少、彼此间较为熟悉，因此，辅导员通过引导宿舍成员带领小胡一起食堂用餐、一起上课、一起到学校周边游玩，使小胡体会到现实交往的乐趣，真实世界的美好。对于比较熟悉的舍友，小胡也表现得不怎么抗拒，慢慢地开始活跃起来。在此基础上，辅导员要善于为"社恐"的学生介绍朋友，可以是有同样"社恐"情况的，也可以是同乡或者有其他共同点的同学，让学生

逐步学会在现实中与人交往相处，体会到真实感情的"温度"，逐步形成自己的现实人际交往圈子。

三是培养交往沟通技巧。辅导员在谈话中专门给小胡介绍了一些交流技巧，如怎样发起话题讨论、正确理解他人表情等，逐渐培养起小胡的交往信心。特别是引导小胡不要过度解读他人的表情和话语，以包容和放松的心态与他人交流，多参与自己感兴趣的集体活动，先从简单的小事逐步做起，在集体中找到自我价值。辅导员同时也依托学校和学院举办的一些大型活动，专门给小胡安排了志愿者的工作岗位，引导小胡和同学、朋友一起为集体服务，在参与集体活动的过程中，小胡的积极性和主动性进一步提高，活动结束后拿到了志愿服务的加分和证书，进一步提振了与人交流、参与集体活动的信心。

二、发掘幸福：帮助学生找到自我价值和重拾奋斗的勇气

辅导员要通过发掘学生身上的闪光点，为学生创造展示自我、帮助他人的平台，使学生感到被需要、被认可，提升其幸福感。

一是提供岗位平台，帮助学生找到自我价值，获取认同。经过认真考虑和与学生反复沟通，辅导员给小胡安排了课堂考勤负责人的岗位。在这个岗位上，小胡首先要做到按时上课，给同学们做表率，同时也参与了班级管理。小胡认真负责，与缺勤同学及时沟通并将情况报告老师，赢得了辅导员和同学的好评，逐渐找到了自己的定位和价值，增强了向上向好的信心。

二是强化家校沟通，营造包容阳光的成长氛围。虽然学生原生家庭的情况特殊，但父母是其直接责任人，学生也需要来自家庭中父母的关怀支持。因此，辅导员加强了与小胡父母的联系，详细说明学生在校的相关情况和学校的努力，以及学生呈现出的积极状态，要求其父母加强与学生的联系和关怀，也邀请家长到校一起讨论学生情况。对于学生比较信任的姑姑，辅导员与其保持常态化沟通，一起深层次探讨教育引导小胡的方法，

并就"强化情感支持、严格要求作息、提供锻炼平台"的观点达成高度一致，进一步加强了家校联动。

三是结合"社恐"暴露疗法，量身定制"突破极限法"。案例中，小胡有相当程度的"躺平"思想，"社恐"也成为其心安理得的借口。因此，辅导员并未一味地"和风细雨"地对其进行疏导，而是采取了一些"暴风骤雨"式的手段帮助其加快认识，走出舒适区。在辅导员的引导和家长的安排下，小胡利用寒假到餐馆打工，在经历繁重劳动和突破"脸皮极限"后，他体会到了学习的幸福、校园的幸福，也通过比较认识到校园内的人际交往是简单而充满善意的，从而放下包袱、刷新自我、投身学业。

三、化整为零：运用"小组制"模式实现互动交流全覆盖

辅导员要突破固有的工作思维局限，对学生进行"小组化"管理，用好学院的优秀学生资源，通过朋辈引领，实现对学生教育引导的全覆盖。

一是科学设置小组成员。将低年级学生编入5—6人小组，每个小组有党员、有优秀学长或研究生，同时也有学习成绩不佳、人际交流有障碍或其他方面需要帮扶的同学，形成一个互帮互助、便于交流、自我管理和服务的"工作小分队"。

二是常态化组织小组活动。分小组常态化开展理论学习、研讨交流、困难帮扶和能力提升活动。小组制在开展活动时，每个人都要发言、参与，创造了互动交流的条件；小组内的活动也主要以主题研讨、技能提升、体育锻炼为主，所有学生均须参与，降低了互动交流的门槛。

三是有效开展小组帮扶。为小组成员配备党员和优秀学长，开展思想引领与就业指导，使学生通过交流真正能够学到有用的知识。此外，与小组成员间的常态化交流，也能够帮助学生收获互帮互助的友谊，提升互动交流的吸引力。

【经验启示】

一、辅导员要用发展和辩证的眼光看问题，强化"导"的作用

辅导员应全面熟悉"05后"大学生的特点及其交往方式，例如学生习惯在网络上进行留言和交流，喜欢"搭子文化""校园集市"等比较舒适的社交文化。同样，对待"社恐"要一分为二地看待。"社恐"首先并非完全是心理疾病，相反，已经构成心理疾病的情况是极少数。其次，"社恐"不完全是问题，只有当其影响到学生的正常学习和生活时，辅导员才应进行干预与帮扶，对于学生日常生活中表现出的一些轻微"社恐"表征，则应多持包容态度，强化引导工作。

二、辅导员要锚定工作的发力点，提升工作的敏锐性和精准度

首先，辅导员在工作中要结合谈心谈话对学生的家庭情况、成长经历等进行全面的了解与掌握，善于捕捉信息，从而有效发现问题苗头并加以关注。其次，在面对学生的问题时，辅导员要通过多种渠道进行甄别，指导有心理疾病的学生及时就医，帮助学生通过心理咨询等方式进行治疗，缓解症状。再次，多种支撑帮扶手段同步进行，但不能代替医生和心理咨询。

三、辅导员要运用显性和隐性相结合的方法，构建情感支持系统

对于"社恐"学生，辅导员一方面可以通过安排工作、提供岗位、引导参与活动等创造显性条件，使学生能够走进集体进行交流，并在承担一定工作后获得认同、找到自我价值。另一方面，辅导员也可以通过困难帮扶、家校合力、营造环境等多种途径逐步浸润和不断提振学生的信心，最终构筑学生的情感支撑系统，提升其感知幸福的能力。

【专家点评】

这个题目选得很好。"社恐"是伴随着互联网飞速发展而在学生中普

遍出现的一种新的心理现象。案例的分析客观，具有逻辑性，首先对"社恐"的表现进行了详细的分类；接着厘清了"社恐"不一定全都是疾病、不一定全都是问题的模糊认识；再次，就"社恐"问题如何精准破题结合典型案例给出了显性和隐性的双重答案，并以此案例为基础，创设了"小组制"的网格化管理和能力提升的模式，具有较好的推广意义。

"社恐"情况虽然普遍，但仍是一个学生工作中的"小众话题"，辅导员应首先通过案例分析进行概括总结，找到规律性的内容，再将其上升为一个可探讨的话题现象。接着，还要通过细致的走访调研，获取科学的数据支撑，找到"社恐"学生存在的普遍问题与发展规律，进一步强化对此类学生的帮扶指导工作。此外，要加强对具体问题的研究，案例中小胡同学要持续关注帮扶，工作要有针对性，要针对小胡的特殊情况，结合普遍性的方法，因材施教做好引导。

【专家简介】

吴满意，国家社科基金项目评审专家，国家级领军人才，四川省委宣传部特聘主讲教授，《思想道德修养与法律基础》教研会常务理事，电子科技大学马克思主义学院院长。

网络曾让我欲罢不能
——一名网瘾大学生的成长之路

王楠

【案例描述】

　　李同学，2020级本科生，独生子女。他性格内向，不善言谈，缺少朋友，大二时曾是一名网络成瘾学生，打网络游戏时间经常持续6—8个小时，出现旷课行为，成绩直线下滑，累计12门课程没有通过考试。李同学产生了结束自己生命的想法，大二暑假期间他在家里用刀片割伤手腕自杀，被家人及时发现送到医院救治。在经过三甲医院诊断和学校心理咨询中心评估后，李同学返校学习，学院班子成员、辅导员、班主任、任课教师、教学秘书、学生干部和家长共同努力，经过三年时间教育帮扶和行为转化，通过激发内生动力、学业帮扶、朋辈指导、家校联动等方式，帮助其克服了网瘾，通过12门课程重修和补考，按时完成教育实习并达到毕业条件，目前签约一所高中担任信息技术老师。

【案例分析】

李同学产生的症状表现如下：

（1）有使用网络的强烈愿望；

（2）对于何时上网、下网和对上网时间的自我控制能力下降；

（3）明知上网对自己有害但仍然上网，或者主观上希望不再上网或减少上网时间，但总是失控；

（4）对上网的耐受力增高，需要更多的上网时间才能感到满足；

（5）上网时体验到满足感和自我价值，或者由于不上网给自己带来的各种生理或心理表现只有上网才能解决；

（6）减少或停止上网后出现阶段性症状，如心情烦躁、注意力不集中等；

（7）社会交往减少，人际关系淡薄，缺少朋友陪伴；

（8）从上网行为引起社会功能受损起，至少达到三个月时间。

根据病与非病的三原则，李同学的心理活动内在协调一致，对自己产生的问题有自知力，有主动求医的行为，无感知觉异常，无幻觉、妄想和逻辑思维紊乱等精神病的症状，因此可以排除精神疾病。其产生的症状显示，他患有互联网成瘾综合征（图1）。

网络成瘾（Internet Addiction Disorder，简称IAD）是由美国著名的精神医师伊万·戈登伯格首次提出的，他指出网络成瘾是人们不加节制地过度使用互联网，并且在这一过程中使用者的日常工作、学习等都会受到负面影响，严重时还会造成身心功能减退。目前网络成瘾在我国的主要类型有网络游戏成瘾、网络交往成瘾、网络购物成瘾、网络信息成瘾和网络色情成瘾五大类。李同学的成瘾类型属于网络游戏成瘾。大学生网络游戏成瘾不仅会影响学习、生活、社交等正常活动，导致睡眠不足、注意力缺陷、抑郁、焦虑等身心健康问题，还会影响其思想品德树立、"三观"养成以及行为选择。大学生长期沉迷于网络游戏世界，会浪费本该用于知识学习的时间和金钱，错失掉性格养成、价值观形成的关键时期。

该案例属于思想价值引领与心理危机干预复合型案例。

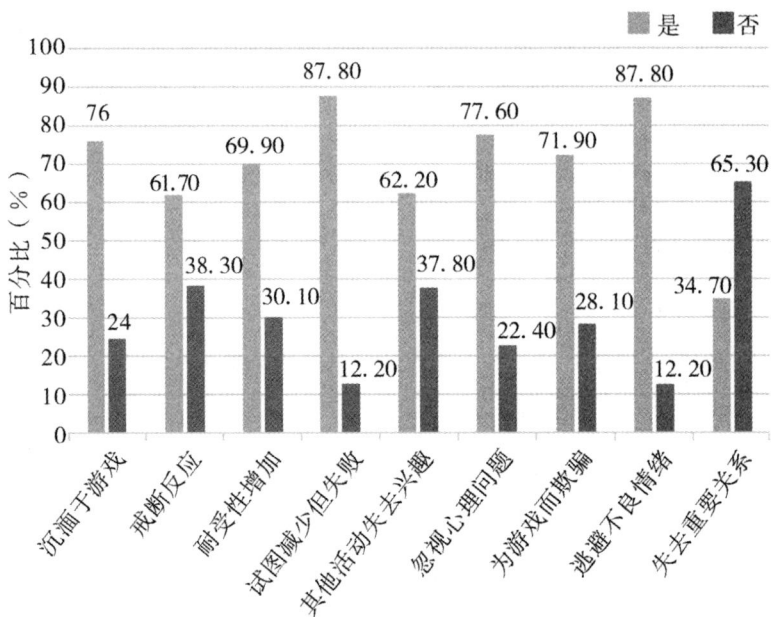

图 1　大学生网络游戏成瘾症状表现[①]

一、内在根源：个体自身的消极影响

一是认知能力偏差。相较于中学阶段"他教他律"的学习方式，大学阶段更强调学生的"自律自教"，很多大学生一开始往往难以适应这种学习方式的变化，一旦落后于老师的教学进度，很可能会产生自暴自弃的心态，难以在学业上获得成就感与突破感。李同学便是如此。加上自律性不强和对网络游戏的危害认识不足，由最初的心理负担过重，在网络游戏中寻找宣泄，逐渐发展到对网络游戏的依赖不断加深，导致其更加封闭自我，心理问题加重，现实生活出现更多问题，进而形成对网络游戏更加依赖的恶性循环。

二是理想信念缺失。李同学是一名公费师范生，读大学期间免除学

---

① 李梅. 大学生网络游戏成瘾的原因及教育对策研究［D］. 重庆：重庆大学，2022.

费、住宿费，每个月还发放生活补助，政策的优越性让他危机感不强，缺乏奋斗目标，归属感与存在感缺失、自我效能感降低，没有理解国家实行公费师范生政策的初衷和使命，他对上大学究竟是为了什么，将来成为什么样的老师等方面问题没有深刻思考，对自己将来教师的职业规划和目标定位不够清晰，学习主动性不强，学习动力严重缺乏。

三是自控能力欠缺。李同学在面对繁重课业时选择逃避，在面对网络游戏诱惑时，不能协调好学习时间和休闲时间，不能控制自己的网络行为，无法做到有节制、有约束地使用网络。尤其是不及格科目累计较多后，产生的心理压力过大，对学业也具有恐慌心理，产生了自暴自弃的想法。

四是人际交往障碍。李同学性格内向、不善言谈、反应迟缓，不善于自我表达和结交朋友，经常沉浸在一个人的世界中，缺乏沟通交流，也不愿意求助他人解决现实困难，经常把网络当成精神寄托，乞求获得在现实生活中难以满足的情感支持和填补空虚心理。他在网络世界和现实中判若两人，网络上他可以游刃有余，交到很多游戏网友，现实中他又碍于面子不愿意把真实自我展现出来。

二、外在因素：环境问题的综合效应

一是网络环境背景影响。据统计，2024 年，中国游戏用户规模达 6.77 亿。李同学是"00 后"，是伴随着互联网环境成长的一代，是中国第一代网络原住民，他们的思想、逻辑、交友方式、生活学习习惯，乃至于行为模式都来源于互联网世界，自我圈层意识强烈，表达自我愿望、渴望平等对话和自由的意识强烈。网络成为"00 后"学习、生活、交友中不可或缺的一部分。

二是宿舍环境氛围影响。李同学所处宿舍的其他同学也喜欢打游戏，他们经常一起组队，加之线上学习等原因，他们沉浸在网络的时间越来越长。宿舍同学之间的交流也由线下面对面转为线上"键对键"，宿舍俨然成为一个"小网吧"。辅导员多次深入该宿舍，与宿舍成员谈心谈话，加强监督和提醒。

三是家庭环境教养影响。李同学是独生子女，父母均为公职人员，家庭条件较好，在高中一直被父母管得很严，除了学习之外的事情全部由父母代劳。考入大学后，李同学离家较远，脱离了家庭的束缚，不再受父母的管控，极易过度地放纵自己。辅导员经常就李同学在校情况与家长沟通，家长知道他沉迷网络游戏后对他也有指责和批评，导致亲子关系紧张，李同学对父母的说教产生了强烈反感和抵触情绪。

三、媒介特点：网络特征的外在诱惑

一是网络空间的虚拟性。在网络虚拟空间可以不受制于自身的实际情况，过上虚拟的生活。网络的虚拟性对大学生具有很大的诱惑力，在网络中可以抛开学习生活中的压力与烦恼，随心所欲地做自己，并且不用承担现实的责任。李同学将网络视为"电子乌托邦"，很多在现实中无法满足的心理需求，可以在网络中得以满足。

二是网络游戏的刺激性。网络游戏的开放性、超时空性、临场性、平行交互性等特征是导致李同学逐渐网络成瘾的主要因素。很多网络游戏具有竞技性与对抗性，在一定程度上满足了大学生的虚荣心、自尊心等，使大学生空虚的心理与情感世界得到了弥补，他们在现实生活中无法证明自己，在网络游戏中可以体现自身价值，满足其心理与情感的需要。

三是网络使用的便捷性。随着科技的迅速发展，网络基础设施的迅速普及，网络资源变得非常容易获得，大学生在宿舍、食堂、图书馆、教室、公共交通上都可获得稳定和快速的无线网络。由于缺乏网络使用管理制度，大学生在网络使用方式、时间管理、浏览内容等方面要依靠自律约束，监督检查等他律效果不显著，而且不具有稳定性。

【解决办法】

一、找准原因，树立目标

自李同学发生割腕事件后，学生家长带学生及时到医院就诊和救治；辅导员第一时间与学校心理健康教育（咨询）中心取得联系，中心安排专业咨询师定期为李同学开展心理引导；学院成立专项帮扶小组，班子成员、辅导员、班主任定期与李同学开展谈心谈话，通过认知行为疗法、目标规划法帮助他纠正不合理认知、认清自身存在的差距和不足及日后努力的方向。在此过程中引导李同学加强时间管理，处理好上网时间、学习时间、生活时间之间的关系；同时转移他的注意力，鼓励他积极参加体育活动，如跑步、打篮球等，促进人际交往；引导他树立当一名"四有"好老师的目标，围绕"三笔字打卡""师范生讲课比赛"等活动，鼓励李同学积极参加，通过第二课堂提升自身素养，认识到作为一名公费师范生的责任担当。

二、多方联动，增强信念

在加强思想帮扶的过程中，以和优秀党员结对子，讲述公费师范生到西部基层就业故事，讲述学生年度人物、自强之星拼搏奋进典型事迹等活动，发挥榜样示范引领作用；进一步加强课堂管理，与任课老师、班级干部合力做好考勤管理，从外部督促李同学加强自我约束；优化宿舍环境，辅导员经常与宿舍成员谈心谈话，党员宿舍与该生宿舍结对子，通过加强体育锻炼转移对网络的依赖心理；开展补课辅导，针对李同学的12门不及格课程，组成学习互助小组，任课教师、学生干部、学长学姐等定期对其进行复习指导；与家长经常沟通交流，反馈李同学在校学习情况。通过多种途径，李同学慢慢重拾自信心，打网络游戏的时间也逐渐缩短，学习动力和目标明显增强。

三、解决困难，助力成长

实践证明，解决实际困难是帮助李同学成长最有效的方法。当他买不到教科书时，学院发动身边同学短时间为他凑够所需的课程教材和学习资料；当他面临既要参加教学实习，又要参加重修课程学习的矛盾时，学院将他的实习单位调整到离学校最近的中学，缩短路上交通时间；为了使其能集中精力，把剩下未通过的课程高质量学完，辅导员与其父母多次交谈做工作，建议家人在其实习单位附近租房，为他提供安静的学习环境。通过家校合作，李同学以高分通过12门课程补考，性格也渐渐变得开朗，积极参加学校志愿服务活动，主动参加就业招聘会，通过试讲、面试顺利签约某高中，彻底摆脱了网络游戏成瘾对他的束缚。在教育实习中，他站上讲台时深刻认识到当一名老师的责任感，也喜欢上教师这个职业，思想的转变让他越发努力学习，弥补前期积累的不足。

【经验启示】

李同学的问题不是个案，而是代表着一类群体的较普遍的问题。网络成瘾容易引发大学生理想信念缺失、心理次生危机、亲子关系紧张、宿舍矛盾升级、学业预警风险等，如何在思想政治教育视阈下加强大学生网络成瘾的预防、干预和处置是一线教育工作者需要进一步思考的问题。通过李同学案例的处置，总结以下经验启示：

第一，要转变观念，对大学生网络成瘾行为的产生予以高度重视。对于大学生网络成瘾行为的矫正要打破原有的只要保证正常教学秩序，不出安全事故就可以的理念，在学生教育过程中充分考虑因网络成瘾带来的其他次生问题，充分考虑互联网给学生教育管理服务带来的新变化、新挑战，及时发现和掌握产生网络成瘾行为的学生现状，及早预防和有针对性地采取干预和帮扶措施，牢牢守住网络思想政治教育阵地的底线和红线。

第二，要主动作为，抓好校园网络文化建设和校园文化活动。互联网已经渗入大学生的生活、学习、娱乐、人际交往等方方面面，成为大学生生活的重要组成部分，同时也深刻影响着大学生价值理念塑造。加强校园网络文化建设对于预防和干预大学生网络成瘾有重要作用。要进一步丰富校园文化活动，提高校园文化活动质量，从学生喜闻乐见的角度提高校园文化活动对大学生的吸引力，提升学生参与度，让学生在参与丰富多彩的活动中长才干强能力。

第三，要积极引导，抓好学风建设和日常管理。通过教风带学风、考风正学风、管理促学风、活动倡学风，积极营造优良院风、班风、舍风氛围；建设先锋骨干队伍，通过组建优秀学生干部队伍、选树榜样引领、加强优秀事迹宣讲等途径，发挥榜样示范作用；增强党建引领作用，建立党员宿舍、党员先锋班，通过发展党员结对子，亮明身份树先锋，发挥党的先锋模范作用；开展交流学习，做好专业导航讲座、生涯规划指导、就业创业指导，搞好学生宿舍社区一体化建设，打通学风建设最后一公里。

第四，要有效防范，构建心理预警机制。构建预防网络成瘾的心理预警机制，发挥宿舍长、心理委员、学生党员、楼层长等的作用，及时将身边出现的网络成瘾学生列入预警名单，进行及时干预，包括心理辅导、认知调整、行为矫正、甚至药物治疗等。将心理干预过程与思想政治教育工作结合起来，及时纠正预警对象的自我认知，挖掘他们网络成瘾的真实原因，帮助其建立完善的自我评价体系。构建心理预警、心理干预以及心理帮扶的工作机制，把网络成瘾学生作为重点帮扶对象予以教育引导和积极转化。

【专家点评】

该案例从个案出发，引发教育工作者对"00后"大学生的日常教育管理与思想价值引领的深入思考。互联网为大学生日常学习生活提供了便利，但如果网络用度不合理，容易引发网络依赖、睡眠障碍、社交恐惧、信息焦虑等相关生理和心理问题。网络成瘾严重容易引发精神疾病，影响学生学业正常开展。解决大学生的网络沉迷问题需要充分的耐心和科学的方法，要始终以关心关爱为基础，把握大学生心理特质，厘清网络成瘾诱发因素，寻求多方合作，切实有效制定解决方案，不让一名大学生因为网络成瘾而放弃学业。

【专家简介】

夏晓虹，中国高等教育学会第七届理事会常务理事，《高校辅导员》常务副主编，中国高等教育学会辅导员工作研究分会秘书处办公室原主任、教育部高校思想政治工作队伍培训研修中心（山东大学）办公室原主任。

卸下包袱　轻装上阵
——一例解决少数民族新生适应性问题的实践与思考

董洁　鲁燕

【案例描述】

"我最近觉得自己情绪低落，怎么都高兴不起来，晚上常常到两三点都睡不着。舍友们都在忙她们自己的事情，没有人关注我，在这个宿舍，我好像不存在一样。上课的时候，听到同学们对老师的问题发表自己的见解，我却什么都说不出来，我感觉自己好笨，我怀疑自己就不适合读研究生。""我觉得自己处处不如别人，连个知心朋友都没有。我担心自己不能毕业，老师，我现在该怎么办？"这是入学三个月后小米在与辅导员老师谈心谈话时说的话。

小米，女，24岁，维吾尔族，新疆人，外语类专业一年级研究生。她的父母均在新疆务农，对小米抱有很大期望，并常常告诉她，作为家族里第一个研究生，一定要努力学习，将来找到一个好工作，为家人争光。小米本人也对自己有很高的要求。

入学两个月后，随着专业学习的不断深入，小米的学业压力加大。她感觉自己的理论知识和阅读量明显落后于其他同学，在课堂和组会上听到同学们分享讨论，自己听不懂也无法加入他们的讨论，上课找不到发言的机会。她觉得自己逐渐被边缘化，老师和同学都忽视她的存在。加上之前竞选班干部失败的经历，使得原来开朗积极的她自信心受到严重的打击。想起父母的期望，她觉得非常愧疚。

在宿舍里，虽然与舍友没有明显的冲突和矛盾，但是另外三名舍友关系更为亲密，小米经常独来独往。她情绪低落、伤心难过的时候，她觉得舍友对她漠不关心，只顾着忙自己的学习或者嘻嘻哈哈聊她们的话题。学业和生活中的压力导致她孤独感加剧，情绪焦虑，性格敏感，并出现了睡眠问题。

辅导员老师在查宿时，发现小米的状态异常：她的脸色不好，精神萎靡不振，逃避与老师的眼神交流。原本喜欢主动跟老师交流的她，现在见到辅导员老师来宿舍只是打个招呼就埋头做自己的事了。

【案例分析】

本案例反映的是少数民族新生入学适应性问题。大学新生在入学初期不可避免地需要经历心理、行为等多方面的调整过程，从而平衡自我发展与环境变化。由于生活习惯、学业基础和民族文化等方面的差异，少数民族新生在适应和融入大学生活的过程中，在学习、生活、人际交往和心理适应等方面都有着特殊的诉求和困境。具体而言，少数民族新生适应大学生活时主要面临以下四个方面的挑战。

首先，是民族文化特殊性引发环境适应性问题。少数民族大学生在成长过程中长期受到本民族文化和风俗习惯的影响，他们在外貌、语言和生活习惯等方面具有独特性，并且在认知和思维方式上也存在特殊性。当他们进入大学，处于陌生的学习和生活环境中，会面临因语言沟通、生活习惯、思维方式等差异引起的困扰和问题。

其次，是学业基础差异性引发学习适应性问题。由于受教育起点和民族语言文化的差异，加上很多高校对少数民族学生的学业要求标准有所降低，少数民族学生学科基础和科研能力与其他同学相比较弱，导致自我评价降低，并容易产生自卑心理和挫败感。

再次，是自我与外部失衡引发心理适应性问题。大多数少数民族大学生家庭处于西部地区，家庭经济压力较大，且家长受教育层次偏低，对子女的关心和心理疏导较少。而经济的欠发达往往让少数民族学生家长对其发展有较高的期待，给学生带来了更多隐性的压力源。

另外，他们还会遇到交往习惯与个性特点导致的人际关系适应性问题。少数民族学生更容易与本民族的学生产生情感上的共鸣和认同，交往范围往往局限在本民族同学范围内，进而对他们与其他民族同学的人际交往产生影响。

【解决办法】

解决该问题的内部机制是加强思想引领，引导学生正确认识党和国家对少数民族人才的现实期待，强化使命担当，点燃青年学生的自信心和责任感。外部机制是聚合多元育人力量，构建符合少数民族学生特点的入学适应性教育体系，增强入学适应性教育的针对性和实效性，帮助他们更好更快地融入大学生活，促进身心健康发展。结合本案例中小米的情况，我有以下四点思路和措施：

一、找准"堵"点

通过与小米谈心谈话，查阅其学籍卡信息、了解其本科期间学习生活档案，辅导员认为小米当前问题的堵点主要来自以下三个方面：

首先，新生适应带来的环境压力。小米在家乡读高中时，是学校里的佼佼者，长辈的骄傲。进入研究生阶段学习后，小米就读的（英语）专业在学校各专业中录取分数最高，竞争最为激烈，与同学相比，她的科研能力和语言基础相对薄弱，产生了学习适应方面的困难，并且进一步导致她对所学专业的认同感降低，学习动力不足，学习目标模糊。

其次，原生家庭及社会支持不够。案例中小米的父母都是农民，文化层次低，平时忙于生计，对小米关心较少，也无法理解小米的压力。小米在学校也没有交到知心朋友，当她在学习和生活上遇到问题和困惑时，缺乏倾诉和情绪宣泄的对象与途径。同时，小米性格内向，谨慎敏感，内心有较多的矛盾冲突。她身上既有当代大学生的开放性，又有本民族思维方式等的特点；既有自力更生改变现状的上进心，又对取得优异成绩自信心不足；既有强烈的民族自豪感，又有经济滞后等原因导致的自卑心理。这些复杂的心理矛盾导致小米敏感、自卑，自我评价出现偏差，并逐渐陷入封闭状态，导致心理适应性问题出现。

最后，个性特点产生的交往障碍。小米的个性特点，限制了自己的交往能力和交往空间，导致她在融入宿舍生活和班级文化过程中出现困扰，进而引发了人际关系问题。

二、警惕"盲"点

从表象看，小米的案例只是一例少数民族新生适应性问题，但如果解决不好，还有以下潜在的风险点。第一，如果不能快速适应新的学习方法，调整好状态，将会严重影响学生学习成绩，可能会出现学业困难，甚至不能按期毕业的情况。第二，如果在出现适应性问题的阶段，老师、同学的关心关爱没有及时跟进，学生可能会与思想教育工作者产生对立和疏离，进而导致不珍惜学校的学习生活的情况，甚至还存在其他较大的风险。第三，如果压力得不到及时疏导，自卑、焦虑和睡眠问题有可能发展为严重心理问题，影响学生的心理健康。

三、构建"疏"点

第一，以铸牢中华民族共同体意识为主线，强化理想信念教育。以党支部活动、主题班团会、座谈会和少数民族教育活动月等形式，坚持不懈地开展爱国主义教育和铸牢中华民族共同体意识主题教育。结合小米个人成长经历，引导她明确自己作为少数民族人才肩负的重任，坚定她服务民族地区教育事业发展的信念。思想问题解决了，她卸下包袱，才能轻装上阵。她制订了个人发展规划，专注专业学习和职业能力提升。

第二，解决思想问题和实际问题紧密结合。针对学习适应问题，建立一支以研究生导师、专业教师、辅导员、班干部和优秀学生为主的帮扶队伍，积极发挥朋辈力量，在确立学习目标、提升学习能力、挖掘学习潜能上下功夫，激发培养她的学习兴趣。针对小米的焦虑情绪，加强心理辅导，运用共情和积极关注的方式，表达对小米尊重与接纳的态度，鼓励她宣泄自己的焦虑和负面情绪。在人际交往方面，鼓励她主动跟舍友和同学沟通，并推荐她看一些人际沟通和文学类的书籍。在后来的谈话中，小米说自己通过阅读学习了很多人际沟通的技巧，与舍友的关系得到改善，她也在文学作品中找到了自信、自立、自强的榜样。

第三，建立持续常态化关心关注工作机制。习近平总书记在全国高校思想政治工作会议上发表重要讲话强调，做好高校学生思想政治工作要"因事而化、因时而进、因势而新"。对于少数民族大学生这一群体而言，他们的入学适应性较差，入学适应过渡期长，因此需要建立关注常态化和心理辅导全程化的工作机制，持续关注其日常表现和发展变化。一是尊重学生个性发展，每个学生都有自己的特点，要善于发现学生的进步，找准时机，适时鼓励，持续树立信心；二是阶段性复盘总结，根据实际情况调整帮扶方案；三是提供多样化的自我实现平台。学院给小米安排党员对接新生宿舍，还让她登上了迎新晚会的舞台，她收获了友谊，锻炼了能力，也增强了责任意识和自信心。现在的她自信、乐观、积极向上，是辅导员生活中的知心朋友、工作上的得力助手。

【经验启示】

大学新生面对完全陌生的学习与生活环境，都存在一定程度的适应性问题。虽然大部分新生可以在三个月左右的时间内适应大学生活，但是仍有小部分新生在学习、生活、人际交往等方面不能很好地适应。如果新生不能较快地适应和融入新环境，适应新生活，将会对他们的心理、学习、生活等方面产生不良影响。因此，如何做好新生适应性教育是一个值得思考的问题。通过这一案例，我们得到以下启示。

一、创新工作方法，持续关注新生入学适应情况

传统的新生入学教育主要包括开学典礼、报告会、熟悉校史校情等活动，且集中在新生入学的第一周进行。虽然传统的新生入学教育活动对于新生适应有很大帮助，但是美中不足的是难以满足这一群体的个性化需求。对于个性鲜明的"00后"大学生群体，新生入学教育要在形式上和内容上有所创新，采用他们喜闻乐见、容易接受的方式，分阶段持续开展。同时，要持续关注少数民族学生的入学适应情况，对于入学适应性问题做到早发现，早解决。并且要针对不同的问题具体分析，详细剖析原因，有针对性地解决问题。

二、熟知政策理论，细化工作方法

辅导员要学习和掌握党的民族宗教政策，通过与学生谈心、组织少数民族同学谈心会、实地考察、与家长沟通等形式，了解学生的成长环境、家庭背景等，科学把握和解决少数民族学生的成长诉求和遇到的困境。正确引导学生，正向激励学生，不仅要做学生的知心朋友，更要做学生的人生导师。辅导员不仅要帮助学生解决实际问题，更要培养学生积极的心理品质和解决问题的能力，让学生真正进步、成长。

【专家点评】

这个案例有它的特殊性。少数民族学生进入研究生阶段，这是一个特殊的阶段；在研究生培养过程中，少数民族也是一个特殊的群体。

本案例对问题原因的分析很到位。作为优秀的少数民族学生，他们承载了很多的期望。然而到大学之后的心理落差实际上会导致心理问题、抱团问题，甚至还可能潜藏一些更深层次的隐患。

案例中解决问题的方法也很全面。核心问题是学业帮扶，这是一个长期的过程，会贯穿他们整个在校期间。少数民族学生的抱团或者融入困难的核心原因，还是学业上的自卑。在学业帮扶的基础上，要去寻找他们的闪光点，帮助他们建立自信。少数民族学生有自己的特点，他们在文体活动这些方面有非常突出的优点。我们需要帮助他们发挥出自己的优点，让他们找到自己在集体中的闪光点和价值，帮助他们建立自信。寻找自信的过程，其实是一个寻找比较优势的过程，也就是自信的建构过程。我们需要巩固学生自身的主体性，没有主体性，就没有自信，没有主观能动性，也不会产生自信，没有他们自己的积极投入，学业成绩不可能提高，其他的问题也就没有办法解决。

【专家简介】

　　宇文利，北京大学马克思主义学院教授，博士生导师，教育部"长江学者"特聘教授，北京大学党的理论创新研究中心主任，北京大学中国特色社会主义理论体系研究中心副主任，兼任国家开放大学当代中国马克思主义研究院副院长。

把"心动力"变为"行动力"
——一例入学适应问题学生的成长指导案例

林恒进　高霏

【案例描述】

　　小周，女，本科一年级学生，进入大学前父亲务工，母亲在家照顾两个子女。高中期间，小周学习成绩优异，经常受到老师的表扬，周围的同学也都很羡慕她。进入大学后，小周不知该如何有效融入陌生的大学生活，因此常常感到情绪低落，心情苦闷，独来独往，对大学生活缺乏热情，对学习也感到倦怠。

　　"大家好，我是小周，我觉得大学里没什么让人开心的事情。"这是在一次新生交流班会上，新生逐一分享"入学以来让我感到开心的一件小事"环节中，小周同学的发言。这一句发言引起了辅导员的关注。在接下来的交流中，辅导员发现除必须发言的环节外，小周从不主动参与话题讨论，被要求发言时声音也不大，情绪低沉，表示自己觉得上大学太累了，跟自己想的不一样。会后，辅导员通过与小周谈心谈话，向其舍友、班级干部了解情况，与其母亲联系沟通等多种途径收集相关信息，分析研判小周同学的问题症结，对她展开帮助。

　　经过综合研判，辅导员认为小周同学的情况属于大学新生的适应性问题，具体表现在以下几个方面。第一，家庭关心减少，生活环境不适应。小周上大学后，其父母认为孩子上大学后需要独立，且在空间距离上离得较远，因而对小周的日常关心与生活指导有所减少。从未独立生活过的小周非常不适应生活起居由父母包办到大事小情需独立决策的骤然改变，出现了"不吃早餐""早起困难"等不规律饮食和作息的情况。第二，奋斗目标缺失，学习方式不适应。小周在一定程度上存在"大学学习过得去就行"的错误观念，因而在课程体系大、学习内容多的情况下，出现了上课跟不上、作业不会做等问题，经常会有"又到周一了""不想写作业"等对学习感到厌倦和排斥的消极表达。第三，性格内向敏感，人际交往不适应。小周的性格相对内向，在人际交往中常缺乏自信、消极被动，尤其是在一次班级活动中她鼓足勇气提出的建议没有被采纳时，她感觉备受打击，内心开始排斥集体活动。一开始，当小周出现情绪低落时舍友会主动陪伴安慰，但久而久之，舍友对她表露出的消极情绪也感到不适，便逐渐失去了帮助她的耐心。

【案例分析】

"学校适应"是学生个体与学校环境之间建立稳定和谐关系的过程，是一个多维度多层次的系统，不是简单的对外部环境的适应，还包括学生内部的心理适应、自我发展适应等各个方面。[1] 一些新生因自身的心理准备不够、个人成长经历不足、学习目标动力指向发散等原因，在面对大学的新环境、新要求时出现了各种不适的典型症状。如果不能顺利度过适应期，将会对这类学生的学习、生活带来困扰和压力，甚至发展成严重的心理问题。经过分析研判，我们认为小周出现适应性问题的主要原因有以下几点。

---

① 蔡畅. 大学新生学校适应能力的现状及对策研究［D］. 武汉：中南民族大学，2022.

一、角色意识与行动力转换延迟，现实与期待有差距

大学新生正处于由未成年人到成年人转变的关键时期，外部环境转变的客观必然中的"刚性"与人的主观认识局限必然中的"惰性"之间的矛盾，致使每个新生都需要面临角色转换及自我重新定位的重要问题。[①] 一部分学生在实现"考大学"这个具体目标后，没有及时制定"上大学"的长远规划，他们认为大学应该是非常轻松的，但现实与期待有差别，学习任务依然繁重等情况，让他们感到措手不及，甚至找寻不到明确的奋斗目标。

本案例中，小周同学习惯于如中学阶段那般，自己的时间被老师和家长安排得充实而有规律，进入大学面对较多的课余时间和较高的学习要求，自身角色意识不能及时进入适变状态，导致其对学习产生厌倦、焦虑、担忧等较为复杂的情绪，并且还经常感觉到无价值、无意义。

二、心理发展不适应成长要求，环境融入存在困境

很多新生在中学阶段学习生活目标单一、人际关系相对简单，这让他们大多缺乏独立解决问题的能力，一些看似很小的挫折和压力就可能引起他们的身心不适反应。他们对外部环境变化敏感多虑，对平等、尊重、赞同等需求强烈，渴望得到关注和肯定，但又有特别强的独立意识和封闭心理，不习惯于敞开心扉，难以主动融入新的集体环境。

本案例中，小周同学性格比较内向，在中学阶段由于学习成绩优异，周围从不缺少掌声，也不缺少主动与其交好的同学。进入大学后失去"优等生"的光环，她没有迅速得到集体的认可，叠加人际交往不主动不自信的个人原因，自负感和自卑感相互交织，她逐渐产生了逃避集体活动、成为班级边缘人物的消极状态。

---

① 郭金明. 新时代大学生适应教育探析及应对策略——基于"供给侧改革"视域下的思考 [J]. 中国海洋大学学报（社会科学版），2022（S1）：138-143.

三、家庭情感支持减少，人际关系建构不稳定

一部分新生家长存在"孩子上大学就不用我管了"的错误观念，家庭对学生的情感支持和关心引导迅速减少。但是在学生初入大学这一阶段，他们还未建立起较为稳定的人际交往圈，因此容易产生无助感、孤独感等消极情绪，且羞于将这些感受和情绪向他人倾诉。

本案例中，小周同学进入大学后，父母与其联系得较少，就孩子的生活学习状况有一些简单交流，但对于孩子的情绪状态、人际交往、环境融入等方面没有进行深入关心和了解，因此在小周出现适应问题的时候没有能够及时发现。同时，原本应该与小周同学关系较近的舍友们，对小周同学经常表现出消极情绪的情况觉得不适，逐渐失去陪伴安慰她的耐心，小周同学开始出现独来独往的情况。

【解决办法】

针对小周同学的适应性问题，辅导员从多个角度对她进行引导和帮助，引导其在心理和行为上达到自我发展和外部环境的平衡，顺利完成角色转变，实现适应大学生活、拥抱大学生活的目标。

一、主动关心，建立信任，帮助学生尽快融入集体

辅导员动员小周的 5 名舍友在生活上给予小周帮助。舍友邀请小周参与宿舍"卧谈会"拉近距离、一起晨跑晨读养成良好规律作息习惯、一起参加课外活动拓展社交范围等，她们之间逐步建立起信任，进而形成了和谐的宿舍人际关系。同时，小周所在班级的班委以班级团体辅导活动为契机，安排小周担任小组长，使其从活动中感受到集体的温暖和力量，逐渐消除对集体活动的排斥情绪。

通过舍友和班委的共同努力，小周同学逐渐融入了集体环境，参与班级活动的频率明显增加，并且开始在宿舍里发挥自己的积极作用，独来独往的情况逐渐减少。

二、家校共育，加强疏导，增强学生积极情绪体验

辅导员与小周的父母充分沟通了小周入学以来的情况，得到了家长的重视和支持，改变认为"孩子上大学就不用管了"的错误观念，给予小周来自家庭的足够支持和关心。辅导员与学校心理中心老师交流了小周入校以来的具体表现，在得到小周本人的同意后，预约了咨询师对她当时的阶段性情绪问题进行疏导。此外，辅导员发现小周同学擅长写作，推荐小周参与学校剧目比赛的剧本编写工作，获得了非常不错的成绩，小周在发挥自身所长助力集体获得荣誉的过程中，增强了积极情绪体验。

通过家校共育，小周同学变得开朗了许多，经常主动向家人、辅导员老师汇报自己的学习生活情况，在遇到困难时也愿意主动求助。在后面的大学生涯中，她还主动发挥个人写作特长，参与了更多学院活动，拓宽了自身人际交往圈。

三、明确目标，帮扶指导，提高学生学习生活信心

为了能够让小周同学从自卑中走出来，重拾信心，辅导员指导小周制订学习目标和分步实施计划，让她的生活变得充实且丰富。安排学习成绩优异的高年级学生与她结对，针对难度较大的几门课程，联系专业教师给她进行答疑指导。同时，引导学生通过参加学术交流活动、专业导引讲座等，了解专业学习要求，进一步明确大学奋斗目标；鼓励学生参加学院组织的教师成长训练营、教具制作比赛等活动，提升自己的专业技能，为未来职业发展打好基础。

经过长期的成长指导，小周同学顺利度过了新生适应阶段，与宿舍和班级同学建立起了和谐稳定的人际关系，也积极融入了集体，找到了自己的奋斗目标。四年里，她的学业成绩保持在班级中上水平，毕业后顺利成为一名中学教师。她毕业后，持续关心关注学校发展，仍然和辅导员保持着密切的联系，经常给辅导员分享自己在工作后取得的一些进步。

【经验启示】

大学新生是高校中表现最活跃、思想成长最快的群体，他们从熟悉的中学环境进入崭新的大学生活，在生活节奏、学习方式、人际交往、综合评价等方面面临较大的转变。像小周这样对大学生活有向往，但由于独立能力不强、人际交往受挫、奋斗目标缺失等原因导致无法很好适应大学生活的学生不在少数，引导这类学生把"心动力"变为"行动力"，顺利完成角色转变，成为高校在新生入学阶段的工作重点。同时，要通过大学四年一以贯之的理想信念教育，帮助学生树立正确的世界观、人生观和价值观，增强学生的责任感和使命感，最终助力学生成长成才，成为对社会有用的人。

总结本案例，高校和辅导员可以从以下几个方面开展工作：

一、构建系统适应教育体系，促进角色意识和行动力转换

一是精准识别此类学生，深入分析学生问题。辅导员可以通过查阅学生档案、走访学生宿舍、入学心理测评、深入学生活动、开展谈心谈话等多渠道准确掌握学生学习生活状态，及时评估、精准识别存在适应问题的新生，剖析学生产生适应问题的主要原因。二是系统开展适应教育，增强学生内生动力。分层次全方位开展以理想信念教育、爱国爱校教育、专业学习引导、生涯规划指导、创新实践指导、心理健康教育等为主要内容的新生适应教育，重点突出大学新生活、新学习、新社交要求，纠正学生对大学生活学习的认知偏差，树立正确奋斗目标，强化角色意识，激发学生为实现理想而努力奋斗的内生动力，进而转换为积极的行动力。

二、实施师生帮扶指导，促进学生积极主动融入环境

一是朋辈帮扶建立和谐人际关系。发挥好班级干部、舍友、优秀学长等的朋辈作用，帮助引导学生养成健康生活习惯，建立起和谐人际关系。二是强化学业指导提高学习信心。联动好专业教师、学业导师、班主任等

力量，指导学生正确看待大学学习，掌握高效学习方法，提高学生的学习信心，积极适应从"要我学"到"我要学"、从"学会"到"会学"的转变。三是培养积极情绪主动融入环境。一方面借助学校心理咨询教师资源，进行个体咨询和心理疏导，帮助他们疏解压力，培养积极情绪；另一方面注重发掘学生个人特长，让学生在集体中发挥积极作用，增强积极情绪体验，从而面对集体环境化被动为主动，实现自我发展和外部环境的平衡。

三、加强家校联动，明确家庭教育责任，形成育人合力

一是纠正家长错误观念，明确家庭教育责任。辅导员要及时与家长联系，让家长清晰认识到家庭教育在孩子成长成才过程中的重要作用，在"松开手"的同时也要"持续爱"，给予孩子足够的情感支持，引导孩子实现从"单纯依赖"到"成熟独立"的转变。二是加强家校联动，共同助力学生成长。学校教育和家庭教育是密不可分、相互促进的，辅导员要加强与此类学生家长的联动，结合学生成长经历和个性特点，与家长共同研判学生现实状态、制订教育引导方案，帮助学生健康成长。

【专家点评】

这一则辅导员工作案例选题典型、定位准确，大学新生适应问题是高校中普遍存在的，可以说每一个辅导员在工作中都会遇到。案例中讲述的小周同学，在中学阶段很优秀，进入大学后发现身边的所有同学都是优秀的，自己想要脱颖而出很难，再加上生活、学习、人际交往等等方面的不适应，就出现了迷茫、焦虑、挫败等多种情绪。那么，在这个阶段，作为高校和高校教育工作者，我们要及时采取措施，对出现适应问题的新生进行疏导，让他们从思想上和行动上融入大学新生活。

首先，要让学生从思想上认识到自身所处的新环境中，都是从全国各地选拔而来的佼佼者，自己无法很快脱颖而出是很正常的，要转变思想，认识到应该从高中阶段同学间的良性竞争关系转变为大学阶段师生间的合

作共赢关系，打破自身局限，让自身综合能力得到提升。其次，要精心设计教育引导方案，把适应教育融入思政教学、日常教育等各个环节，既要开展普遍教育又要注重个性引导。这就需要我们走进学生、融入学生，及时发现问题、把握需求，创造性开展好新生入学教育工作。最后，做好家校联动，与家长保持良性沟通对于做好学生适应教育也很重要。家庭教育对人的影响是深远的，学生进入大学无疑是与原生家庭的一次重要分离，人际交往从亲人关系主导变为师生关系、同学关系主导，需要在家庭和学校的共同努力下完成这种转变的平稳过渡。

【专家简介】

刘书林，清华大学马克思主义学院教授，全国高校马克思主义理论学科研究会副会长，《思想理论教育导刊》常务副总编，中国社会科学院世界社会主义研究中心常务理事，"马工程"重点教材编写组首席专家。

女生寝室的"战争与和平"

——一例人际交往引发的宿舍矛盾处理

王琛璐　张天赐

【案例描述】

　　小王是某学院本科生，独生子女，从小备受家人宠爱，成绩一直稳居年级前列，心思细腻敏感。舍友小张，父母常年在外地工作，性格大大咧咧。两人既为同班同学，又是舍友，经常一起上课，入学以后逐渐成为无所不谈的好朋友。

　　然而，某日小王突然申请调宿。在辅导员再三询问下，小王坦白，开学初一次班级活动中，小张几句"玩梗"的话让一旁的小王感到被言语冒犯，虽当场并未表露不满，但心中的不舒服却怎么也无法消退。自此，小王开始避免主动与小张交流。某天，小张在宿舍与朋友视频时提到"ta矫情不"，更令小王心生疑窦。当晚，小王也故意在小张面前给家人打电话，提出想换宿舍，并直言"不喜欢某些舍友"，之后也常前往隔壁宿舍，停留至深夜才回去睡觉。两人矛盾逐渐升级，陷入冷战。一次因小张洗衣服声音太大影响到小王午休，引发两人在宿舍群内争吵，其间小王提及班级活动的事情，小张矢口否认，反而指责小王近期莫名冷漠。这次争吵使两人彻底决裂，也让整个宿舍氛围冷到冰点。

　　小王表示最近学习状态受到严重影响，称"再和小张住在一起就要抑郁了"。次日小王母亲也联系到辅导员要求尽快给小王更换寝室。后经过辅导员老师和双方的耐心沟通协调，两人化解了心中隔阂。

【案例分析】

宿舍是学生进行校园学习、生活的第二大"阵地"，大学生每天有一半以上的时间在宿舍度过，良好的宿舍学习生活环境对学生的发展以及人格的完善都有着至关重要的作用。然而大学生往往会因思想认识存在差异、性格和价值观不同、缺乏人际交往技巧和易用有局限的人生经验来处理各种人际问题，导致宿舍生活中不可避免地出现各种矛盾和冲突。尤其是女大学生，她们天性敏感且较为感性，依赖性强，情感体验深刻细致，这导致女大学生宿舍矛盾频发。因此，作为高校辅导员，需要以开放、包容的态度来处理这些矛盾，通过沟通、倾听和引导，化解宿舍内部的纷争，促进同学们的相互理解和团结。这不仅有助于维护校园和谐的氛围，也能促进学生个人成长，培养他们解决问题和团队合作的能力，为未来发展打下坚实的基础。通过分析，本案例中学生矛盾的产生主要有以下三方面原因。

一、以自我为中心的行为特点

在当今开放多元化的大学环境中，学生都来自五湖四海，生活习惯、兴趣爱好和家庭教育都体现出巨大的差异。"00后"自我意识较强，在追求个性化发展方面也存在很大不同。同时，当代大学生在原生家庭中享受的关注关爱较多，容易以自我为中心，说话做事不考虑他人。这些都使得学生在宿舍这个集体空间生活时容易产生摩擦和矛盾。

小张因父母忙于生计，从小对孩子的思想教育引导较少，使得她对言语分寸掌握不清。本案例的起因是小张言语不当，"说话不过脑子"，让从小在父母的庇护下长大、从小没听过一句"重话"的小王误会，并且后续双方都只站在自己的立场上考虑问题，心理极不成熟。

二、敏感脆弱的"玻璃心"

辅导员在谈心谈话时了解到，绝大部分学生都曾经历过因别人无意的一句话或一个小动作导致自己无法静下心来学习甚至晚上睡不着觉的情形；也可能会在团体活动发生意外时总认为是自己的责任，事实上那和自己的关系并不大；抑或是曾胡思乱想，过度解读自己周围的人或事物，把自己封闭在消极情绪里等。当代大学生群体的心理状态普遍较为敏感脆弱，经不起任何讽刺和打击，时常产生出一种强烈的自我心疼、自我怜爱的易碎感，通常情况下我们把这叫"玻璃心"。然而，玻璃心不仅会让学生自己总是犹犹豫豫患得患失，心理压力变大，有时也会给身边的人带来压力，这也是宿舍人际交往矛盾的重要诱因。

三、消极对待的处理方式

大学生私人领地意识、边界感较强。辅导员在走访宿舍时发现学生宿舍普遍都安装了床帘，大部分同学反映，白天上课自习，晚上洗漱完只想回到床帘里玩手机、追剧，"享受属于自己的独处时间"，这也大大减少了宿舍成员间的沟通。同时，网络交往在一定程度上避免了一些面对面交流的尴尬情况，很多大学生碍于面子，不习惯甚至不喜欢与熟悉亲近的室友面对面交流，反而更倾向于借助网络这个媒介在群、朋友圈等空间讨论问题。然而，表情包再丰富也不能够代替面对面的交谈，屏幕有时带来的不是"安全感"，而是像一堵横在沟通之间的墙，导致大学生直面问题解决问题的能力减弱，沟通表达能力日益降低。

本案例正是因小王和舍友刚开始出现隔阂时都采取消极沟通的态度让问题没有得到及时、正确的化解，导致在宿舍交往过程中矛盾越积越深。

【解决办法】

不良的宿舍人际关系对学生负面影响非常大，轻则室友"反目"，形同路人；重则影响学业，身心受到伤害。因此在处理宿舍矛盾时应遵循带动学生自我成长和管理的原则，运用恰当的学生管理工作技巧，教育引导学生真诚沟通，建立良好的宿舍人际关系。此案例的处置主要围绕以下三个方面进行。

一、耐心倾听心声，全面了解情况

辅导员及时和小张谈心谈话，并找到她们共同的舍友和其他同学了解情况。小张表示，班级活动时她因"脑子一热"想要玩梗，并无恶意，话说出口自己也觉得不妥，但因为"好面子"没有当场道歉，事后也未将此事放在心上。不知道什么时候开始，小王对她冷淡起来，"分东西时不给她"、对她视而不见、对她的话充耳不闻，于是她也刻意和小王保持距离，直到在宿舍群里吵架才意识到原因，但始终觉得是小王"小题大做""神经敏感"。舍友和班长反映两人在班里都很受大家欢迎，只是小王有些敏感，小张偶尔开玩笑分寸掌握不好。两人之前关系很好，日常相处中没有较严重的争吵。

二、加强钝感教育，引导互相理解

针对小王，要引导其建立并明确自己的心理界线，增强"钝感力"。"钝感"，与"敏感"意思相对；"钝感力"即从容面对生活中挫折和伤痛，坚定朝着自己的方向前进的力量。当小王再遇到因别人轻描淡写的话感到难受的情况时，要学会根据自己的心理界线来作评估：她的话语是否是无心的玩笑？如果是，不妨"迟钝"一点，减少情绪内耗；如果真的触碰到了自己的心理底线，认为她的话语是恶意的，伤害了自己的尊严，就要勇于直面问题，告知对方此事对自己造成的伤害。针对小张，要重在引导其认识到自己言语对同学造成的伤害，教育她说话注意分寸，要主动道歉、承认错误。随后通过让两人手写自己和舍友优缺点的方式深入了解彼此，引导两人换位思考，发现自身问题；最后鼓励双方开诚布公地交流，解开最初的误会。期间重点关注小王情绪，判断其是否真的需要心理专家介入。

三、汇聚多方力量，打造育人闭环

（一）"导"字为先，注重精准施策

一是建议小王转移注意力，疏导情绪，可以宿舍为单位组建团队，多参与校、院层面举办的各类赛事活动。二是在年级开展一次学生素质能力拓展，在班级开展一次心理团辅，在宿舍园区开展一次文明宿舍评选，教育引导小王和小张积极构建"宿舍命运共同体"，拉近彼此之间的距离。

（二）"引"字着力，家校协同联动

在开始联系小王母亲时，小王母亲认为现在的寝室环境已严重影响到小王的学习成绩。因此要及时与家长沟通，说明事情起因及经过，引导家长认识到大学不是"唯成绩论"，想让孩子真正得到成长，需要家校共同努力不断培养其心理承受能力和直面问题、解决问题的能力，而不是回避矛盾本身。

（三）"久"字为功，加强人文关怀

一是在接下来的日子里用好夜查寝、谈心谈话和她们多交流，了解她们的思想动态、学习情况，有针对性地帮助她们解决当下遇到的困难。二是借助信息员队伍对小王及该宿舍多加关注，做到有情况第一时间向辅导员反馈，防止再出现其他矛盾隐患。

最后小张率先对之前的言行道歉并承诺之后说话一定注意措辞，开玩笑注意分寸，小王也对自己刻意冷落小张的行为致歉并主动提出希望在作息问题上也能面对面友好协商，互相体谅。两人自此冰释前嫌，近期还计划一起组队参加学科竞赛。小王和小张的"恩怨"到这里也告一段落。

【经验启示】

此案例的处置，对辅导员之后的教育管理工作有以下两点启示：

一、处理宿舍矛盾遵循的原则是"求同尊异"

求同尊异即求宿舍之大同，尊重宿舍成员个体差异。辅导员一是要关注影响宿舍人际关系的主要因素（如性格特点、成长经历、家庭背景、生活习惯等），做好"一人一档"，尤其是关注重点学生台账，防患于未然。二是要动员宿舍长牵头，全宿舍成员共同交流商讨制订各具特色的"宿舍公约"，共同构建卫生、安全、和谐、向上的宿舍环境。三是要鼓励学生多以宿舍为单位参加竞赛与集体活动，如各类学科竞赛、宿舍文化节、趣味运动会等，通过共同参赛、团结协作，增强人际交往能力，也进一步加深宿舍成员之间的感情。

二、宿舍人际交往的核心是"将心比心"

一是辅导员要通过班会、晚点名等向同学们传授宿舍社交技巧，教育引导学生在与同寝同学交往时摒弃以自我为中心的想法，多换位思考。二是适度强化宿舍边界感。引导学生明确表达自己的诉求，敞开心扉与舍友交谈，在"有边界但没有隔阂"的前提下，探寻彼此都舒适的相处模式。三是辅导员要鼓励大学生通过参加社会实践活动、培养兴趣爱好、加强运动锻炼等方式不断增强心理抗压和承受挫折的能力，提升"钝感力"，减少自我内耗。

【专家点评】

宿舍矛盾本质上是大学生人际交往问题在宿舍环境的反映，如果一味选择调换宿舍，极易将矛盾转化为积怨，是治标不治本的做法。本案例结合当代青年的成长环境，对大学生的行为和心理特点进行了较为深刻的剖析，在成功处理了一则学生矛盾的同时也给出了"求同尊异"的宿舍矛盾处理原则和"将心比心"的宿舍人际交往核心点。学生宿舍矛盾的化解一直以来都是一项复杂而重要的工作，高校辅导员在工作中要充分运用有效的沟通调节技巧和解决协调问题的能力，通过建立良好的宿舍规则和制度、提供有效的沟通渠道和机会、促进良好的人际关系和团队协作，更好地化解学生宿舍矛盾。大学生的主要任务是做好步入社会前的专业基础准备，人际交往能力也是必要准备之一，然而此项能力非一日之功，中学起就需要开始培养，我们作为师范院校的教育工作者，任重而道远。

【专家简介】

吴满意，国家社科基金项目评审专家，国家级领军人才，四川省委宣传部特聘主讲教授，《思想道德修养与法律基础》教研会常务理事，电子科技大学马克思主义学院院长。

探索提升学生自控能力的新模式
——从对一个后进学生的帮扶说起

贾润泽

【案例描述】

小明是一名后进学生，学习成绩一直不太好。大一第一学期，辅导员夜查宿舍时发现小明不在，经多方联系，才知道她和朋友在某娱乐场所玩剧本杀。辅导员要求小明返校，并在第二天对小明进行了批评教育。她认错态度很好，也认真地写了检查。

在随后的一段时间，辅导员有针对性地对小明归寝情况进行检查，她夜不归宿的问题暂时得到了纠正。到了大一第二学期，小明夜不归宿的情况又逐渐增多，甚至影响到了正常上课，学习成绩大幅下滑。在谈话中，小明表示自己知道这样不好，可是她真的很喜欢和朋友一起玩的感觉，这让她满足而充实，因此只要朋友邀请，她就控制不住；她也想按时归寝，但总是经不住挽留。加之小明基础差，不愿主动刻苦学习，不想面对困难，只想逃避，因此影响到了学习。小明表示，她在高三一度也是如此，但只要有人能"看住她"，她就可以改正。

在征得她同意后，学院通知了她的家长，希望通过家长陪读对其强化管理和约束。但因小明自控能力一直没有明显改观，家长在陪读一段时间后将小明带回家，希望通过参加社会劳动让小明珍惜大学生活，从而增强其自我管理的能力。

大二第一学期开学后，辅导员经常找她谈心谈话，为她的学习生活制订了专项帮扶措施，包括成立学习帮助小组、辅导员"叫早"等。同时，学院与家长保持联系，以家校联动的方式持续规范小明作息，最终让小明的学习生活逐渐步入正轨。

【案例分析】

小明知错认错，但在外力介入之前她缺乏改错的动力，不能"狠下心"与不良习惯说再见，说明她缺乏大学学习应具备的基本自控能力，这也导致常规纪律层面的约束和单一的帮扶引导对她无法起到作用。但严厉的管理约束并不是教育的目的，通过管理让学生从内心产生自我激励，从而进行自我管理、自我约束才是根本解决之道。因此，作为教育者就需要重塑或强化学生在学习方面的自控能力，弥补学生自我价值认知的缺失。

一、找准切口，持续发力

自控能力较弱是很多学习后进学生普遍存在的性格弱点，往往表现为：学生无法有效管理和约束自己的行为，尤其对于自己"不喜欢"但又不得不做的事，往往无法认真对待；面对困难时选择逃避或退缩，并以"换换脑子"或"劳逸结合"为借口，无节制地"游戏人间"。但这类学生有明确的是非观，只是无法控制自己行为，也会在逃避之后产生一定的后悔情绪。这种情绪作为一种负面因素，长期积累就需要进行宣泄，而宣泄的渠道要么是痛改前非，要么是选择放任自流。前者需要学生个体具有较强的心理支撑能力，需要大幅度提升自控能力；而后者则只需要改变自己的心理认知即可达成。因此，一旦学生认识到错误并试图改正，就需要我们在学生纠错过程中给予足够有效的支持，这是解决问题的关键。

二、重塑外部环境，精准发力

自控能力对于学生的成长成才非常重要，两者往往呈现正相关关系。

因此要使自控能力在学生成长中持续发挥作用并不断强化，从而达到让学生自我管理、自我激励，我们可以参考当代著名心理学家班杜拉的三元交互理论（构建良好的外部环境，提升目标人物的认知能力，判定行为特点，以便继续提升改正）来开展工作。

对于小明而言，玩可以给她带来愉悦，她在与朋友玩的过程中能够收获满足感与获得感，但在学习过程中，由于自身文化课基础较差，导致上课听不懂，不想听，最后到不愿听。学习与玩之间巨大的满足感差距，使她最终不愿再努力学习，这是她选择逃避的心理因素。

因此，强化对小明外部约束的方向是对的，但良好的约束环境必须依靠内在的认同才能发挥作用。方向正确但效果不显，就说明我们在工作中采用的具体方法还需要进一步提升，或者说我们虽然号准了脉，但在用药选择上还需要因人而异。

三、提升个体认知，自主发力

对未来的预判是人类个体选择未来发展路径的关键因素。进入大学后，小明对未来的期望就是"找个工作，养活自己"，这种认知上的庸俗化极易造成学习动力的衰减或消失，从而恶化其在大学的学习状态，造成难以挽回的后果。

看事物只看表面，看人生只看眼前，这是涉世未深的年轻人最容易产生的问题，造成这一问题的核心在于认知能力缺失。大学生的生理年龄已经成年，正处于"绝知此事要躬行"的阶段，要将多年受教育积累的"纸上道理"，转变为指导自身实践的准则，通过自我驱动、自我控制、自我激励，并结合外部的支持才能提升个人境界。对于小明而言，我们需要做的是帮助其提升认知能力，了解自己的优点和劣势，帮助其摆正心态，增强她的学习动力和信心。

【解决办法】

人对自身行为的控制和约束，从本质上说是一种反抗人类自然属性的行为。在欲望与理性的相互作用之下，人类的自控力会逐渐流失，这就是自控力资源论。要使得一种资源实现增殖和良性循环，就需要从资源本身的特点入手，找到解决方法。按照班杜拉的三元交互理论，就需要从环境因素、个人认知、人的行为三要素上下功夫。

一、构建良好的外部环境，从宏观上弥补心理资源消耗后留下的空白，这是强化自控力的外在因素

构建良好的宏观环境是培养和增强学生自控能力最简单的方式，可供选用的方法也很多。主要包括：倡导良好学风，营造比学赶帮超的良好学习氛围；构建良好的校园文化，尤其是积极向上的宿舍文化；严把纪律底线，通过严格管理在学生中营造遵纪守约的严肃氛围；通过家校联动，构建全方位的监督体系……类似的方法大家都耳熟能详，在此不再赘述。需要说明的是，对于外部环境的塑造我们可以采用原创性创新和借鉴式创新两种方式加以完善，同时，我们可以根据自身工作目标的情况选择更加有利的方式。

二、分类指导，提升学生管理和引导的工作效率

对于群体而言，必须通过找共同特点进行细分，才能针对不同群体制定有效的管理策略。管理学中讲求市场细分，要求管理者针对每个细分市场做出合理的策略，这在对学生进行群体管理时同样适用。我们都有一个共识，管学生就是要"抓两头、促中间"，因此如何定位"两头"就很重要。"两头"的划分不能简单地以成绩的好坏来定，而是要根据我们工作要求具体情况具体分析。例如当我们做思想引领工作时，划分标准就是学生思想政治水平的高低；在做学风构建工作时，划分标准可以是学生日常学习努力程度；在做就业指导时，就要以学生就业意愿是否强

烈、综合素质是否优秀等为标准……以此类推，每个辅导员在日常工作中都会遇到很多个"两头"，我们需要对每个类别的"两头"有足够清晰的认知。在分好管理层次之后，辅导员的工作重点就可以进一步聚焦，以确保我们有足够精力针对个别学生制订有针对性的方案。

三、对重点管理的个体做到一人一策，提升工作有效性

要做到一人一策关键在于确定每个个体的特点，我们可以借助一些分析工具全面了解学生。

（一）可以采用工具测评法，通过测评工具帮助我们了解学生

在"大学生职业生涯规划"课程中，关于学生自我认知和自我探索有一系列的方法，例如霍兰德职业兴趣测试、SWOT 分析法等。这些量化的测试方法能够帮助我们更加客观地了解学生，也可以使学生更加明确自己的优势和短板，并有针对性地进行提升和改进，从而做出正确的选择。自 2023 年起，学校安排学生进行了相关测评并结合测评结果开展学生职业生涯规划，使大约 2/3 的学生对未来的道路更加明晰，对大学生活的规划也更加合理。问卷中具有针对性的对策和建议，辅以专业咨询师的指导和帮扶，让学生对高质量完成学业树立了信心，一些在学习上成绩不理想的学生也能够找到适合自己的学习方法，从而有效提升自控能力，有助于构建其内在因素。

（二）可以采用橱窗分析法

所谓橱窗分析法，是一种借助直角坐标不同象限来进行自我描述的分析方法，它以"别人知道"和"别人不知道"为横坐标，以"自己知道"和"自己不知道"为纵坐标（如下图）。

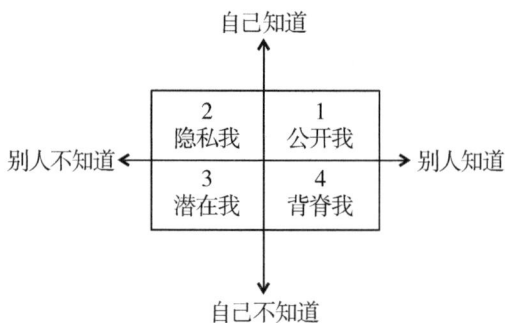

图 2　橱窗分析法示意图

四个象限中：象限 1 为自己知道，别人知道的部分，称为"公开我"，属于个人展现在外，无所隐藏的部分；象限 2 为自己知道，别人不知道的部分，称为"隐私我"，属于个人内在的私有秘密部分；象限 3 为自己不知道，别人也不知道的部分，称为"潜在我"，是有待开发的部分；象限 4 为自己不知道，别人知道的部分，称为"背脊我"，犹如一个人的背部，自己看不到，别人却看得很清楚。1、2、3 象限我们多少都有所了解，而引入橱窗分析法主要是针对学生的"背脊我"向量进行分析。这个分析的意义在于通过他人之口说出对象自身尚未明确的优点，为对象个体提供心理支持。这对于一些需要外在肯定的学生而言尤为重要。我们在新生入学后，开展了宿舍文化建设，其中就包括了"自我特点大家谈"活动，增强了学生间的相互了解，也对学生之间的情感促进起到了作用，新生学风明显向好。

（三）需要做好高中到大学的衔接工作

目前的新生入学教育形式是多样的，内容也是丰富的，但要想取得良好效果，就必须因人而异。新生入学教育应形成点面结合的教育体系，除去基本的校情教育、纪律教育、专业引导等工作之外，还应结合学生情况，以小组为形式，充分动员学院专业教师和学校各方力量，在学习方法、学习目标、学习动力等方面加以引导。此外还应以入学教育为先导，结合本专业学生特点，或者结合帮扶对象需要，适当延长教育时间，把入学教育当作大学教育的"前言""序论"。

四、树靶立标，构建符合学院实情的评优奖惩体系

对于自控能力的培养，在内外部因素构建之后，还要考量其落实于行动的实际效果，也要通过对实际效果的评估进一步让学生明确奋斗目标，这就需要我们针对实际情况制定奖罚体系。这个体系一般包括两大类，一是奖励，目标在于树立榜样；二是惩罚，目标在于警示。

先说奖励体系，从微观上说，它包括了各类评优、评奖；从宏观上说，这个体系应该贯穿于学生的整个学习生涯，包括每学年的综合考评，入党入团，实习实践推荐等。奖励层面关键在于对学生不同年级不同目标的树立，例如一年级立规矩，二年级打基础，三年级促发展，四年级稳就业。

从惩罚体系来说，既要包括针对校规校纪的，还要包括针对行为的。这个体系落实的关键在于辅导员要对学生的不同情况采用不同的应对方法，比如提醒、谈话、专项约谈、口头批评、书面批评等。根据不同情况，这些工作方法可以穿插使用也可以综合使用。

【经验启示】

通过对小明的深入分析和对以往工作经验的总结，我们从一个特定目标入手，对学生整体的引导和教育进行了深入思考。

一是了解学生，精准发力。当今大学生基本出生在新世纪，这一代年轻人更加重视自我的个性化需要，因此制订教育方案，尤其是针对后进学生的教育方案，就必须做到直击痛点。这就要求辅导员要通过各种渠道尽快建立相对详细的学生"相册"，只有了解才能有效，只有见效才算成功。

二是多方联动，强化势能。教育必须具备一定的势能，要构建起教育势能，仅靠辅导员老师是不够的，这需要多方联动，既要有辅导员的纪律管理和思想引导，专业教师的学业帮扶，同学之间的朋辈引领，还要有家庭成员的支持和配合。只有将网织密，才能达成较好的教育效果。

三是长期追踪，防微杜渐。自控力会随着时间的推移而消减，因此我

们必须时刻关注帮扶对象，一旦发现反复的苗头，就必须及时掐灭，这一点尤为重要。这对于辅导员而言也是一场毅力与耐力的比拼，需要我们具有锲而不舍、久久为功的信念。

【专家点评】

学生自控能力的提升不但要从管理层面进行探索，还需要从心理层面进行探究。案例通过日常工作，探索了学生心理形成的深层次原因，并以点带面对学生宏观管理和引导进行了延展，工作取得了一定的效果。从个体而言，辅导员工作要特别注意在工作中走进学生的心里，只有交心，才能让"画像"更精准。通过案例分析，文中提到的措施还需要因人而异，对于个体教育的方法和手段需要根据个体情况进一步细化。这就要求辅导员群体既要懂得教育的基本规律，能够灵活运用政治理论，还需要懂得教育心理学的基本原理，这样才能把工作做进学生的心里。

【专家简介】

颜晓峰，《习近平新时代中国特色社会主义思想概论》教材首席专家，国家社科基金重大项目首席专家，天津大学马克思主义学院院长。

失恋不失"智"
——一则恋爱风波的"尘埃落定"

张迪　解建团

【案例描述】

　　小王，男，曾就读于某大学，后退学复读。小王在复读班认识女孩小姗并与其交往，高考结束后听取小姗建议，都填报提前批次志愿，后两人被录取为同一高校不同专业的定向生。

　　大一下学期初，小姗的辅导员联系小王的辅导员，称小姗与小王已经分手，但小王持续微信、电话轰炸小姗，且言语中多有威胁辱骂词语，小姗要报警处理。辅导员当即前往小王宿舍了解情况。小王自述寒假期间两人仍一起自习、打游戏等，但开学后发现小姗和同学院男生小张在一起，小王无法接受，遂有以上行为。正值考试期间，辅导员对小王进行安抚后，让其先准备考试，考试结束后再处理此事。小王假装答应，在辅导员离开后不久，又开始了短信轰炸，且对小姗将此事报告给老师及要报警的行为非常不满。

　　辅导员联系小王家长，告知其当前情况及可能产生的严重后果，希望其能够介入共同处理。小王家长知情后，表示小王不听他们的，他们也没有办法。但小姗十分抗拒与小王会面，只同意通过辅导员进行沟通。小王开始在校内围追堵截小姗，且要求小姗返还恋爱期间部分花费。某晚，小王在操场散步时偶遇小姗和小张，双方产生言语冲突，小王报警处理。后在警方与辅导员的悉心教育与引导之下，小王深刻反省并意识到了个人行为中存在的问题，回归到了正常的学习生活当中。

【案例分析】

案例中小王失恋后，无法接受分手事实，情绪激动，进而采取不恰当方式解决问题，因而产生冲突，属于辅导员工作职责中正确恋爱观教育与引导的范畴。

大学生处于人生转型的关键节点，这一时期他们对恋爱的理解和实践可能还不深刻，易在情感波动中遭遇困境，甚至触发个人心理危机。因此，辅导员需关注学生恋爱动向与情绪波动，及时帮助学生走出恋爱困惑，预防并化解潜在的危机。据调查显示，71.28%的大学生经历过失恋的痛苦，43.60%的大学生在失恋后感到比较痛苦或非常痛苦。男生感到痛苦的比例和程度都高于女生。[1] 中国科学院心理研究所发布的《2022年大学生心理健康状况调查报告》强调，应该加强对恋爱心理健康教育的关注。[2] 中共中央、国务院印发的《中长期青年发展规划（2016—2025年）》中也指出："加强青年婚恋观、家庭观教育和引导，将婚恋教育纳入高校教育体系，强化青年对情感生活的尊重意识、诚信意识和责任意识，引导青年树立文明、健康、理性的婚恋观。"[3] 剖析此案例中学生的行为，主要有以下三个方面的原因。

---

① 中国计划生育协会，中国青年网络，清华大学公共健康研究中心. 2019—2020年全国大学生性与生殖健康调查报告 [EB/OL].[2020-05-03]. https://mp.weixin.qq.com/s/79a9E6q2o9BamqldJy_-XQ.

② 中国科学院心理研究所. 2022年大学生心理健康状况调查报告 [EB/OL].[2023-08-11]. http://psy.china.com.cn/2023-08/11/content_42460957.htm.

③ 中共中央国务院. 中长期青年发展规划（2016—2025年）［J］. 中华人民共和国国务院公报，2017（12）：6-20.

一、期望与现实的不匹配

小王为退学复读生，年纪较其他同学长，自我意识突出，伴以不稳固的自尊及自我认同，在与小姗的交往中，这种内在的微妙状态，不经意间转化为对双方恋爱关系的"超负荷"期待；遵从小姗的建议选择大学，可见小王注重恋爱的现实性和稳定性，而因年龄差距，小姗追求的是恋爱关系中的新鲜感和体验感，两人的恋爱期待本就存在不同。当小姗与小王分手后迅速开始新恋情时，残酷的现实与小王的理想化预期之间产生了巨大的鸿沟，导致小王内心产生失落与挫败感，进而选择不理性方式处理情感问题。

二、情感依赖与自我独立的挣扎

情感依赖是指个体在恋爱中对另外一方的强烈依赖和需要，这种依赖不仅包括物质方面的需求，更重要的是情感方面的需求。案例中小王与小姗的恋爱始于复读期间，这一时期的情感成为小王在学业重负、家庭期望和社会压力下的避风港，催生了深度的情感依赖。小王的家庭环境情感支持匮乏，具体表现为父母对其退学的深层次原因不清楚，对其复读的行为不关注，对小王的不当行为"管不了"，进一步加剧了小王在情感依赖与自我独立之间的挣扎。一方面，他本能地渴望维持这份能给予他安全感与情感满足的依赖关系；另一方面，成长的呼唤促使他寻求自我独立，渴望逐渐摆脱依赖，成为更加坚韧不拔、自主自立的个体。

三、个人行为与正确恋爱观的偏差

正确的恋爱观是建立在尊重、平等、界限的基础上的。在此案例中，小王的恋爱观有明显偏差。一是尊重的缺失。在恋爱关系中，尊重是最基本的原则，双方基于相互尊重建立情感纽带，然而分手后，小王无视小姗的拒绝，持续电话、微信轰炸，是对小姗的不尊重。二是对平等的误解。在尊重的基础上，恋爱关系应当是平等的，意味着在关系的开始、维持和结束时，都应给予对方同等的尊重和选择权。小王在分手后未能接受小姗的决定，继续纠缠，就是对恋爱关系中平等原则的误解。三是界限的模糊。界限是建立在尊重和平等之上的具体实践，分手后，小王边界感模糊，仍然试图通过各种方式了解小姗的现状、闯入小姗的生活，是对个人界限的严重忽视。

【解决办法】

一、厘清事件原貌，培育健康恋爱观念

小王起先对与辅导员的沟通持保留态度，坚称分手是他个人的私事。对此，辅导员采取了全面而细致的策略，通过跨渠道信息整合，包括与小姗的辅导员，小王的舍友、班级同学交流，以及观察小王社交媒体动态，了解到小姗寒假期间仍与小王一同回家、自习、打游戏，但开学后小王发现小姗有了新男友，这一行为让小王无法接受，想要当面向小姗讨个说法，但小姗拒绝见面。

针对此情况，一是与学生建立信任关系，指出小姗的做法确有不妥，肯定小王感到愤怒、失望和无法接受都是正常的情绪反应；二是与小姗的辅导员同步进行沟通，还原事情真相，特别是明确界定双方关系现状，通过双方辅导员的协同工作，帮助小王客观认识分手的事实；三是引导学生探索分手的深层次原因，认识到分手可能是由于双方恋爱追求不一致、沟通障碍等因素累积所致，而不是简单归咎于某一方的突然转变；四是根据学生自身爱好及特长，鼓励他多参与校园篮球赛事，以此作为情感宣泄的积极出口，助力其逐步从失恋情绪中解脱，实现情感的健康转移；五是教育学生理解健康的恋爱关系是基于相互尊重、理解和界限意识的，特别是在处理分手时，应展现出成熟与尊重，为自己和对方留下成长的空间。在老师和室友的帮助下，最终小王接受了分手事实，也重新找回生活节奏，回归到正常的学习生活当中。

二、矫正行为失范，强化规则意识防线

坚持以教育为导向，紧密融合法律规范与校纪要求，辅导员与警方联动对小王进行教育与转化。一是深化法律教育，明确界定行为红线。警方权威解读《民法典》《治安管理处罚法》等相关条文，明确指出小王行为已逾越了人际交往的底线，触犯了社会法律规范。同时，也客观指出了小姗在处理情感问题上的不当之处，但强调小王的回应方式同样不妥，任何行为都必须在法律允许的范围内进行，采取合理合法合规的方式来解决问题。二是强化后果警示，树立法律敬畏意识。阐明小姗报警系正当维权之举，依法可索求道歉、赔偿等，若小王不终止行为，将面临警告、经济处罚至刑事追责等一系列严重法律后果，以此唤醒其法律意识，促使其深刻认识行为严重性，主动终止不当行为。三是严明校纪校规，坚决处理违规行为。鉴于小王行为已扰乱校园秩序，在理解其情感困境的同时，必须依据校规予以严肃处理。在警方和学校的共同努力下，小王认识到自己行为的不当之处，诚恳接受学院对其的处理结果。

三、持续跟进关怀，有效预防潜在危机

一是家校联动。前期辅导员与小王家长取得联系，深入了解小王的性格、恋爱情况、家庭环境等，后期建立"辅导员—家长"线上沟通桥梁，针对其家庭情感支持不足的情况，引导家长深化与小王的交流，构建教育联盟，共筑心理防线。二是心理协同。强化"辅导员—心理中心"合作机制，前期针对小王情绪不稳定、偏执且有可能伤害他人行为的情况，报送心理中心，寻求处置意见和建议，后期持续细致监测小王心理状态，鼓励其参与专业咨询，促进心理健康成长。三是朋辈互助。构建"辅导员—朋辈"帮扶网络，形成以辅导员为核心、学生骨干为辐射的关怀网络，线上线下全面关注小王行为与情绪变化，快速响应异常行为，形成温暖关怀圈。四是紧急应对。确立"辅导员—保卫处"快速反应机制，针对突发事件，第一时间联合学校保卫部门到场处置，驱散围观人群，确保现场安

全，有效遏制事态恶化。

【经验启示】

在当今校园生态中，恋爱关系日益普遍，但学生心理不成熟，自我意识强，极易在恋爱等亲密关系中引发情绪波动或情绪失控，进而引起突发性校园危机事件。辅导员需重视培养大学生理性恋爱观，建立高效的预防机制。通过此案例的处置，有三点启示。

第一，精准聚焦，关怀特殊学生群体。退学复读生是学生群体中特殊的存在，心理状况复杂、退学原因多样，入校时，往往伴有年龄焦虑、各方压力、人际交往等心理负担。因此在新生入学之初，辅导员应通过年龄信息、个人档案，精准识别这一群体，并深入了解学生个人情况与退学原因，实施个性化、精准化的关注与帮扶策略，及时发现潜在问题，做到早发现、早干预、早解决。

第二，正面引导，树立健康恋爱观念。抓好新生入学教育，利用主题班会、心理团课等多样化平台，系统地开展恋爱观教育，深化恋爱观正面引导。不仅要讲清楚"什么是恋爱观"，阐述恋爱观的内涵与外延，更要说明白"为什么要树立正确的恋爱观"，明确树立正确恋爱观的重要性。同时，结合《普通高等学校学生行为准则》中的"男女交往文明"，制订恋爱行为准则，明确界限，倡导正面行为，抵制不良风气，并融入冲突解决与情绪管理的专题培训，帮助学生掌握处理恋爱关系中矛盾与冲突的有效方法。

第三，强化教育，培养理性处事能力。日常工作中，辅导员在处理学生事件时的想法往往是"大事化小、小事化了"，减少事件对学生的负面影响，但当下学生处理问题时往往会"小事化大、大事更大"，频繁诉诸警方，使得我们的处理工作十分被动。鉴于此，辅导员应通过日常教育与案例分析，着力提升学生的理性思维能力与问题解决能力，教会他们如何在面对冲突与危机时保持冷静、客观分析，学会用合理的方式表达自己的情感与诉求，并积极探索与寻求最为有效的解决方案。

【专家点评】

本案例中的恋爱问题有其特殊性，一是案例主人公背景的特殊性：退学复读生；二是案例处置方式的特殊性：报警处理。高等教育和基础教育不同，教育者一般对于学生日常生活的关注度会减少，那如何在高等教育环境中有效管理和引导学生恋爱问题？要做好以下几点：

一是要充分发挥"班主任、辅导员、心理中心、学校"四位一体作用，即学校的主导作用、心理中心的主体作用、辅导员的骨干作用、班主任的补位作用。要明确各自的角色定位、职责范围以及相互之间的协作机制，以形成全员参与、协同育人的格局，共同促进学生的全面发展。

二是要深度挖掘学生退学原因。对退学复读群体的摸排应该联合学校招生部门、档案馆等，通过查阅学生档案、与学生直接交流、家访以及心理测评等方式，对退学原因进行综合分析，制订个性化指导方案，提供学业辅导、心理支持、职业规划等方面的帮扶。此案例中辅导员对学生退学原因缺乏深入了解，可能会造成处理问题的片面性、局限性。

三是要不断提升恋爱观教育深度，打造"思政课教师＋辅导员＋心理咨询师"的专兼职婚恋观教育师资队伍，用专业知识教育学生、用情感关怀引导学生，帮助他们形成健康向上的婚恋价值理念。要充分发挥"思想道德与法治"课程作用。"思想道德与法治"课程是大学生入学后首开的思想政治理论课，能够对其他思政课学习起到引领性和启发性作用。婚恋观教育是"思想道德与法治"课程教学中的重点内容，要借助"思想道德与法治"课程的主渠道作用，用课程中的婚恋教学内容引导大学生树立正确的婚恋观、遵守恋爱道德和规范、协调处理恋爱中的矛盾、正确看待恋爱中的挫折，进而理性选择塑造幸福婚姻，有效开展大学生婚恋观教育，做好新时代大学生思想政治教育工作。

【专家简介】

张金学，第七届全国高校辅导员年度人物，2019年全国"最美高校辅导员"，教育部"学习宣传贯彻党的十九大精神——千名高校优秀辅导员'校园巡讲'和'网络巡礼'活动"宣讲团成员，湖南省高校思想政治工作骨干队伍建设名师工作室负责人。

子虚乌有的"警官"，触目惊心的诈骗
——一例大学生电信网络诈骗案例剖析

贾颖辉　邓文珺

【案例描述】

小吴，女，汉族，已于 2023 年博士毕业。2023 年 3 月 21 日下午，小吴在实验室接到一名自称"民警"之人的电话，声称小吴涉嫌非法入境和洗钱犯罪，要求其配合警方工作，破获案件。小吴在没有与任何人商量的情况下，自主添加"民警"微信，点击进入收到的"最高人民法院"的链接，输入姓名、身份证号码等信息后，看到自己的基本信息、联系电话以及"犯罪行为""法院判决书"等内容，顿时感到恐慌不已。此时，"民警"警告小吴不能将此事告知任何人，否则会影响其毕业，要她认真配合"工作"。小吴半信半疑地按照要求前往校外某指定商场，与一身着警服、自称"赵川"的"警官"视频通话。"赵川"要求小吴把银行卡内资金全部转入"公安系统"指定的"安全账户"。在其诱骗下，小吴下载指定手机软件，现场多次向同学朋友电话借钱，在监控下分六次向"安全账户"转账共 20.8 万元。当"赵川"要求小吴再转账 8 万元作为担保金时，恰巧小吴父亲打来微信电话，见小吴语无伦次地向自己要钱，怀疑孩子遭遇绑架，随即向学院老师求助。

回顾小吴受骗全过程，共经历四个步骤。第一步，诈骗分子谎称"民警"，虚构小吴"非法入境和洗钱"罪名，要求其配合"破案"工作；第二步，以个人基本信息和"官方文件"骗取信任，造成小吴的恐慌心理，鬼使神差配合"办案"；第三步，要求小吴到校外指定地点转接"警官"电话，否则将立即对其拘留；第四步，以"资金清查"为由，要求小吴向"安全账户"多次转账。

【案例分析】

诈骗，是指以非法占有为目的，用虚构事实或者隐瞒真相的方法，骗取款额较大的公私财物的行为。据公开报道显示，2022 年全国公安机关破获电信网络诈骗犯罪案件 46.4 万起。

一、高校电信诈骗案件特征

电信网络诈骗具有受害人群广、诈骗手段多样化、涉案金额大、目标精准、犯罪门槛低、作案科技化、手法隐蔽化、传播速度快等特点，且呈高发态势，预防和打击难度巨大，是严重危害师生财产安全、身心健康和校园安全稳定的重大现实问题。

一是诈骗手段多样化。诈骗分子紧跟社会潮流趋势，巧妙结合时事热点，翻新诈骗手法，各种新型诈骗套路层出不穷、无孔不入，使大学生防不胜防。经不完全统计，目前已有 60 多种诈骗手法，其中校园贷款类、冒充身份类、刷单返利类、游戏交易类、网络交友类等诈骗类型在大学生电信网络诈骗案中尤为常见。

二是诈骗目标精准化。随着国家对电信网络诈骗打击力度持续加强，以及高校对防范电信诈骗的大力宣传教育，大学生的防骗意识逐渐增强。但诈骗分子也在不断进行着"产业升级"。他们针对大学生群体的心理特征和生活习惯，量身定制专用话术和剧本，精心设计相关虚拟情景，通过增强大学生对诈骗行为的信任度，降低其警觉性，从而提高诈骗活动的"真实性"和成功率。

三是诈骗手法隐蔽化。网络诈骗发生在虚拟数字空间，具有非接触性、高科技化的特点，且独立的单线联系使社会监管和干预变得更加困难，隐蔽性大大增强。一旦大学生落入诈骗圈套，诈骗分子便会对其进行洗脑式威逼利诱，导致学生陷入慌乱紧张、反应"失灵"的混乱状态，直至"向亲友借钱""提供账户密码"或"转账汇款"后才幡然醒悟，更有甚者受骗后仍无法及时察觉。

本案例是一起因大学生缺乏网络安全知识和自我保护意识引发的电信诈骗事件，同时属于校园危机事件，暴露出"政府监管法治不严、大学生思想理论教育和价值引领不到位、师生信任存在危机"等问题。表面上看，本案例显现出法治监管不严、技术防范不力、家庭教育缺失、学校宣传不够等问题，但追根溯源、深入挖掘后，我们发现核心矛盾在于学生对电信诈骗的认识不足，严重缺乏辨别诈骗、防范诈骗的意识和能力。加之学生面临着一系列心理、生理障碍，如维护个人形象的"包袱"、毕业季兼顾不暇的压力、连续熬夜做实验带来的思维迟钝等，导致最终上当受骗。我们坚信，在日常教育管理中，高校学生工作者会将反诈骗教育列为安全教育核心内容之一，防范诈骗的知识、案例在三令五申下本应深入人心，而实际情况是大学生受骗屡禁不止。由此，本案例蕴含的深层次问题是：关键时刻大学生究竟应该信任谁？遭遇危机时能否做到对辅导员和导师的真正信任？本案例同时反映出对大学生思想理论教育的长期性、复杂性、实效性等问题。

二、小吴受骗的关键环节剖析

首先，设定"情境因素"是建立初步信任，进行诱骗植入的前提条件。诈骗情境因素是指诈骗分子在精心构建的特定环境或情境中影响大学生行为和决策的各种内外部条件，其中个人信息、权威身份、危机情景和满足需求是诱导大学生做出误判误信的重要因素。与现实环境中情感信任不同，个体在网络环境中的人际信任以认知信任为主。诈骗分子通过呈现大学生的真实个人信息，具象化了大学生的可信任预期。同时，"警察""法官"和"政府工作人员"等国家公职人员的权威身份符合大学生对信任对象的期待与倾向，诈骗分子利用这一"身份优势"有效削弱了大学生的心理防御。

本案例中，小吴家庭条件优渥，学习生活环境单纯，缺少网络安全防范意识。一开始她并未轻易相信诈骗分子，但当听到对方准确地说出自己的姓名、身份证号等信息，看到对方身着警服、程序规范后，便对诈骗分子虚构的诈骗情境深信不疑。尤其当小吴感受到诈骗分子"设身处地"地帮自己维护形象和利益、脱离困境时，直接形成了对诈骗分子的初始信任。

其次，激发"成就动机"是强化持续信任，进行诱骗推进的关键环节。在诈骗情境因素的刺激下，受骗学生开始产生"成就动机"，在这一心理动力驱使下，大学生会出现强烈的成功欲望以消除对自身的负面影响。同时，诈骗分子提供着源源不断的"正向反馈"，逐步加重受骗学生的决策误导，削弱其决策质量。这些导致受骗大学生不仅自愿保持与诈骗分子的信任关系，甚至会对双方的信任互动抱有执念、难以收手。

本案例中，诈骗分子虚构了非法入境、洗钱犯罪这一危机情境，以涉案恐吓，使小吴陷入恐慌，紧接着以"会保密"为由切断小吴与外界的联系，即用定制话术对小吴施加心理暗示和心理控制，使她产生只需积极配合就可消除不良影响的认知。诈骗分子充分利用小吴的恐惧心理和急于澄清自己、想尽快消除影响的强烈"成就动机"进行施压，使小吴逐渐丧失独立思考的主体性，成为无意识的只能依附于诈骗分子的工具人，简单按照诈骗分子的要求行事，这是诱骗深入的关键环节。

最后，作出"快速决策"是满足应激"避险"，实现诱骗成功的决定因素。校园电信诈骗要成功，决定因素是大学生的决策判断。快速决策是决策者在时间紧迫、信息来源单一的情况下，基于直觉、经验和有限信息快速作出选择的策略。这种策略能够帮助人们在短时间内作出判断、迅速应对突发情况，但强调的是速度和效率，而不是精确度。同时，认知资源理论认为，人的认知资源总量是有限的，完成每一项任务都需要占用一定的认知资源，加工任务越复杂占用的认知资源越多。

回到本案例，小吴在诈骗分子设置的骗局中，被诈骗分子进行言语压迫、恐吓威胁等，引发了她的应急情绪状态。在这种状态下，基于趋利避害的本能和应急避险心理，小吴会优先将认知资源用来消除应激情绪，而无法获得充足的认知资源对诈骗信息进行分析判断，就只能调动较少的认知资源进行快速决策，导致最终受骗上当。

【解决办法】

当今大学生受到电信网络诈骗多发高发，能否有效减少乃至杜绝这一现象，关键在于大学生群体的"信任天平"最终偏向哪一方。师生信任是在师生交往互动中逐步形成、积淀并升华的，因此辅导员要抓住这一破题关键，按照"既要关心人、帮助人，又要教育人、引导人"的工作思路，在思想上重视、行动上及时、情感上关怀、机制上完善，结合"安全保障和心理疏导相结合""个性问题和共性问题相结合""教育引导和建立信任相结合"的原则开展工作，建立起长久牢固的师生互信机制，从根本上提升大学生群体对教育工作者的信任度，切实提高这一群体的防骗意识和识骗能力。

一、"用心关爱"——迅速介入，了解相关情况

处理校园危机事件的首要要求是老师第一时间到达现场，厘清来龙去脉，及时在受害人身心和财产方面止损。学院接到小吴家长电话后立即报警，向学院相关部门汇报，组织辅导员、实验室老师和同学等人员到达受骗地点，及时打破了诈骗分子虚构的诈骗情景，快速瓦解了小吴对诈骗分子的信任，将其拉回现实。随后，在确保小吴人身安全、情绪正常和心理健康的情况下，陪同其到派出所报案，提供相关线索，做好笔录，协助警方追回经济损失。这就是通过及时介入和全程陪伴使小吴惶惶不定的内心

有所依靠，逐渐产生安全感和信赖感。

二、"以情育人"——协同处理，进行跟踪陪伴

物质帮助和精神关怀是持续强化师生信任的关键。在认真倾听小吴被诈骗全过程的同时，学院重点对小吴进行心理安抚，强化陪伴疏导，及时告知小吴父母来校协助处理。期间密切关注学生思想动态，电话疏导家长情绪，引导家长暂时不要进行过度指责，避免给小吴带来二次心理创伤或自伤行为。小吴家庭条件相对优越，父母都是当地公务员，在交流中能够做到认知到位、高度配合，处理过程较为顺畅。家校协同育人，帮助小吴在经历受骗的惨痛打击后源源不断地感受到来自学校、老师和家人的关爱呵护，体会到真正的信任背后承载的应是浓厚的"人情味"，而非虚假的"铜臭味"。

三、"持续宣传"——创新方式，强化警示教育

从高校安全教育的实际情况看，反诈防诈教育并未激发学生的浓厚兴趣，也未完全引起学生重视。小吴事后说，她了解也熟知电信诈骗，但作为一名高学历者，一直坚信这种事不可能发生在自己身上。因此，要创新运用防电信诈骗宣讲灌输法、榜样示范法、情景再现法等方式，以案为鉴加强常态化群体化教育，把反诈防诈作为大学生必修课，努力达到处理一案、教育一片的效果。同时，要从大学生对网络安全的认知不足着眼，广泛动员学生参与到网络诈骗的调查研究、反诈防诈志愿服务等社会实践中，在躬身力行中增强学生甄别和抵制网络诈骗的能力。

四、"多元联动"——形成合力，健全长效机制

本案例中小吴受骗历经四个多小时，全程没有主动告知任何人，也未引起实验室同学的密切关注，其中暴露的"信任危机"仿佛一面"无形的墙"，堵住了思政教育者通往学生心房的路，值得深思。防范治理电信网络诈骗工作是一项复杂的系统工程，因此要在"三全育人"视域下探索大

学生反诈防诈教育长效机制。一方面应强化多主体协同联动，建立优势互补、平等协作和目标一致的多维合作育人长效机制，营造全员全过程全方位育人的良好格局；另一方面要建立起长久牢固的师生互信机制，努力打通思政育人的"最后一公里"，做到真正长在学生中间。

【经验启示】

校园电信诈骗猖狂，仅仅依靠技术手段是远远不够的。杜绝电信诈骗，在切实提升大学生的自我认知能力、理性思维能力、独立思考能力、应急处突能力和情绪控制力的同时，借助外力更为重要，甚至能在千钧一发、学生六神无主的关键时刻起决定作用。

《普通高等学校辅导员队伍建设规定》指出："辅导员是开展大学生思想政治教育的骨干力量，是高等学校学生日常思想政治教育和管理工作的组织者、实施者、指导者。辅导员应当努力成为学生成长成才的人生导师和健康生活的知心朋友。"《教育部关于全面落实研究生导师立德树人职责的意见》明确规定："落实导师是研究生培养第一责任人的要求……关心研究生生活和身心健康……建立良好的师生互动机制。"在电信诈骗发生的时候，学生是否会第一时间联系辅导员或导师及时止损，能否真正和辅导员、导师建立信任关系，是值得教育者反思的问题，教师赢得学生的信任是处理此类事件的关键，更是我们努力的方向。要真正成为学生的知心朋友和引路人，让学生平常时候相伴、关键时刻信任、危急关头依靠，就必须牢记服务学生成长成才的使命，深入研究新时代青年学生特点，善于运用科学的思想教育理论和工作方法，强化价值引领，创新沟通方式，将学生安全稳定工作落到实处。

【专家点评】

此案例选取了一起大学生电信网络诈骗真实案件，语言表述生动有力，提出的解决措施切实有效，不仅体现出作者在实践工作中积累了丰富经验，也能够为广大辅导员日常处理类似突发事件、开展反诈骗教育提供参考，具有较强的实效性和针对性。但这也引发了我们的思考：现代社会是否还有天真无邪、未经世事的孩子？或许我们高估了大学生对复杂社会的理解，他们仍需更多引导和保护，以更好地理解和应对世界的多样性和复杂性。

案例主要围绕诈骗如何得逞的关键性环节去阐述，还可以更多地结合大学生群体特征进行深入分析，全面解释大学生为何容易成为诈骗的受害者，精准把握大学生反诈骗教育工作中存在的盲点和堵点。同时，可以在如何建构良好师生互信关系方面做一些探索和尝试，这样的角度不仅有助于我们更准确地厘清问题的本质，还能开拓出更加新颖的思路和独特的思考，探索出工作的创新点或亮点。

【专家简介】

蒋红，云南大学教授，马克思主义理论研究和建设工程重点教材《马克思主义基本原理》编写组主要成员，国家社科基金重大研究专项首席专家，中国期刊协会常务理事。

从迷茫到榜样
——一名"双困生"的成长之路

郑志刚　王一喆

【案例描述】

小周，男，中共党员，目前已保送其母校继续攻读硕士研究生，大学期间获得国家奖学金、一等优秀奖学金、优秀学生干部等多项荣誉。

看似成功的小周同学在初入大学时却充满了迷茫，他沉默寡言，学习成绩一般，很少参加集体活动，遇到老师也总是躲躲闪闪。他在大一结束时给辅导员留了封信，信中写道："老师，这不是我想要的大学生活……"小周同学来自农村地区，母亲卧病在床，家里经济情况非常不好。父母对他期望很高，他也很懂事，高中时期成绩一直名列前茅，还在省级体育比赛上拿过奖牌。考上大学后，为了减轻父母的经济压力，他频繁地参加各类校外兼职，每天早出晚归打工让他没有心思好好学习，成绩也一落千丈。与此同时，从偏僻的农村来到大城市，他感觉身边大部分同学学习比他优秀、经济比他富裕、眼界比他开阔，这让他不由自主地陷入深深的自卑。于是，他把自己封闭起来，不参加集体活动，也很少与其他同学交流。

小周同学的大一生活一直在自责与焦虑中度过，他在信的结尾写道："老师，在上大学之前我一直是家里的骄傲，我对大学也充满了美好的幻想，但一年下来我一事无成，这是彻底失败的一年。我想改变，但又无能为力……"

【案例分析】

此案例中小周同学面临家庭经济困难的同时也存在自卑、自闭、焦虑等负面心理状态，虽然还没有达到心理疾病程度，但也是需要我们关注的心理健康高关怀学生，我们把这类学生称为"双困生"。中国科学院心理研究所发布的 2019—2020 年和 2021—2022 年《心理健康蓝皮书：中国国民心理健康发展报告》显示：从地域角度看，中西部地区抑郁高风险检出率（约 20%）显著高于东部地区（13.4%）；从户籍角度看，农村户口的抑郁高风险检出率（16.5%）高于城镇户口的检出率（14.0%）；[①] 从年龄角度看，18—25 岁组抑郁高风险检出率（24.1%）远高于其他各年龄组。[②] 小周所在的学校是一所师范类高校，以中西部欠发达地区为主要生源地，家庭经济困难学生比例较高，家庭经济困难学生的心理健康问题需要引起教育工作者的高度重视。结合小周的案例，可以总结出此类学生的一些特点。

一、自卑与自尊相互交织

一方面，家庭经济困难，学生容易因经济状况欠佳产生惭愧、羞怯、畏缩，甚至心灰意冷的自卑情绪，这是贫困生最典型的心理特征，也是贫困生心理问题产生的主要根源。另一方面，教育工作者也要注意到这类学生往往注重脸面，争强好胜，不甘落后，具有强烈的自尊心。强烈的自尊使得他们容易产生极强的自我保护意识，只接受成功，不接受失败，也就

① 陈祉妍，郭菲. 2020 年国民心理健康状况调查报告：现状、趋势与服务需求［M］// 傅小兰，张侃，等. 中国国民心理健康发展报告（2019—2020）. 北京：社会科学文献出版社，2021：1-33.

② 陈祉妍，郭菲. 2022 年国民心理健康调查报告：现状、影响因素与服务状况［M］// 傅小兰，张侃，等. 中国国民心理健康发展报告（2021—2022）. 北京：社会科学文献出版社，2023：1-29.

形成了既自卑又自尊、既坚强又脆弱的双重性格特点。

二、自立自强与自我消沉两极分化

家庭经济困难的学生往往从小就面临着生活和学习的双重压力，但正是这样的环境使他们学会了在逆境中成长，这种坚韧不拔的精神是他们能够在学业上取得优异成绩，在生活中不断前进的重要动力。但也有部分学生面对困难自暴自弃、自我消沉，他们缺乏克服困难的勇气、改变命运的毅力和摆脱贫困的具体行动，经济上依赖被动救助，学习上缺乏进取精神，生活上缺乏斗志和信心，这种消沉状态严重影响着他们健康成长。

三、渴望交流与自我封闭相互冲突

渴望交流是当代大学生的共有特征，多数家庭经济困难学生能够主动、热情地参加校内丰富多彩的活动，在实践中培养自己的兴趣爱好，锻炼自己的人际交往能力。但也有部分困难学生因经济拮据而背负着沉重的心理负担，渴望交流但又害怕歧视，他们把自己包裹起来，不愿轻易袒露心迹，渐渐地给人一种难以接近、不合群的感觉。这种自我封闭与渴望交流之间的矛盾冲突，给他们带来心理上的压抑和焦虑，而长期的人际交往障碍则会导致其情感荒芜、内心抑郁甚至人格扭曲。[①]

【解决办法】

家庭经济困难学生或多或少存在自卑、焦虑等心理上的困扰，资助育人工作应将解决经济困难同解决思想困惑结合起来，把促进人的全面发展作为最终目标。在《高校思想政治工作质量提升工程实施纲要》中对资助育人工作提出了明确要求，指出要把"扶困"与"扶智"，"扶困"与"扶志"结合起来，构建物质帮助、道德浸润、能力拓展、精神激励有效融合的资

① 虞岚. 贫困大学生心理特点及应对策略［N］. 光明日报，2014-11-08（7）.

助育人长效机制，形成"解困—育人—成才—回馈"的良性循环。[①]对照此要求，我们开展了以下几项工作。

一、解决一个困难

家庭经济困难是"双困生"压力的主要来源，也是导致心理问题的最重要和最直接因素。要解决家庭经济困难学生心理困惑，首先要解决经济困难。对此，辅导员在入校时就要主动向家庭经济困难学生介绍学校"奖、助、勤、免、贷、补、偿"的全方位资助体系，协助其申请国家助学贷款、国家助学金等经济补助，以缓解经济上的压力，解除学习上的后顾之忧。在初步解决了经济上的困难后，还要引导他们安心在校学习生活，积极参加校园集体活动，为开展后续工作奠定基础。

二、开展两个帮扶

解决经济困难只是"解表"，"治里"的关键在于"志""智"双扶。案例中的小周同学虽然大一过得一团糟，但是从他高中经历可以看出这是个懂得感恩、学习基础良好、进取心非常强的好孩子，他愿意主动向辅导员吐露心声，也说明他主观上在寻求改变。此时，辅导员要及时地做出回应，给予支持和帮助。

第一，在思想上"扶志"。"志之难也，不在胜人，在自胜。""扶志"实际上就是扶思想、扶观念、扶"自胜"之信心。可以分三步走：首先，通过心理疏导，鼓励家庭经济困难学生把生活的磨砺当成磨炼自己意志和毅力的宝贵财富，提高抗挫折的能力；其次，通过朋辈教育，激励他们逆境奋起，消除自卑心理，树立起战胜困难的信心；最后，通过感恩教育，帮助他们打开内心去感受集体的温暖以及老师和同学的关爱，主动融入校园生活中。

第二，在能力上"扶智"。在帮扶工作过程中要注意到，经济上的"输

---

① 中共教育部党组. 高校思想政治工作质量提升工程实施纲要［Z］.2017-12-05.

血"解决的是家庭经济困难学生生活上的燃眉之急，只有通过能力上的"扶智"，才能激发他们自我"造血"能力。辅导员应当充分调动专业教师、家长亲朋、校友资源等力量，推荐他们参加与专业相关的勤工俭学和创新创业活动，通过劳动获得报酬，也从长远的角度帮助他们建立起专业学习与职业发展之间的联系。还应当及时发现他们的特长和闪光点，帮助他们点亮梦想，实现自我突破。以小周同学为例，他有一定的体育特长，辅导员可以协调专业教练对其进行强化训练，用赛场上的成绩帮助他赢得同学们的认可和尊重。

三、完成一次成长

通过以上工作，基本实现了对"双困生"经济上和心理上的困难帮扶，他们已经可以自信从容地回归大学生活。但资助育人工作并不能止于此，教育工作者还要以此为突破口，促进此类学生在思想上获得进一步的成长。

（一）找准契机，明确方向

家庭经济困难学生出现自卑、自我封闭现象很大程度上是因为在成长过程中的精神需求和渴望没有得到及时的回应和满足。辅导员在工作中要主动为家庭经济困难学生送去关心和关爱，也要找准一个契机让他们在感受到集体的温暖的同时，意识到自己也应当成为集体中的一个小太阳去温暖他人。小周同学大二时，正值"全运会"在西安举办，学院组织党员先锋队前往赛场开展志愿服务，平时总是躲闪老师的小周同学鼓起勇气问辅导员："老师，我不是党员能当志愿者吗？"考虑到小周同学平时对体育的热爱，学院破格让他成为党员先锋队里唯一一名团员。他十分珍惜这份信任，服务期间每天第一个到最后一个走。慢慢地，同学们眼中沉默寡言的小周也变成了热情开朗、干工作一丝不苟的小周，在随后的团支部推优评选中，小周同学获得了全票通过。

（二）实践锻炼，思想浸润

从案例可以看出，家庭经济困难学生知道通过自我努力改变命运的重要性，也十分渴望得到锻炼的机会，但是往往缺少主动迈出第一步的勇气。辅导员应当有意识地鼓励他们参加课外实践和志愿服务活动，让他们在实践中学习知识、拓宽视野、锻炼能力，发掘他们自立自强、坚韧不拔的优秀品质，培养他们的社会责任感和担当精神。例如，辅导员可以鼓励他们竞选学生干部，成为老师和学生沟通的桥梁；可以协助他们申请学校的"勤助实践项目"，把家庭经济困难的同学组织起来，在勤工俭学的同时锻炼专业能力；可以指导他们进行社会实践或是开展公益服务活动，向更多需要帮助的人传递温暖。与外出打工不同，这些实践活动并不会影响他们的学习；相反，不同层面的实践锻炼进一步强化了他们的个人能力，使他们收获了战胜困难的信心，实现了个人价值，思想境界和精神面貌也得到了由内而外的提升。

（三）逆境生长，成为榜样

实际上，小周同学的情况并不是个例，我们进行了一个粗略统计：学院里家庭经济困难学生占比在 23% 左右，但是学生党员中有 46% 是困难生，国家奖学金获得者中有 50% 是困难生，保研学生中有 43% 是困难生。这些家庭经济困难学生除了比普通学生在学习上更加努力，他们还有一个共同的特点，就是都有着十分丰富的志愿服务和社会实践经历。究其原因，持之以恒的实践活动使他们实现了自我价值和集体利益的统一，他们在实践中获得了同学的认同、老师的信任、成功的喜悦、融入的幸福，达成了更高的自我效能感，这种精神上的富足消除了经济上的贫瘠带来的负面影响，进而引发了思想行为的升华。

【经验启示】

家庭经济困难学生面临的经济、心理双重困境是一个较为普遍的现象，对于教育工作者开展思想政治教育来说，是一个不可回避的话题。对此，我也结合案例进行了一些思考。

一是重解经济之困，更要重解思想之困。辅导员在开展资助工作时往往侧重于物质帮扶，而容易忽视受助学生可能存在的思想困境。在开展物质帮扶的同时，应当准确把握家庭经济困难学生的思想状况和心理特点，面向受助学生开展科学有效的心理疏导和抗挫折能力教育。一方面，要引导受助学生正确看待我国社会主义初级阶段存在的贫富差距问题，不能盲目攀比，更不能因为经济社会快速发展出现的阵痛，产生思想偏差，对党和国家产生悲观，甚至对立情绪。另一方面，要围绕他们既自卑又自尊的特征，采取"志""智"双扶策略，扬长补短，鼓励他们磨炼意志、增强本领，通过自身努力，改变自己的命运。

二是重资助的"力度"，更要重资助的"温度"。家庭经济困难学生或多或少存在自卑、敏感的心理困扰，资助过程中要切身考虑受助学生的实际感受，在显性资助基础上，更多地通过隐性资助维护他们的安全感与自尊心。要抓住学生既"自卑"又"自尊"的特点，鼓励他们学以致用、发挥特长，通过自己的劳动获得报酬。要主动为他们提供实践锻炼机会，让他们在实践中提升素质能力，展现自我价值，获得认可尊重。要打造好受助学生的社会支持系统，构建课上有老师、课下有同学、到校有朋友、回家有亲属的共同育人格局，让他们充分感受集体的关爱，引导他们在接受爱的同时传递爱。

三是重"帮眼前"，更要重"扶长远"。资助育人始于资助，成于育人，学生资助的最终目的在于帮助家庭经济困难学生成长成才。我们要把解决实际困难同解决思想困惑结合起来，将思想政治教育融入资助育人工作全过程，在关心人、帮助人中教育人、引导人，鼓励他们打开内心、增强信心，使他们意识到经济上的困顿是暂时的，精神上富足才能走得更长远。要通过"自强之星""年度人物"评选等方式，宣传好家庭经济困难学生自强自立的感人事迹，引导更多的青年学生树立正确的世界观、人生观、价值观，在全校范围内形成诚信感恩、自立自强、友爱互助的资助育人文化氛围，引领更多学生树立远大理想、厚植家国情怀、塑造优秀品格。

【专家点评】

这是一个关于家庭经济困难学生成长的典型案例。案例分析得非常全面，对资助政策的把握也非常准确，通过实践锻炼来实现困难学生思想浸润和能力拓展，进而激发他们自立自强、诚实守信、知恩感恩、勇于担当的良好品质的帮扶方法是非常有效的。

家庭经济困难学生存在自卑、自闭等负面心理状态是一个较为普遍的现象，我们要能够及时介入，避免这种负面心理状态发展为心理疾病。首先，要提高识别的"精准性"。现在的年轻人都好面子，有很多同学家庭经济情况不是很好，但他们不愿意承认自己是困难生，我们可以依托大数据，为学生"精准画像"。其次，要把握好资助的"隐蔽性"。案例中提到了在帮扶过程中要考虑家庭经济困难学生的切身感受、照顾到他们的自尊心，这是非常必要的，否则不但不能够帮助到这些同学，反而会给他们制造新的困难和更大的负担。最后，要注重"造血"能力的培育。"造血"就是要让学生通过自己努力主动地获得收入，困难学生通过自己的努力把知识和技能转化为财富的过程，也是他们战胜困难培养树立自信心的过程。案例解决得很成功，困难生帮扶是一项长期工作，希望"小周同学"都能在集体中感受关爱，提升能力，树立信心。

【专家简介】

刘书林，清华大学马克思主义学院教授，全国高校马克思主义理论学科研究会副会长，《思想理论教育导刊》常务副总编，中国社会科学院世界社会主义研究中心常务理事，"马工程"重点教材编写组首席专家。

与导师"合不来"的研究生

——导学"双困"的解困之旅

张凡　李晔

【案例描述】

小琳自小成绩优秀，从某高校工科专业跨考攻读硕士，已于2023年7月毕业。一入校，小琳内向、不爱说话甚至些许"木讷"的性格就引起了辅导员的注意。在后续的接触中辅导员发现，小琳性格执拗，平时几乎不与同学交流，对学校、学院研究生的各类活动参与度均不高。

经辅导员与小琳多次交流谈心，她才坦陈，自己热爱所学专业，但与导师沟通不畅，和导师的紧张关系，影响了自己的学术热情，给学习、生活带来了压力。她曾多次向辅导员提起，"我就觉得她（导师）看我不顺眼""她从来不表扬我""她在同学面前让我难堪"。导师则认为，小琳缺乏研究生应具备的基本学术素养，学习科研态度消极懈怠，社会化程度低。

硕士就读期间，小琳一直是学院重点关注学生，学院从各个层面努力，希望促成她与导师和解，但收效甚微。小琳的学习态度、执拗性格、社交状态、学业成效等也变化不大，在校状态时好时坏，还曾有过在寝室点火"烧论文"的极端行为。三年间做了大量工作，才确保该生状态稳定并顺利毕业。

【案例分析】

我国在研究生教育阶段实行导师责任制，导学关系成为研究生培养质量的重要影响因素。近年来我国研究生招生规模不断扩大，而随着网络和自媒体的发达，多所大学出现了学生网络实名举报导师的情况，引发社会的广泛关注。导学关系作为研究生最重要的人际关系之一，对学生的科研绩效、专业认同、自我效能感和心理健康水平具有显著影响。此案例既有一般导学关系问题的普遍特征，也有基于导师、学生个人的特殊性。分析案例中导学关系失调的原因，主要有以下三个方面。

一、没有爱就没有教育？——渴望"被爱"又不会沟通的研究生

小琳期待导师的认可、赞赏和关爱。导师认为对学生的爱就是"让学生把专业学好，以后安身立命"，认为"'爱'学生，也得有适当的距离，以便理性地开展工作"。可见导师和学生对于师生之"爱"存在理念层面的认知差异。有研究曾对4000多名学生和他们的老师做过一项调研，结果显示80%以上的教师认为自己是"爱"学生的，而80%以上的学生认为老师并不"爱"自己。[①]

"没有爱就没有教育"这句话在教育界广泛流传，但"爱"之一字，也困扰了诸多师生。以"爱"为轴心衡量师生关系，容易产生错位。此案例中，基于"爱的误解"，师生对于相处中相关事件的评价都有片面性和主观性，误解也使得双方沟通的意向逐渐减弱。在当前"一对多"的导师与研究生培养配比模式下，一方面，导师面临教学、科研等多重压力，与学生相处的时间和精力被进一步挤压，"组会"等形式代替了一对一的指导交流，这使部分不擅表达的学生成为组会众声喧哗中"边缘的沉默者"。另一方面，在信息化快节奏的学习生活中，"云沟通""浅沟通"代替了师生间的深层思想交流，导学之间难以建立密切的联系。此外，在以"师门"

---

① 林崇德. 在中关村一小教师专业发展研讨会上的发言［Z］.2013.

为单位的导学共同体中，存在着"大师兄"带师弟、师妹，导师通过"师兄""师姐"向低年级研究生传达任务要求的情况，这使部分刚进入研究生学段的学生不禁发出疑问，"导师为什么只爱大师兄？"从而产生心理上的落差和疏离。

二、心有猛虎，细嗅蔷薇？——在自由与规训间徘徊无措的导师

在导学关系中，如何划定自由与规训的边界，影响着导学关系的健康发展。在此案例中，导师认为小琳作为"跨考生"，专业基础较薄弱，入学后在学业上表现出的混沌未开、缺乏主动让导师"着急"。本着对学生发展负责的态度，导师曾在公开和私下场合提醒敦促小琳，但触发了小琳的防御和抵触。导师也非常苦恼，对这样的学生，应该怎么办？是和风细雨地教导，在润物细无声中影响？是当头棒喝，耳提面命？抑或不愤不启，静待花开？

导师在规训与自由间徘徊，与学生一样陷入怀疑和苦恼之中。这实质上涉及在导学关系中，如何处理自由和规训关系的问题。导师对自己责权的界限不明确，学生也不清楚什么是对导师的"合理期待"，师生之间的权利和义务缺乏可操作、可评判的规约，缺乏过程的监督和指导，也缺乏人文关怀的边界，这导致了导学关系在某种程度上有自发发展的情况。现有研究从多角度对导学关系进行分类，一方面说明导学关系确实存在复杂性，另一方面也说明在导学关系的处理上，缺乏规范性的指导和导学责权的明确划分。

三、羊才会成群，狮子和猛虎都单打独斗？——没有归属和愿景的导学关系

导学关系的核心，是教与学的业务关系，教学互动是导学关系存续的基础。现实中，这种互动可能存在两种状态：一是在导学双方研究志趣与方向契合的情况下，导学双方是否能够通过互动交流促进教学相长；二是

在导学双方研究方向与志趣存在差异的情况下，双方如何交流互动以达成研究生培养目标。

此案例中，小琳和导师的研究志趣殊异，双方学术交流互动较少，师生双方陷入了各自的学术沉思中，缺乏共在的学术互动场域。小琳无法融入师门的环境，学术热情逐渐消减甚至出现了学业困难的情况。究其原因有三个方面：一是主观上师生双方均无以导学团队为单位从事学术研究的意愿和规划；二是客观上也没有实验室或共同参与的项目、课题形成共在的学术场域；三是无导学主体之外的其他力量整合资源、提供支持、擘画愿景。以上三重原因，导致导学关系的单薄和松散，也影响师生的科研热情和科研产出，对学生的影响更为明显。

【解决办法】

导学关系是一个系统性问题，现有研究从各个维度对导学关系的建设提出了建议，但鲜有从辅导员角度的研究。事实上，虽公开的研究较少，但这一直都是研究生辅导员在实际工作中需要直面的问题。此案例的处置，主要围绕以下三个方面。

一、聚焦沟通，为"爱"松绑

此案例中导学关系失调，很大程度上是师生对彼此有"沉默的单向度期待"，这需要辅导员做好纽带，促使"沉默的期待"转化为"共同的朝向"。具体可以从三个方面努力。

第一，浸入具体情境核实核心事件。核实核心事件是化解矛盾、促成沟通的前提。在此案例中，小琳指责导师对她的某些刁难和针对，导师指责小琳学业上的漫不经心和消极对抗，成为师生双方争议的焦点。是否有双方都认可的事实支撑？这需要辅导员作为第三方之一，协助澄清事实，达成对事实的认可，这是双方有效沟通的第一步。

第二，促成真实的沟通意向。在小琳事件处理中，学院曾努力促成师生之间的对话。基于学院的介入，师生进行了形式上的对话但没有明显的效果，可见，师生双方的沟通意向并不真实。在矛盾业已产生的情境下，需要辅导员充分发挥润滑剂和耦合剂的作用，根据情境充分发挥工作艺术，促进双方达成真实沟通意向。

第三，及时纠正错误观念。小琳基于自己的认知，对导师有一些不合实际的要求和期待，对师生关系有不合理认知，在小琳的其他人际关系中，也存在不合理认知导致人际关系紧张的情况。这种不合理认知也是我们在促成沟通时，需要及时发现和纠正的。

辅导员通过以上三个方面的努力，能够促成师生双方有共在的沟通场域、有真实的沟通意向、有理性的共同认知，这为导学双方的沟通提供了理想的环境，从而奠定了导学关系良好互动的基础。

二、管育并重，促"导"流畅

导学关系既是一种业务关系，也是一种互动关系、社会人际关系、心理关系等的复合关系。良好导学关系的构建仅仅关注师生的行为和心理是不够的，还需要基于本土文化脉络，浸入具体事件情境，确认系统边界，关注更为细微而深入的变化和可持续性。[1] 辅导员作为导学关系中重要的一环，要促进导学之间遵循教育管理制度和尊重个性化人文关怀之间的平衡，助力涵养导学关系的和谐生态，具体可从以下方面努力。

第一，助力构建导学双向选择的制度空间。可以考虑设置导学关系的"试用期"，试用期后根据导学主体的意见进行双向选择。在这个过程中，学院和辅导员应做好政策的宣传和解释，使导学双方能够在相互理解、相互尊重的基础上在导学关系确立上相对自由地进入和退出，避免导学双方碍于情面、学生在导学关系中处于"低位"的固着观念等导致不能真实地表达自己的想法和行使相应权利。

---

① 王江海,常海洋,杜静.导学关系基本问题研究述评:本质、类型与影响因素[J].研究生教育研究,2024（2）：93-98.

第二，助力构建导学关系监督、师生申辩、表达导师更换等诉求的制度路径。避免出现导学关系危机时，因没有明确的反馈渠道和调解机制，导致师生各执己见，或者沉默对抗，从而引发危机带来恶性后果的情况。

第三，结合上位文件和导学实际，引导制定个性化导学关系指南。如对标教育部《研究生导师指导行为准则》，《教育部关于全面落实研究生导师立德树人职责的意见》，结合学校研究生指导教师岗位管理办法等，明确导师和研究生的基本责权，同时鼓励师生就导学关系中的价值、目标和责任等达成共识，就相互的期待形成文件，并定期讨论修正。

通过以上努力，促使导学关系在制度规范和人文关怀上相互关照，促使导师在管育并重上实现平衡，保障在导学关系产生前、存续时、危机出现后的全过程规范处置，使导学关系在完备的制度下顺畅运行。

三、共建团队，为"学"护航

《教育部关于进一步加强和改进研究生思想政治教育的若干意见》强调"教书和育人是导师的两大基本职责"。围绕"教书"和"育人"两大职责，辅导员可以做如下努力。

第一，从"教书"的角度，助力构建学术共同体。小琳为哲学大类文科生，师生的研究方向较为分散，缺乏建立以项目、课题、实验室等为依托的学术共同体的基础，难以形成涵养导学关系的客观环境。从辅导员角度，一是可以在广泛了解师生意愿的基础上，助力学院形成不同职称层次、不同学段的基于共同的研究兴趣的混合导学团队，形成具有交互性、延续性的学术共同体，助力"教学相长"。二是沟通协调相关资源，协助为导学团队的学术交流、读书分享等提供场地、资金等物质资源支持。三是结合学院研究生培养方案和学科发展方向，助力导学团队设计形成团队研究的目标、方案和任务，涵养学术共同体。

第二，从"育人"的角度，营造氛围搭建平台助力形成育人共同体。一是可以通过培育、宣传优秀典型导学团队的方式，帮助挖掘、推广和复制导学关系融洽、科研成果突出的优秀导学团队，形成辐射带动效应。二是通过组织导学共同参与的文娱、体育活动等，增进师生交流，促进导学关系融洽。

【经验启示】

导学关系是一个牵涉广泛的系统性问题，需要导师、学生两个主体，学校、学院各环体之间的协同配合。辅导员作为环体之一，在导学关系问题的处理上，应明确自身定位，巧妙化解危机。通过此案例的处置，有两点启示。

一是做好"两个纽带"。第一重含义是做好导师和学生两个主体之间的纽带，助力形成沟通的良好微观生态。第二重含义是做好学校、学院等其他环体之间的纽带，助力构建和谐导学关系的宏观生态。

二是端正"两个态度"。辅导员在处理导学关系问题时，既要有"置身事内"的态度，对师生双方的矛盾、诉求要有真实的情感关切，先情后理，接纳尊重，赢得导学双方的信任和支持。同时又要有"置身事外"的态度，不被个人的情感所裹挟，以理性的判断和中立的立场，客观评估问题，处置事态，协助构建良好的导学生态，助力研究生培养的高质量发展。

【专家点评】

这是一个选题很准、分析很透彻的辅导员工作案例。案例所讲述的导学关系问题，我作为研究生导师，深有感触。结合自己的亲身经历和对案例的思考，我认为在导学关系问题上，要注重"一个反思，两个改变"。

"一个反思"。这个案例促使我们反思研究生培养中导师和学生之间的"双向选择"制度。我国在研究生培养阶段实行"导师责任制"，这使导师成为研究生培养中最关键的一环，研究生和导师的关系问题，直接影响着研究生培养的质量，因此导学关系应当有更好的制度保证，导师和学生的

"双向选择"制度要有调试和完善的空间，不断适应教育高质量发展的期待和要求。

"两个改变"是指导师和学生都有改变的空间。一方面，在导学关系问题上，导师有改变的空间和必要。研究生导师是一个工作岗位，这个岗位有明确的工作职责，在履行工作职责的时候，导师要有主动性，要树立终身学习的理念，要结合学生的实际和人才培养的目标，主动学习和调试，让导学关系处于一种和谐的动态平衡中。另一方面，在导学关系问题上，学生也要有所改变。这个案例中，明显可以看出学生存在人际关系适应和协调能力不足的问题，因此，学校层面要做好人际关系适应不良学生的心理关怀和指导，学生也应主动调整和改变，学会处理人际关系问题。

【专家简介】

蒋红，云南大学教授，马克思主义理论研究和建设工程重点教材《马克思主义基本原理》编写组主要成员，国家社科基金重大研究专项首席专家，中国期刊协会常务理事。

宿舍内的真假"小王"
——一名在夜不归宿边缘试探的大一新生

李诗瑶　代晓飞

【案例描述】

小王，女，大一新生。该生家庭子女较多，小王有一个姐姐、两个妹妹及一个弟弟，父母重男轻女的思想导致他们对于小王的教育与关心重视程度不高。高考结束后，小王与高中同学发展成了恋人关系，但是由于异地，二人难以经常见面。

2023 年 10 月 29 日 22:45，信息员报告，小王在辅导员查宿之后精心装扮出门，存在不履行请假手续就夜不归宿的可能性。得知消息后，辅导员折返宿舍进行查看。小王得知再次查宿，委托舍友小陈伪装成自己躺在床上，其他舍友谎称小陈去洗漱了、小王身体不舒服已经睡着了。辅导员看到了床上蒙着头的"小王"，反复呼唤"小王"，但她始终不敢露面。最终，眼看无法瞒天过海，小陈坦白了小王已经出门并计划夜不归宿的事实。当日 23:30，辅导员在学校西门接到了小王，并将其带回宿舍。

【案例分析】

本案例属于辅导员工作中的大学生日常事务管理问题。大学生未履行请假手续夜不归宿是各高校管理过程中的常见问题，也是关乎大学生人身安全和建立遵规守纪意识的关键问题，而在问题的处理上疏胜于堵，仅停留在"见招拆招"模式解决个别问题已经无法适应新时代的要求。因此，透过现象看本质，溯源学生违纪行为的原因就显得至关重要。通过对案例中小王及舍友行为的深刻剖析，结合唯物辩证法中事物发展的原因和动力理论，我认为其违纪夜不归宿的原因有以下两个方面。

一、内因

（一）初入大学的"自由意识"冲击，规则意识尚未完全建立

初入大学，刚刚结束学业繁重与规则束缚的高中生涯，大学生往往具有较强烈的自由意识，迫切地希望能够开启与高中时期管束模式截然不同的生活，加之传统观念的影响，对大学容易打上"无限自由""完全独立"等标签。而在进入大学之后，幻想与现实之间的差异更加剧了大学生对规则束缚的抗拒与抵触心理。

与此同时，网络的迅速发展，海量的信息涌入，大学生尚不成熟的内心与独立判断能力的缺失，导致其极易被纷繁复杂的网络思潮所影响，难以辨析"自由"与"规则"之间的关系。这一特征，更突出地表现于作为网络原住民的"00后"大学生身上。他们对于社会思潮的接受速度与捕捉能力更强，长期处于高中管束模式下，对自由的渴求度也相应更高，加之初入大学，仍然要遵守多项校纪校规的意识尚未完全建立，导致诸如"小王"的大学生们宁愿"铤而走险"，做出违纪行为。

（二）社会支持失衡，对违规行为的敏感度较低

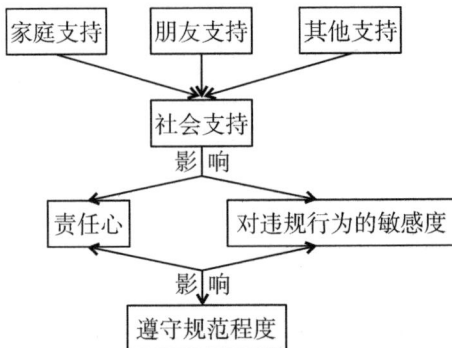

图3　社会支持水平与个体遵守规范程度之间的关系

如图 3 所示，社会支持是指个体被外界支持的程度，由家庭支持、朋友支持和其他支持三个方面构成，通过对家庭内部成员、亲密伙伴以及重要他人支持的评价性认知所体现。拥有较高社会支持水平的人更依赖于社会规范。个体的社会支持水平越高，对违规行为的感知越敏感，而违规的敏感性是规范社会行为的关键一步。就像一个家庭氛围良好、朋友较多的学生，在犯错误时会担心令家人或朋友失望，这就导致其犯错误的情感成本较高。

本案例中，小王的原生家庭给予的社会支持度较低，初入大学，好友的缺失也使小王难以获得来自友谊的社会支持，而男友能够提供更多的情感支持，这就导致小王的社会支持天平严重失衡，偏向男友一方。社会支持水平的失衡，影响了小王对违反校纪校规的敏感度，当在男友与校纪校规之间进行抉择时，其社会支持的失衡导致小王宁愿做出违纪行为，也要实现与男友的情感交流。

（三）侥幸心理作祟，朋辈掩饰的"安全感"

大学时期是青年三观形成的重要时期，培养对于规则的遵守与敬畏意识是教育的重要内容，然而面对新时代多元文化与社会思潮的冲击，大学生的守规意识更多来源于规则惩处机制的严厉性，而较少来源于对于规则本身的认同，规则若不深入人心，则违规之人层出不穷，群体对于规则的淡漠更是提升了个体违规的可能性。

本案例中，小王一方面由于规则意识尚未完全建立，有较强的侥幸心理，另一方面，其能够产生并实施违规夜不归宿行为的重要原因是来自朋辈的掩饰，这种来自朋辈的"安全感"更加深了其对于自身行为成功实施的自信。同时，宿舍群体对于违规的无畏心理与掩饰行为，更是无形中助长了个体的违规勇气，这就导致小王对于违规夜不归宿具有较强的"勇气"与"底气"。

（四）自控能力较弱，心理成熟度低

良好的自我控制能力与心理素质是大学生成长成才的重要保障，也是高校育人的主要抓手。然而，由于大学生社会阅历有限，心理和生理都还没有达到完全成熟水平，表现在一方面希望以社会准则作为规范约束自己，帮助自身成长，另一方面又在规则面前表现出自控能力弱和心理承受能力差的特点。

本案例中，小王在面对爱情的诱惑与校纪校规的要求时，产生了动摇，出现了在违纪边缘试探的行为，然而在后期的交流过程中，又对自身的行为产生了强烈的懊悔心理，我们能够窥见，小王并非漠视规则，也非在挑战规则，是大学生身心均不成熟的特征使其在面对诱惑时难以进行理性思考，可见，情绪上的冲动与自控能力的弱化往往也是导致大学生违纪的重要原因。

二、外因

（一）宿舍管理网络存在缺口

大学生违规夜不归宿现象具有一定的普遍性，也是高校学生管理的难点。站在管理者的角度来看，学生宿舍管理网络的严密性，对于减少此类事件能够产生较大的影响。一般来说，个体犯错动机的形成到行为的实施是一个权衡利弊、计算得失的过程。小王能够实施该行为，证明其内心对于宿舍管理的严密性存在一定的质疑与较强的侥幸心理，也从侧面反映了当前的宿舍管理网络仍然存在缺口。

（二）学生群体对"友谊"与"义气"的认识模糊

大学时期的友谊，对于化解学生的孤独感具有重要意义，也是为学生提供良好社会支持的关键，然而友谊一旦被歪曲、被腐蚀，就成了是非不辨方向错误的义气。这种畸形的友谊具有不可低估的影响力和腐蚀力。友谊脱离边界感与合理性，就会出现犯错误成团结伙，出问题互相包庇的现象。

本案例中，小王的舍友对于小王的违规行为不仅未劝阻，反而企图协助其蒙混过关，这也是违纪学生群体中较普遍的现象。违纪学生违纪的内心支持很大程度上来源于"友谊"的掩饰，学生群体对于友谊与义气认识的模糊性，也影响着其助人行为的正确性。

（三）网络时代的隐性负面影响

网络的迅速发展从来都是一把双刃剑，大学生对于网络的依赖度与信任度极高，例如学生群体中流行使用"校园集市""互助群"等，学生遇到任何困难与疑惑都喜欢在类似平台求助，征集其他大学生的意见，也不可避免地会受到一些负面评论的影响。诸如是否可以不请假夜不归宿的帖子下，一些大学生的负面回复带有一定的煽动性，也为企图违纪的学生提供了心理支持，让学生认为自己拥有较多的"支持者"。这种网络时代不可避免的负面影响也在无形中助长着部分学生的违纪行为。

【解决办法】

一、以情化人

浇花浇根，育人育心。大学生正处于人生的拔节育穗期，对其进行正向的引导尤为重要。然而单一的说教并不能够深入人心，对于大学生的思想政治教育要从实现和学生的情感共鸣开始，即以情化人。

（一）明晰安全风险，厘清"自由"与"规则"的关系

通过个案，能够窥见共性的问题。诸如"小王"们，对于社会的认知单纯，尚不具有较高的安全警惕性，规则对他们的束缚感超过了他们对规则的认同感。新时代的大学生对"自由"的追求度较高，容易掉进个人主义陷阱，要帮助学生厘清"自由"的边界，消解刻板印象与错误标签，引导学生明白"没有无规则的自由"。在当晚带回小王的过程中，面对清冷的街道，辅导员通过一些相关案例，给小王讲了女大学生独自深夜外出的

安全风险，对其进行了警示和引导，之后更进一步使小王理解学校制订相关规则的目的，使其明白没有住宿规定就有可能发生安全事件，从学生角度出发，让她感受到学校与自身能够真正共情，这对于小王认识到自身行为的错误与危险起了关键作用。

（二）关注学生个性特点，注重教育方式方法

离开具体的分析，就不能认识任何矛盾的特性。要注重学生的个性特点，针对不同的学生采取不同的方法。针对类似于小王一类性格内向、内心脆弱的学生更要侧重先情后法，先用情感化解其畏惧感，再强调规则的严肃性；而针对屡教不改、频繁违规的学生则要侧重先法后情。同时，要注意引导的方式方法。大学生对于单一的说教具有抵触心理，要利用案例的引入、语言的艺术、角色的换位等，用学生愿意接受、乐于接受的方法对其进行教育。

（三）给予学生情感共鸣，增加有效社会支持

情感上的共鸣是社会支持的要件，也是人做出行为选择的重要影响因素。通过本案例我们可以发现，小王产生违规行为的重要原因之一是小王社会支持的失衡。平衡其社会支持是杜绝日后发生类似事件的重要手段。在大学阶段，诸如小王一般原生家庭情感支持不足、远离家乡、好友稀缺的学生尤为普遍，因此在家校联动、帮助学生结交好友的同时，辅导员也需要成为学生社会支持的来源，通过与学生建立师生信任关系，成为学生的知心人，引导学生明确犯错误并不可怕，辅导员能够帮助其成长，从而与其建立有效信任关系，让学生遇到困难真正敢说、愿说。

（四）发挥正向朋辈作用，助推学生身心发展

通过帮助学生厘清友谊与义气的边界，鼓励学生发挥正向的朋辈力量，在年级范围内建立学业互助小组、学长学姐帮扶力量等，让学生能交朋友、交正确的朋友。通过促进正向的朋辈关系，弱化学生在面对压力与挫折时内心的无助感，帮助其身心尽快地成长，从而降低他们思考问题的

不成熟性与冲动性。这种朋辈的作用虽然难以立竿见影，却能够潜移默化地影响学生的发展，从而无声无息地提升学生管理的可控性。

二、以规树人

大学是对学生进行系统全面教育的场所，是实现育才树人的重要基地，最终目的是向社会源源不断地输送人才。大学期间规则意识的缺位，会导致学生步入社会之后缺乏守法守规的意识。"无规矩不成方圆"，引导大学生树立遵规守纪意识与正确的价值观至关重要。

（一）注入党建引领力量，构建宿舍管理体系

通过完善宿舍管理体系，能够从制度上防患于未然，降低学生违纪行为的可实施性。根据此案例的经验，本年级建立了"A、B、C角色查宿制度"，即本班的生活委员、宿舍长、入党积极分子三角查宿制度，在原有的制度基础上，将59个宿舍包干分配给了20名入党积极分子，增添了入党积极分子的先锋力量；同时，通过本次案例学生存在委托他人伪装成自己蒙骗查宿的经验启示，要求所有的查宿人员做到"两个见面"原则，即"见到人，同时见到脸"，多措并举地完善宿舍管理体系。

（二）完善信息员网络，提升管理可控度

信息员是辅导员打通和学生之间"最后一公里"的重要途径，本案例中，通过信息员提供的有效信息，辅导员才能够第一时间掌握小王的动态。得人心优于诱人心，可靠的信息员需要辅导员用心用情建立信任关系。织密信息员网络，才能够真正深入学生，把控学生的思想与行为动态，降低危机事件出现的可能性，提升管理的可控度。与此同时，也要辩证看待信息员的二重身份。信息员亦是大学生，也会在成长的过程中面临诸多诱惑与抉择，辅导员需要经常性地强化与统一思想，帮助信息员快速成长。

（三）"厚爱"亦要"严管"，守好制度底线

规则因为具有处罚性质而具有震慑力。大学生处于人生的成长期，在

此期间犯错误是再正常不过的现象，但是让学生明确犯错误的严重性与后果，不在同一问题上反复犯错，是辅导员育人过程中的重要责任。因此，在面对学生的违纪行为时，需要情感支持，但也需要坚守制度底线，"厚爱"与"严管"缺一不可，要让学生明确规则的严肃性，宽严相济地帮助学生走正路、走坦途。

小王当晚被辅导员及时带回，并没有进一步产生实质性的夜不归宿行为，在和小王深入交谈之后，小王对辅导员敞开了心扉，认识到了自身行为的错误与危险。此后，小王再未出现类似情况，并且也从原先的内向寡言，变得更喜欢与辅导员交流。

在此基础上，辅导员通过事件的合理宣讲，面向所有学生进行了警示教育，本年级学生再未出现此类情况，学生群体遵规守纪的意识有所提高。

【经验启示】

一、注重培养学生辩证思维与是非观念

反思本案例，当前还应该着力于学生的思想教育与价值引领，培养大学生在面对问题时的辩证思考能力，譬如面对"自由与规则"的关系时，引导大学生抛却"非黑即白"的思维方式，从辩证的角度看待问题，使其在面对违纪行为时，能够坚持正确的是非观念。

二、运用好学生喜闻乐见的网络平台

网络不断发展，双刃剑效应不可避免，但是作为辅导员，需要通过工作方法的与时俱进，运用好学生喜闻乐见的网络平台，最大限度地主动规避或降低网络对大学生价值观与行为的负面影响。例如在"校园集市"科普反诈知识，在"互助群"提醒学生谨慎交友等，通过了解与融入学生，更加有效地帮助学生。

事物的本质总是藏在表象的背后，作为新时代的高校辅导员，要提升

透过现象看本质的能力，通过总结典型案例经验，不断发掘育人方法，由单一事件的特殊性，窥见学生群体发展的普遍性，从一个小王，看见千万个"小王"。同时在不断辩证思考与总结工作方法的过程中，克服自身的本领恐慌，也期望能够通过此案例的经验，为新时代高校思想政治教育建设贡献绵薄之力！

【专家点评】

案例反映了辅导员在工作过程中高度的责任心，体现了把学生真正放在首位的敬业精神，其中的"以情化人""以规束人""先情后法"等理念值得肯定。结合日常工作，我认为还有以下可以进一步思考的问题：

一是学生的情感对于规则意识的影响。案例中的小王，远离家乡并且好友稀缺，造成违规的原因一方面是网络思潮当中自由意识的冲击，另一方面也可能是她自身的情感寄托对于规则意识的影响。在后期的工作中，需要辅导员更多地关注影响学生成长的情感因素。

二是学生群体教育引导方式的多样化问题。教育的最终目的是使学生能够理解教育内容并外化于日常的行为，可以以茶话会、座谈会等丰富多彩且学生乐于接受的形式进行日常思想政治教育，通过拓展教育引导方式，进一步推动学生主动思考规则的重要性。

【专家点评】

冯培，首都经济贸易大学马克思主义学院教授，首都经济贸易大学原党委书记，教育部高校思想政治理论课教学指导委员会委员，教育部大学生思想政治教育研究中心专家委员会委员。

第三篇

学业就业
辅导

努力学习难道有错？
——"卷王"的烦恼

梁星宇　郭康凌

【案例描述】

小月，女，某校理工科大一学生，非独生子女，家境优渥，家庭关系和睦。小月从小成绩优异，自主学习的能力强，父母对她期望很高。

入学后，小月便将获得保研资格设定为本科期间的学习目标。中学阶段良好的学习习惯和对自己的高要求，让她很快成了宿舍同学口中的"卷王"。大家躺在床上看电视剧、打游戏、聊八卦的时间，小月几乎都用在了学习上，图书馆、自习室常常有她独来独往的身影。渐渐地，小月有了两方面的困扰，并找到辅导员倾诉，寻求好的建议。

一方面，小月觉得学习专业课程对她来说是轻松愉快的事情，她很乐于在这方面钻研，但是室友常说自己在"卷"，制造焦虑，小月无法接受周围人对自己认真学习、高度自律的嘲讽，常常因此生闷气，影响学习和生活节奏，但也不愿放弃已经形成的学习习惯，不愿放弃打造自己的"学霸"形象。另一方面，她发现自己对成绩过分在意，学习有功利性，不是纯粹地追求知识，总是想着怎样才能把分数和绩点提高，因此常常焦虑、急躁，心态失衡。小月发现，她总是想关注他人在学什么，进度如何，不希望别人比自己好。她明白这样既不利于共同进步，更不利于沉下心来提高自己。以上两个方面的问题让小月陷入了迷茫，努力学习难道也有错吗？于是小月找到辅导员寻求帮助。

【案例分析】

本案例属于学风建设类问题。从小月的困扰中，可以分析出学生存在三个方面的问题。

一、学习功利问题

学生自我认知能力不足，还没搞清楚"我是谁""我想成为怎样的人"等问题，在受到社会及家庭传统观念中对"好学生"的定义影响后，盲目地将保研作为大学的终极目标。一切努力学习的行为均指向获得高分数，而非获得知识并用以实现个人理想。

二、学习内卷现象

有学者将高校学子的内卷行为分成了三种类型[①]：第一种是享受型内卷，指的是学生自觉、积极、主动参与竞争并乐在其中，以小部分全面发展的"斜杠青年"为代表；第二种是功利型内卷，指的是学生自觉、主动参与竞争，但目的是实现个人利益最大化，比如老师要求作业2000字即可，有的同学自行加码写到5000字；第三种是裹挟型内卷，指的是学生相对被动、盲从地参与到竞争中，代表的话术是"可是大家都在卷啊"。不难看出，小月属于前两种类型的复合型，她的室友等其他同学中存在第三种类型的内卷。

此外，在实际的工作中，辅导员还观察到几种学生的学习状态，一种是"佛系""躺平"型，他们高呼"60分万岁"，主动降低自我要求；一种是

① 覃鑫渊，代玉启. "内卷""佛系"到"躺平"——从社会心态变迁看青年奋斗精神培育［J］. 中国青年研究，2022（2）：4-13.

"内卷"型，具体如上文所述；还有一种是有"努力羞耻症"的学生，指的是一部分学生不愿让他人知道自己在学习或在其他活动中投入了大量时间和精力，他们真正排斥的不是努力，而是努力之后还是失败的无能为力，造成了躺也躺不平，卷也卷不赢的状态。

三、人际交往问题

在校园里，我们不难发现"耳机党"现象十分普遍：学生在上课的路上戴着耳机，在食堂吃饭的时候戴着耳机，甚至在宿舍也通过戴耳机的方式隔绝出自己的小世界。有时戴耳机是一种需求、一种习惯，而有时只是为了避免社交。正如当下的学生热衷于给自己贴上各种性格标签，"i人""e人"[①] "社恐""社牛""网络外向现实内向"等，他们在网络社交平台较为活跃，想说敢说、个性飞扬，但在现实生活中与人沟通交流的能力却很弱。

具体到案例中的小月，她是拒绝"躺平"，对自己高要求的代表，是同宿舍同学口中毋庸置疑的"卷王"。目前，在学生群体中存在一定数量的"小月"，一边焦虑一边内卷，一边内卷一边愈加焦虑。学生出现以上困惑主要有以下三个原因：

第一，注重结果导向，轻视主观动机。有学者研究表明，依据学习动机的内容来源和指向不同，可把学习动机分为内部学习动机和外部学习动机。[②] 外部动机是指学习需要来源于学习者之外的诱因，并更多地指向学习结果或由此可获取的利益；内部动机是指学习需要来源于学习者，指向学习活动本身。相较而言，内部动机的作用更强更持久。案例中的小月早早确定了本科毕业目标，即通过优异的成绩保研，而一张分数优异的成绩

---

① "i人"和"e人"中的"i"和"e"指的是MBTI性格测试中的I型和E型。"i人"指的是性格比较内向、内倾型，"e人"指的是外向、外倾型。

② 毛晋平. 学习与建构——论大学生的学会学习 [M]. 长沙：湖南教育出版社，2002：110.

单无疑是"敲门砖"。小月以及和她相似的同学们把分数以及分数所带给他们的保研机会、奖学金获得机会、实习机会、高质量就业机会等等作为学习的最终目的，对于知识本身的获取以及从理论到实践的转化应用等缺乏思考与计划。因此，与其说小月过分在意和焦虑考试以及考试成绩，不如说是担心隐形的竞争者们在成绩上超越自己，夺走自己未来的机会和名额。

第二，教育内卷现象，竞争缺乏理性。当前，整个社会的竞争关系愈演愈烈，投射在教育领域则是绝大多数家庭在子女教育方面投入的时间、精力和财力都在不断增长，以期获得更优质的教育资源和更优秀的成绩。教育体系内部也在不断增加教学投入，以获得更优异的教学成绩，在"升学率""名校上线率"等可量化的数据指标中有更好的结果反馈。多数地区尤其是重点省区市的学生，一直以来都处在争夺更优质的教育资源的竞争环境中，对于教育内卷已经习以为常，甚至主动加入教育内卷的序列，追求可量化的诸如"分数""绩点""排名"的数据，并为此竭尽手段，主动或被动地展开一系列非理性竞争。这种非理性行为延续到大学，导致了大学生群体在学习上越来越卷的现状。学生虽对目前学业量化的评价机制有怨言，但也只能遵守规则，争取现有机制下的最好成绩，以获得奖学金或保研资格等"回报"。

第三，就业压力增加，毕业焦虑前置。根据教育部发布的有关统计数据，近年来，高校毕业生人数逐年递增，高校毕业生就业问题已成了全社会的话题。在这样的总体背景下，高校学生对于就业的认识和对于高质量就业的迫切需求，促使相当一部分学生从大一入校起便是毕业结果导向的学习状态，在低年级已有毕业焦虑。不少学生从一年级、二年级就开始备考硕士研究生，或者直接以学校和学院的奖学金办法、保研办法、世界500强企业的实习生要求为学习的标准，对照相关办法要求，逐一完成指标。在其中，不可避免地出现了不同程度的内卷、非理性竞争等，在一定程度上加剧了大学生的学业压力和随之而来的各种焦虑。

【解决办法】

案例中的小月一面在意他人对自己"内卷"行为的评价，一面致力于打造自己的高智力学霸人设，是不能平静接受现实、科学认识自我、全面规划发展的表现，也无法实现完整的自我建构；小月总是想着把分数提高，过分在意所获得的分数和绩点，是明显的学习动机功利化的表现。对于案例中的学生，辅导员从以下三个方面进行了引导。

一、认知纠偏，引导学生正向理性竞争

第一，帮助学生制订科学合理的生涯规划，引导学生全面发展，形成持续学习动力。帮助学生合理规划自己的学习，将专业学习、实习实践、志愿服务、文体活动等都纳入个人的发展计划中，形成全面发展的大学规划。结合学生的特点，与之共同制订个性化的短期、中期、长期目标，向学生讲明白综合提升的重要性，大学学习需要打破"唯分数论"。

第二，加强学习目标的针对性教育，帮助学生维持适当的动机水平。在心理学中，动机水平的高低直接影响学习任务的完成，动机与学习效率的关系表现为倒 U 形的曲线，即存在耶基斯—多德森定律，该定律认为中等强度的动机最有利于任务的完成。小月过分在意同学们对于自己的看法，导致学习的弦持续紧绷，心理产生焦虑情绪；过分地追求保研目标，动机强度过大，不利于学生发展。因此，辅导员帮助学生将最终的毕业目标切分成若干近景目标，帮助她维持适合自身的动机水平。

第三，鼓励学生参与能力匹配的学科竞赛，增强成就感。学科竞赛能给学生带来个人能力的锻炼和心理抗压能力的提升。结合学生对于编程的兴趣和擅长点，鼓励学生积极参与编程类学科竞赛，推荐她进入学院相关竞赛训练队进行竞赛训练，争取在相关竞赛中取得一定的成绩。这对于学生认可自身能力、增强成就感、调整学习心态有很大的帮助，也能将周围同学对于其"卷王"行为的调侃，转化为对其实力的钦佩，从而在全年级同学中形成一定的模范带头作用。

二、整合资源，帮助学生全面成长成才

在认知纠偏的基础上，以学生的实际需求为导向，以促进学生全面发展，充分发挥其学业优势为目的，整合学校资源，进行问题拆分、专业指导，提供情感支撑，护航学生成长成才。这主要要发挥学业导师、班主任、心理咨询师、就业指导老师、朋辈资源、辅导员、家长等七个维度的指导作用。

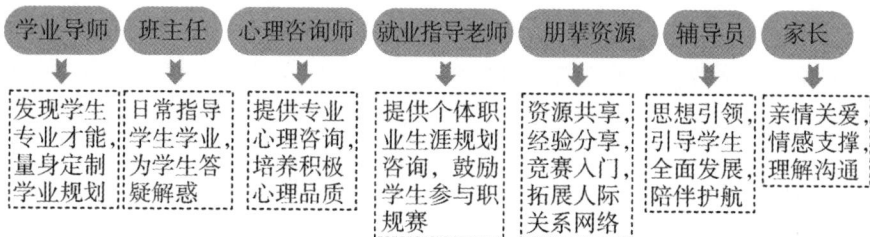

学业导师	班主任	心理咨询师	就业指导老师	朋辈资源	辅导员	家长
发现学生专业才能，量身定制学业规划	日常指导学生学业，为学生答疑解惑	提供专业心理咨询，培养积极心理品质	提供个体职业生涯规划咨询，鼓励学生参与职规赛	资源共享经验分享竞赛入门拓展人际关系网络	思想引领引导学生全面发展陪伴护航	亲情关爱情感支撑理解沟通

图4　高位引领，陪伴护航，引导学生全面发展

如图4所示，学生的学业导师从学科专业领域指导学生的科学研究，能够进一步发现学生的专业才能，为其量身定制学业或科研计划；学生所在班级的班主任能够全流程指导学生日常的课程学习，及时为学生答疑解惑；学校心理咨询中心的咨询师能够为学生提供专业的心理咨询和支持，帮助学生端正心态、疏导压力，以健康的心理状况和积极的心理品质应对校园生活、规划个人成长；学校的就业指导中心及就业课程的任课老师，能够根据学生的个体需求，为学生提供个体职业生涯规划咨询，鼓励学生积极参与大学生职业规划大赛；同专业的高年级优秀学生可作为学生的朋辈导师，与她分享经验、共享资源、辅导竞赛，学生也可在此过程中锻炼人际交往能力，拓展自己的人脉资源；学生辅导员应把握好学生的思想方向，高位引领、陪伴护航，引导学生成为新时代好青年；学生的家长可为她提供情感支撑和健康成长的精神港湾。

三、由点及面，多措并举建设优良学风

小月的困扰，也反映出目前大学新生群体中普遍存在的学习适应性问

题。针对更广泛的学生群体，辅导员应从以下几个方面入手开展工作：

第一，直面"内卷"话题，充分讨论交流，引导理性竞争。辅导员可以通过开展主题班会、主题团日活动、主题辩论赛、主题征文等活动，在全年级范围内充分讨论"内卷"话题，引导学生从思想层面把握"内卷"问题，正确看待"内卷"现象，保持合理范围内的"卷"，科学应对"内卷"带来的机遇与挑战。

第二，围绕习惯养成，落实多项举措，建设优良学风。一是要组织好新生的早操、晨读和晚自习，帮助学生养成良好的学习习惯；二是要利用好期中、期末考试，公共课实践研究等学业节点，在相应周次的晚点名中增加学业提醒或考风考纪诚信教育环节，营造良好的学习氛围；三是要积极开展朋辈学习经验交流活动，发挥身边学生榜样的引领作用；四是开展好各班的心理班会、心理团辅活动，增进学生对自己和对身边伙伴的了解，提高学生人际交往能力，在全年级范围内形成"比、学、赶、帮、超"的优良学风。

第三，营造良好氛围，用好场域平台，培育时代新人。通过班级文化建设、宿舍文化建设、"一站式"学生社区建设等，针对全体同学开展学风教育，培养学生自学的能力，鼓励学生保持适当的"卷"。针对不同年级的学生特点组织学习经验交流会、竞赛宣讲会、学风建设主题班会，引导学生制订个体学习计划、生涯规划等，帮助学生形成正确的自我认知，找到适合自己的学习方法，摒弃"佛系""躺平""摆烂"等思想的影响，适当为自己的学习"加码"，产生持续学习动力，将个人理想与国家理想相结合，追求远大目标，这才是新时代大学生的使命担当。

【经验启示】

在对学校五个学院部分本科生辅导员的调研访谈中，辅导员们均反馈所带学生中存在不同程度的"卷"的现象，部分年级学生"内卷"与"躺平"两极分化现象也较为明显。低年级学生的学习习惯和目标动力很容易受到周围环境的影响，若未能快速形成正确的价值认知，坚定目标，付诸行动，很容易降低对自己的要求，得过且过，或持续内耗，低效率重复劳动，事倍功半，导致学业预警、心理障碍等一系列学生常见问题。该案例给辅导员工作带来三个方面的启示：

第一，思政引领，聚焦热点，精准实施思想纠偏。辅导员要用好各类思政教育场域，直面"内卷"等社会热点，敢于发声，正向引导，及时纠偏，以"滴灌"的方式让思想政治教育内容在学生中入脑入心，发挥作用，帮助大学生形成正确的价值观，指导学生科学开展学习生活。

第二，信任为基，问题导向，多维解决学生困惑。师生信任是开展一切工作的基础，辅导员应在日常的工作中注意方式方法，坚持底线原则，形成一定的个人风格，在与学生互相信任的基础上才能发现学生的真问题，真为学生解决问题。同时，辅导员应落实"三全育人"的要求，注重协调资源，形成合力，既解决学生的思想问题，又解决学生的实际问题。

第三，学风涵养，目标锚定，着力培养时代新人。通过优良学风建设，帮助学生在大学阶段掌握科学文化知识，练就过硬本领，还要适时引入挫折教育，未雨绸缪，培养学生积极的心理品质。教育引导学生在有限的大学时间里，不仅"扣好人生第一粒扣子"，成为"六边形战士"，还要"立大志、明大德、成大才、担大任"，成为"有理想、敢担当、能吃苦、肯奋斗"的时代新人。

【专家点评】

这个案例分析得很透彻很到位，其中很重要的一点是辅导员取得了学生的信任，在她遇到困惑或者问题的时候能够求助于辅导员，这是值得肯定的。从中学生到大学生的"卷"，实际上带来了整个社会的焦虑，发条一紧再紧，很有可能导致"卷王"心理和身体上的崩溃，这就需要我们对当下的教育评价体系进行深层次的反省或者反思。面对"卷"的问题和现象，我们不仅可以从辅导员工作本身进行思考，还要通过辅导员深入的工作和研究，向社会、向未来发出呼喊，重新考量"卷"的学习现象或者社会现象。从学校来说，要从唯分数论向科学精神和人文精神并重转向；从教育者来说，要从工具理性向价值理性转向；从社会来说，对受教育者的评价应当从单面人向全面发展的人转向；从学习者个人以及"卷王"来说，应当把他从"内卷"中获得的丰厚的知识向文化转向，向智慧转向，向能力转向，从而向格局转向。

【专家简介】

田鹏颖，东北大学二级教授，马克思主义理论学科博士生导师。教育部"长江学者"特聘教授，国家"万人计划"哲学社会科学领军人才，国务院特殊津贴专家。

小海的学业困扰
——一例公费师范生学业不良现象的分析及对策研究

郭康凌　刘中央

【案例描述】

小海，男，公费师范本科大三学生，家中独子，家庭经济条件一般。幼时父母外出打工，小海随爷爷奶奶生活，小学四年级才与父母共同生活。

小海经过大学一年级的学习，学业成绩不佳，挂科门数较多，随后表现出学习兴趣不浓、学习动力不足的现象。小海课程基础相对薄弱，平日较为懒散，自制力差，晚上在宿舍玩网络游戏，逃避现实。经过辅导员多次关心和劝导，他虽然答应努力学习，上课状态也有一定程度的改善，但仍然偶有迟到、旷课现象。

小海的宿舍卫生环境较差，宿舍成员间关系也不佳。在一次谈话中，他认为自己的三个舍友问题都很多，说"这个宿舍是一帮有问题的学生凑在一起"。在辅导员关心他的学习状态、生活作息等情况时，他表示自己反感那些凑人数、抓抽签的活动，觉得生活和学习中一些这样的事情将自己的时间碎片化，自己没办法很专注地深入学习。

在查课中发现，小海坐在后排，不断打瞌睡，精神不济。与他沟通时，辅导员感受到，他一方面非常困倦提不起精神，一方面认为课程这么难，听了也听不懂。

【案例分析】

学业不良是指学习成绩未达到应与其智力、潜力相一致的水平，主要表现为学生在学业条件下的学业困难。近年来，高校大学生因为各种原因，对学习丧失动力与兴趣或因学业压力大所导致的学业不良问题愈加显著，尤其是公费师范生学习动力不足的现象日趋明显。学生出现严重学业问题，会导致其无法获得毕业资格或学位资格，甚至会危及他们的身体健康和生命安全，给学生个人的成长成才、学生家庭的付出、高校人才培养质量与社会的安全稳定都带来了不良影响和极大危害。

学业不良问题是一个较为复杂的系统综合作用的结果，可以从生理、心理、环境或者内部、外部作用进行归因探索。案例中的小海是大学生学业不良问题的典型代表，他学习动力不足、学业成绩不佳。小海学业不良状态的形成可以从以下几方面加以分析。

一、牵引力不足：学生缺乏学习动机或学习动力不足

学生的学习内在动机来自个人内部的驱动力，特别是自我系统和认知系统。当前公费师范生学习动力不足主要表现为学习目标不明确、学习兴趣低、学习方法不得当、学习态度不好、成就感低，以及学业倦怠。

根据学者研究，公费师范生从教意愿与从教动机对于学生职业发展和学业动力有重要影响。公费师范生从教动机有理想驱动型与被迫履约型。部分学生在家庭成员的支配下或在社会环境的影响下选择了公费师范生专业，然而个人兴趣意愿不明朗，导致职业理想不足。部分学生认为公费师范生捧着"铁饭碗"，只要学业情况能够达到基本的毕业条件，就能够获得有保障的、体面的教师工作，因此造成学习态度不积极、学业行动不坚定的"躺平"现象。

二、运行力不足：学生学业自我效能感的缺失

学业自我效能感是学生对自己能否利用所拥有的能力与技能完成学习任务的自信程度的评价，也是个体对控制自己学习行为和学习成绩能力的主观判断。对学业自我效能感的分析能够判断学生是否幸福和健康成长。面对学习过程中遇到的困难挑战，部分学生能够积极面对、迎难而上，分析问题、克服困难，从而体验更高的学业认同感与成就感；部分学业自我调节能力差的学生，在持续压力下表现为逃避或抗拒的消极反应，解决问题能动性差，最终导致被动学习甚至放弃学习。有研究者认为，是学生的学业无能信念，而不是他们真实的学业表现导致了他们的抑郁情绪。

学业成绩和学习能力是衡量个体能力高低的重要指标，学业作为大学生最主要压力源之一，会导致学生学习倦怠、情绪激动或消极，精神懈怠与疲惫。学生会产生学业情感倦怠，内心厌恶学习，如"想到上课就感觉精神不振、全身无力"，或者自我成就感降低，如"即使我努力也不能做得更好"，或者感到心理疲劳，"时常觉得厌烦、心累"。

小海面对本专业课程数量增加、难度提升的现状，对待学习呈现消极、敷衍的态度。他在谈话中谈到他对一些活动和课程不认可，称"很多事情没有必要""是浪费时间"，反映了他的思想认识还有待提高，解决问题能力还有欠缺。他对自我学习能力的判断消极，认为自己"听不懂""无法解决"，表现出他对于自身解决问题能力的不认可，是面对学习任务丧失信心的体现，同时也暴露出他面对压力无法有效管理自己的学习情绪和妥当分配学习精力的问题。

三、保障力不足：原生家庭氛围与关系模式的影响

家庭支持、父母责任与成长环境对于学生的学习动力、职业认同、自我效能感、学习动机均影响显著。父母和亲朋好友在学生的个人生活、职业规划、学习效果方面有正面认可与规划，呈现出良好的家庭氛围，对孩子有很好的情绪疏导以及关心关爱，对于学生的心理、人际、学业和发展

将会产生重要影响。

小海属于公费师范生中问题比较典型和突出的学生，他呈现出比较复杂的情况。一是除学业表现不良之外，还伴随有社会排斥、心理攻击性强、社会支持不够等问题。学生本身是独生子，幼时又与父母长期分离，良好行为习惯的缺位、心理支持的缺失都导致他无法妥当处理面临的困难和问题。二是父母关系不和谐、家庭关系淡漠，导致他在人际关系、集体协作方面不具备优势。原生家庭的氛围、父母的教养方式等会对学生个人的人格成长、人际关系、情绪管理、亲密关系的建立与发展等产生深刻影响。

【解决办法】

出现学业不良问题的学生在个人面临学业困境、难题和障碍时，辅导员如果能够帮助其调动内生动力，有效利用他人支持和其他资源，充分发挥个人心理特质，将能帮助他改善学业能力。

一、正确归因教育：提高学生自身认知，增强牵引力

正确归因教育是帮助学生提高自身认知的方法之一。正确归因有利于使学生产生积极认知，提高自信心，减少愧疚、自责、焦虑等负面情绪。一是帮助学生进一步明确自身规划与发展路径，更加坚定职业理想，使得职业理想能够支撑自己将现实学业转化为长远技能。辅导员、学院副书记与小海数次交流，帮助他分析就业形势、学业现状，感受到他的目标逐渐清晰。在综合对比本专业学生毕业去向后，他表示"我挺喜欢自己的专业，也期待未来在中学做教师"。我们看到学生对所学专业、对自己公费师范生身份以及未来在家乡中小学教书育人建立了认同，这是难能可贵的。二是摸清学生学业问题的原因，引导学生对自我学业问题进行准确归因。我们要帮助学生认识到，不能将学业无力感完全归结于内在的、永久的、不可逆转的原因，不能全盘否定自己的努力，要客观判断自己出现的

学业问题，为他提供分析问题的思维路径。三是让小海充分地认识到，正是个人的学习目标影响着努力的程度，应从人生理想角度考虑教师这一职业，增强学习与锤炼教师技能、获取知识的内生动力，当这股牵引力足够强大，才能将自己从漫无目的的状态中拔出来，才能实现公费师范生的社会价值和个体价值。

二、愉悦体验教育：提升学生学业自我效能感，强化运行力

加强学生的愉悦体验教育是提升学生学业自我效能感的有效途径。自我效能感是班杜拉提出的重要理论。通过满足自我系统对积极情绪的需求，诱发和挖掘学生在学业甚至生活、实践事件中的愉悦情绪，能够提升学生的积极认知，有效调动学习兴趣，提高合作学习能力，等，对学生解决问题有显著的正面影响。

小海虽不是第一志愿报考所学专业，但对于本专业并不排斥，同时对未来从事中小学教育工作抱有期待。结合该生实际，从愉悦体验教育角度出发，我们尝试挖掘学生心理与行为中的有效着力点以开展工作。一是副书记、辅导员与学生核心课程任课教师及班主任沟通学生情况，请他们共同关注学生学习状态，用积极的授课情绪状态，调动学业不良学生的状态，提高学生的投入度，有效改善学生不良的学习情绪。二是积极向小海传递优秀公费师范生在本职岗位上取得荣誉与成绩的事迹，帮助他明确未来职业目标，了解短板与不足，提升学业信心与未来从教的归属感、责任感。三是针对学生所处不同学段的情况，开展学院师范生技能活动月，有针对性地开展简历制作指导、教师技能训练等。同时通过班主任与课程群教师，积极引导、鼓励学生开展教学技能实践训练，对教学设计、讲课、课件制作等加强指导，使得他们能够尽早入课堂、了解教育教学技能在课堂中的实际运用。在学院组织的就业能力提升培训会上，学院优秀院友返校分享了新疆地区相关学科竞赛工作实践，小海听取报告之后对未来的科创之路主题很感兴趣，主动收集和获取竞赛方面的知识。

三、深化挫折教育：改善学业行为特征，增强约束力

挫折教育是引导学生客观面对学业问题、强化学业执行力的重要方式。在学生出现学业问题时，我们必须调动好班主任、任课教师和学工干部的力量综合施策，以学生经历的学业挫折为契机，对学生开展引导与教育。一是帮助学业不良学生分析学业问题，引导其端正态度，以严肃的、慎重的态度对待学业与考试。尤其要重视帮助学生分析、审视学业上出现挫折的原因，哪些是思想层面的，哪些是行动层面的，把挫折转化为有效失败，将学生自身求学的积极性唤醒。在日常工作中，要帮助和启发学生明白学好专业知识既能实现现实学业问题的短期目标，又能达成未来求职理想的长远目标，从引导学生"自律"方面下手。二是从"他律"与外部环境入手，运用有效手段，及时掌握信息，及时发现学生逃课、缺勤、不提交作业、不按计划开展教学活动的行为，增强硬约束力，加强纪律教育，从而及时干预。经过努力，小海迟到和上课不专注、总在最后一排就座的情况大有改善，一、二年级欠的课程，也在努力复习，一门门迎头赶上。

四、调动社会支持：消除学业情感倦怠，强化保障力

良好的社会支持是提升学生学业信心的重要助力。教师、家长、朋友或其他重要的人提供的社会支持在学生学业与生活中发挥着关键性作用。学生得到的社会支持越高，应对困难的能力与信心就越充分，对自我的满足感就越高，才能体验更高的学业幸福感。

小海同时存在学业困难、原生家庭问题等，无论在思想方面、学习方面，还是人际交往方面都具有一定的特殊性，必须对他进行更多的关注、关心与帮助。一是从辅导员、班主任和副书记层面，从班级同学、宿舍舍友的朋辈帮扶方面，从个人成长平台的搭建方面，加强教师关注与朋辈帮扶，在学生成长中找到闪光点。二是加强家校联动，引导学生家长正确对待学生学业成绩，与学生及时交流，投入更多的耐心，给予学生情感上的支持，激发他们积极的学习状态，关心学生的学习、生活以及交友情况。

三是为学生搭建文体活动、集体活动平台，通过第二课堂活动，引导学生在其中增强自信心，增加人际交流交往交融，培养团队的协作精神；通过让其承担组织者任务获得一定的历练，体验作为未来教师的使命感、责任感，让学生感受到"我不是一无是处""我能行"。

小海参加了学院的迎新晚会，还参加了学院组织的小合唱，在这个过程中表现得更加自信，与同学交流增多，精神面貌良好。目前他还在学校担任助管，在老师的关心和指导下，能较为顺利地完成工作任务，不拖拉，展现出了较好的工作面貌和责任感。

【经验启示】

对案例中小海的关注仍在持续进行，学院将继续跟进小海教育实习、求职就业情况。通过该案例的处置，我们获得以下三点启示。

一是坚持有效助力。针对学业不良学生，在师生关注、朋辈帮扶、成长平台搭建方面，都应抓住学生成长发展的每个环节，提供有效助力，让他们深刻感受到师长、同学的关心与温暖，体会到党和国家对于公费师范生的关心关爱与政策扶持，把学生学业发展与引领思想成长结合起来。

二是坚持精准施策。注重发展的阶段性和方法的有效性，从帮助学生正确归因、加强学业愉悦体验、正视学业挫折、加强社会支持等途径入手，分析学生在不同阶段、不同层面的问题，鼓励学生直面困难、客观分析、积极应对，推进学生良好的学习习惯的养成，从而取得实质性的学习成效。

三是坚持全员育人。要充分动员导师、班主任和任课教师的力量，关注学生不同学习阶段的学业表现，只有及时发现问题，方能抓住学生所处关键期，帮助其正确看待学习挫折，改善学业不良行为，做好针对性帮扶，提高其学习能力，助力学生成长成才。

【专家点评】

本案例属于辅导员日常工作中比较典型和常见的，主要问题是学生的自制能力差，一些学生沉迷网络游戏，学业和生活受到极大影响，也造成了其他一系列的心理、学习和生活的问题。案例分析很准确，在解决问题方面提出了加强自律、加强他律的措施与方法，这是必要的。

解决学业不良学生自制力差的问题，一是要严肃学校的纪律，任课老师、辅导员、班干部要帮助他改变和调整观念和行为。二是从正面引导。日常教育要引导学生养成健康的生活习惯，使学生知道什么事情不能做，避免对个人产生更大的负面影响。要形成一种风气、一种氛围，帮助学生树立正确的学习、生活的阶段性目标，使学生感受到，经过自己逐步的努力，目标是能够实现的，这样才能将学业不良学生从泥坑里彻底拖出来。三是明白思想上的消极想法是从业务上的失败开始的，因此对学生进行帮扶的时候，一定要有业务帮扶内容，帮助他克服学习困难，让学生看到希望。

【专家简介】

刘书林，清华大学马克思主义学院教授，全国高校马克思主义理论学科研究会副会长，《思想理论教育导刊》常务副总编，中国社会科学院世界社会主义研究中心常务理事，"马工程"重点教材编写组首席专家。

助力学生实现高质量充分就业

——针对学生升学发展困境的工作案例

张宇飞　张倩

【案例描述】

小陈的父母从小就对他的期望较高，高压的成长环境造成了小陈多疑、敏感、偏执的性格。进入大学后，小陈刻苦认真，但是成绩平平，最初的个人规划是借学校的交流平台出国深造，由于某些原因，小陈临时将目标改为国内考研升学。家庭压力、同辈压力以及高强度的学习压力使得小陈并未取得理想的课业成绩，极大地打击了他的自信心。付出与回报不成正比，导致小陈陷入与他人比较的旋涡，产生了极强的挫败感。

升入大四后，小陈在择校时也陷入了迷茫，是否要选择报考家里期望的、学校综合实力更强的"双一流"平台院校？能否考上？他的焦虑情绪不断加重，甚至出现失眠、头晕、心悸的现象，这让辅导员和舍友们非常担心。

在小陈与辅导员沟通后，辅导员及时介入并帮助小陈了解现状、分析自我、解决困难。最终小陈及时调整身心状态，进入健康的备考节奏中，最终成功考取本校研究生。

【案例分析】

近年来，在考研与就业的选择中，有超过半数的大学生选择了前者。小陈面对的是就业选择和负面情绪应对的双重困境。考研焦虑是大四学生备考过程中常见的共性问题，但是也存在个体差异。焦虑情绪如果处理得不好，肯定会对学生的考研复习和应试产生负面影响。考研一旦失败，不仅可能影响学生的个人职业发展，也会对学生的心理造成严重打击，甚至会诱发学生出现自我伤害的行为。

作为小陈的辅导员，解决小陈的困境的预期目标有两个：引导小陈走出负面焦虑的心理状态；帮助小陈科学复习，顺利考上研究生。

心理学理论认为情绪是人对客观事物的主观体验和相应的行为反应。持续存在的重度焦虑，容易给个体带来心理不适症状，如担心、紧张，以及失眠、心悸等神经紊乱表现，严重时甚至会影响个体的日常生活。

应对焦虑的策略大致有积极策略和回避策略两种。回避策略在短期内实效性较佳，但其本质是延缓问题的发生，只适用于缓解较小压力。积极策略需要灵活地根据实际情况适时调整应对方法以实现心理状态的调节。

心理状态调节主要包括个体内部状态调节、个体对环境的调节和外部环境调节三方面。就小陈个人而言，造成他考研焦虑的原因主要有：

一、客观环境

家庭压力。高知家庭对孩子期望值较高，高期望导致其心理负担较大。

环境压力。当前考研竞争日益激烈，班级的整体氛围在备考期间都呈现出高度紧张的状态。

学业压力。因为个人目标变化而导致小陈备考较晚，同时还需兼顾课业、毕业论文压力。

二、主观方面

思想方面，首先个人追求与能力的不匹配造成小陈的心理落差，其次努力和收获不匹配造成他的不平衡感。

能力方面，一是心理调节能力欠佳，压力无法得到合理释放；二是解决困难的能力欠佳，学习上遇到的问题难以有效解决。

【解决办法】

出现考研焦虑虽然是共性问题，但是焦虑的轻重缓急也和个体所处环境、心理素质以及情绪性格都息息相关。同时，整体的环境也会和个人的心态相互影响。需要根据实际情况，坚持解决思想问题和解决实际问题相统一的原则，从小陈个人和环境改善两个方面入手分析，建立解决方案坐标，从四个维度入手缓解他的焦虑情况。

辅导员应坚持从个人提升和环境改善两方面入手缓解小陈的焦虑状态，同时帮助他制订切实可行的考研计划及学习方案，"三维一体　协同发力"助力他实现考研升学梦。

一、引导小陈走出负面焦虑的心理状态

（一）个体内部状态方面

面对小陈考研目标不明确的问题，辅导员应引导小陈正确认识自己，树立合理目标。

首先，树立与个人能力相匹配的合理目标，引导小陈明确考研目的和就业选择。辅导员主动联系小陈的父母，说明他面临的现实情况，邀请其父母一起帮助小陈客观分析不同报考目标的利弊，最终在家人的帮助和协调下，小陈表示研究生毕业后想成为某市的中小学教师，因此选择了自己喜欢且难度适宜的本校研究生作为最终的报考目标。

其次，降低他人对小陈的负面影响。小陈总是在同辈比较中下意识否定自己，对此，辅导员引导小陈将注意力从与他人的无意义比较中转移到

当下的复习场景中来，先扎实准备考研初试，巩固专业课知识。

（二）个体对环境的调节方面

针对小陈无法有效应对考研焦虑情绪的问题，辅导员引导小陈提升个人消极情绪应对能力，学会自我调适，帮助他树立自我调整和解决问题的思维。

首先，帮助他学会自我调适。辅导员引导小陈正确看待焦虑情绪，每个人都会出现焦虑情绪，可以采取心理暗示或行为暗示缓解焦虑。就心理暗示而言，帮助其认识到考研并不是人生旅程的唯一路径，树立对考研的正确认知。就行为暗示而言，辅导员建议他去学校心理中心进行咨询，学习"自我宣泄"。通过心理中心老师的专业辅导，小陈的焦虑情绪得到有效缓解。

其次，提高他解决实际困难的能力。辅导员引导他分析焦虑根源，建议其寻找考研"搭子"，共同进步。辅导员帮助他联系到其他学院的考研伙伴并且鼓励小陈成为考研学生联络员，在此过程中，小陈与学院其他考研学生建立了良好的关系，大家互相鼓励、互相加油，遇到问题时也能互帮互助，这进一步提高了小陈与人沟通、交往的能力。

（三）外部环境改善方面

面对小陈所在班级考研氛围紧张的问题，辅导员帮助大家改善班级群体的心态氛围，营造温暖的备考氛围。

人是各种社会关系的总和，环境和个人之间也是相互影响的。辅导员深入宿舍为所有考研学生发放"考研橙"，借心想事"橙"为同学们送上真挚祝福。辅导员定期走进考研复习室，关心同学们的备考情况。辅导员还录制了"考研加油"视频，鼓舞考研学子的斗志。辅导员积极与家长沟通交流，保证考研学生获得充足的情感支持。辅导员通过各种努力舒缓班级紧张的备考氛围，营造温暖的备考环境，鼓励学生以积极心态投入备考过程。

通过这三个维度的工作，小陈在半个月后的跟访中表示自己已经基本克服焦虑的状态，并表示他可以在未来的生活、学习和工作中坦然面对压力并做好自我调节。

二、帮助小陈科学复习，顺利考上研究生

首先，联系班主任帮助小陈梳理专业课知识点，快速搭建知识框架，同时邀请已经考上本校研究生的学长学姐、朋辈榜样们开展"个性化"辅导，对小陈备考的复习思路和规划进行专业性指导，帮助其梳理专业课疑难点。

其次，整合学院资源，协调录播室作为考研自习室，提供考研学生专属的复习环境，同时邀请校外辅导机构在考研自习室内定期举办有关考研的咨询讲座、主题活动、经验分享会等，拓宽考研信息渠道，并指导考研学生主动搜集相关信息，做好考研准备。

最后，组织已经保研升学的学生组成"考研帮帮团"，为考研学生做好一对一服务保障工作。

三、案例反馈

最终小陈成功考取本校研究生，其他考研同学也顺利升学。

辅导员积极整合校内外资源，建立健全就业育人支持体系，优化组织效能、抓住就业红利、创新工作方式、讲清就业形势、研判社会现状、加强人才培养，是努力实现毕业生高质量充分就业的重要保证和举措。辅导员还可以开展毕业生就业动员会、就业推进会、就业培训班，举办系列就业指导培训讲座，不断创新工作模式，优化就业资源，为毕业生搭建良好就业平台，为其稳步实现"最后一公里"的顺利就业保驾护航。

同时，辅导员还可以开展毕业生就业创业与职业发展状况跟踪调查，选取毕业生中的典型个案进行研究梳理，有针对性地对毕业生就业进展和工作现状进行分析和反馈。还可分批次邀请学生代表开座谈会，听取学生

对学院人才培养和就业工作的建议和意见。同时结合学院学生和专业特点，选取毕业校友进行深入、细致的访问调查，围绕调研主题进行问卷调查和个例访谈，精准掌握毕业生就业需求和就业市场反馈，做好对毕业生就业状况的跟踪调查，对大量数据进行科学量化和统计分析，准确把握当前高校大学生就业指导服务体系建设的阶段性特征和突出性问题，深入分析影响和制约就业服务工作的瓶颈性障碍和深层次矛盾。

【经验启示】

针对学生心理健康问题应采取持续性、综合性的解决方案，本案例中小陈面对考研焦虑，能第一时间找到辅导员倾诉，对辅导员的信任是最终让他重新找回自己的重要前提。

小陈能够成功考取研究生，这与辅导员前期科学研判小陈面临困境的原因，结合大学生身心发展规律，巧用科学方法论有直接关系。考研的成败，学生个人的内因具有决定性影响，只有帮助小陈先做好情绪调节，克服焦虑情绪，才能科学做好考研复习工作，在考场上顺利发挥甚至是超常发挥。另外，任何事件都不是孤立存在，万事万物是有联系的，考研学生的父母、班级、老师、备考环境的影响和帮助，也能够对小陈的考研复习有所助力。

考研升学不仅仅是毕业年级的事情，学院要做好顶层设计，坚持将前置教育与过程培养相结合，抓牢教育管理"突破点"，在入学教育中通过专业引导、职业规划，将升学、考研的种子种在学生内心，不断生根发芽。辅导员要牢固树立"以生为本"的思想，以科学理论作指导，以系统辅导为途径，以学生成长成才为目标，把就业指导工作前置并贯穿在大学教育的始终，根据每个年级的特点，有针对性地、分层次地进行指导，帮助毕业生认清就业形势，提早规划职业生涯。同时以升学深造为牵引，着力提升人才培养质量，凝练考研冲刺12周期表，在考研志愿填报前按期针对性地给予指导，邀请往届优秀院友分享考研升学的流程、条件以及笔试面试备考经验等，同时邀请校外辅导机构从专业的角度为同学们提供个性化备考建议，提升毕业生升学深造成功率。

进一步反思本案例，辅导员作为大学生的引路人和知心朋友，应当将思想引领贯穿就业工作全过程，打造以理论教学为主，网络教育平台为辅，以校园文化活动为推手的教育体系，全面推动大学生职业发展教育及就业创业指导。在开展就业工作时，也要拥有以下三种思维方式。

第一，追溯根源解决个人问题的思维方式。解决个人问题要追根溯源，分析出现问题的原因，并以此为依据确定解决问题的核心思路，进一步分析解决问题的方法，这样解决问题更有针对性。本案例中，辅导员从环境、学生个人方面进行分析，确定了解决思想和实际问题相结合、三维度相结合的方案。

第二，挖掘同源解决共性问题的思维方式。学生问题应对中，存在共性和个性问题，部分个性问题能侧面反映共性问题，需要挖掘同源，在解决个人问题的基础上，寻找应对共性问题的方法。

第三，联动资源解决复杂问题的思维方式。问题的解决往往是集体力量大于个人力量，需要以辅导员的力量为主干，联动学院、其他辅导员、学生骨干等力量共同解决问题，要学会借力打力，巧用思政工作方法。

思政工作者围绕教师教育这条主线，力求推出一系列契合学生特点、受到学生欢迎、富有学科特色的就业品牌项目，使就业项目内容更充实、能力提升更综合、人才培养更优质，形成引领青年有"方向"、助力青年有"方法"的就业育人模式，建成具有学科特色的就业育人文化，努力培养一批批传播知识、传播思想、传播真理的"经师"和塑造灵魂、塑造观念、塑造新人的"人师"，形成有特色、可操作、易推广、示范性的就业育人经验，努力创建具有特色的毕业生就业工作品牌，持续护航毕业生高质量充分就业。

【专家点评】

《助力学生实现高质量充分就业——针对学生升学发展困境的工作案例》，这个题目值得长期研究。考研升学对大学生成长影响很大，未来还可以从社会学的角度、心理学的角度和思想政治教育的角度进一步拓展。同时，做好考研学生的应考引导工作，有助于学生在学习过程中找到自己的优势，发挥潜能，尽早形成切合实际的考研规划，帮助学生"研"续学术梦想，切实提高考研学生的考试成功率。相信有辅导员老师们的"全程陪伴"，会有更多学生成功考研上岸，这是今后可以深入研究的一个领域。

【专家简介】

包心鉴，中国政治学会学术委员会副主任，山东省习近平新时代中国特色社会主义思想研究中心学术委员会委员、特邀研究员，山东大学特聘教授。

告别茫然，"职"通未来

——一则工科硕士"慢就业"案例

王皓　孙凡

【案例描述】

小刘，女，师范院校工科硕士毕业生。辅导员在求职季走访研究生科研工作室、了解就业动态的过程中，察觉该生情绪异常，便主动与她进行交流。小刘情绪激动，接连抛出三个问题：为什么每次面试我都会失败呢？为什么我学的专业找不到工作呢？为什么我离自己的梦想那么遥远呢？

在安抚好小刘的情绪后，辅导员从实验室同门处得知，小刘近期求职屡次碰壁，出现迷茫、纠结等消极情绪，在与家人电话交流过程中流露出对于专业就业前景的失望。

结合对小刘的日常了解，辅导员对造成其情绪异常的原因进行分析。小刘是独生子女，中学时期就读于市区排名靠前的学校，但是高考发挥失常，未能达到期望值。读研期间，无论是在实验室还是宿舍，小刘都很少主动与其他同学沟通，遇到问题后也总是习惯一个人处理和解决。但是一个人的能力毕竟有限，在求职过程中，小刘因为专业匹配度低、实践经验少、面试经验不足等原因屡次碰壁，反复失利的经历让小刘感到沮丧，就业主动性和行动力明显降低。另外，小刘对行业发展趋势和市场人才需求的了解不够，加之所学专业目前的就业形势比较严峻，行业内企业单位要么低标准、低待遇招聘本科或者专科毕业生，要么高标准、高待遇引进博士研究生或者留学归国的高级人才，硕士研究生处于较为尴尬的境地，因此小刘对未来的去向感到非常迷茫。

【案例分析】

案例中小刘求职屡次受挫，出现焦虑、迷茫等负面情绪，对于求职和就业产生排斥心理，属于辅导员工作职责中职业规划与就业创业指导的范畴。

小刘在求职季所表现出来的个体特征有以下几点：

第一，就业期望值过高，角色认同迷失。传统家庭将所有希望都寄托于孩子身上，无论是读书还是就业，家庭的期望值往往都很高，在求职季对毕业生会带来一些影响。过高的期望导致小刘在求职过程中无法进行准确的自我定位，在经济总体下行、就业岗位有限且竞争压力增大的社会现实背景下，小刘无法很好地认识自我、认识社会，自然也无法适应社会发展和市场需求，始终找不到符合自身实际的就业目标。

第二，就业心理素质差，无法有效调节。小刘对于就业的期望值与现实之间存在明显落差，且自身缺乏对于就业过程中可能会遇到困难的心理准备，加之毕业季的种种压力等，共同导致了小刘情绪低落，无法很好地应对"被否定"，甚至"连续被否定"的情况，对求职和就业产生厌恶情绪，并且在与家人的交流中流露出对于专业就业前景的失望，无法进行有效的自我调节。

第三，就业规划意识差，综合能力不足。小刘的生涯规划意识与能力相对不足，在追求个人职业发展的过程中缺乏对职业目标和方向的思考，职业决策自我效能低，难以找到符合自身个性特征、价值观和能力的理想职业，且自身综合素养和从业能力与就业期望不匹配，无法对接市场需求，一时间陷入迷茫。

在心理准备和生涯规划上"掉队"，在技能提升与求职行动中"落后"，面对就业结构的不断变化和就业岗位的快速更迭，小刘在求职过程中始终无法很好地认识自我、认识社会，自然也无法适应社会发展和市场需求，存在"高不成、低不就"的求职心态。

结合小刘的现实表现和特点，辅导员查阅了相关材料，发现小刘的经历并非个案。一方面，不少毕业生在求职季存在"慢、等、望"的现象，缺乏就业主动性和行动力，觉醒慢、探索慢，没有在新的就业形势下进行思考和规划，决策慢、行动慢，在采取就业行动时裹足不前，无法找到与自身职业理想相契合的就业方向；另一方面，受到人口发展新常态和经济发展新常态的双重影响，就业结构失衡的现象愈发明显，就业市场中高技能、高素质人才的需求逐渐增加，导致求职竞争更加激烈。[1]

毕业生核心素养的不足、就业市场结构的变化以及家庭因素等共同导致了"慢就业"现象的产生。智联招聘发布的《2023大学生就业力调研报告》显示，2023年应届生选择"慢就业"的比例由2022年的15.9%上升到18.9%。[2]"慢就业"现象既有经济社会层面的因素，也有高校人才培养质量的问题，还有大学生个体层面的原因。如何纾解"慢就业"难题，以及"慢就业"现象折射的社会问题值得深思。

目前"慢就业"在学界没有统一的概念界定，主要指部分毕业生离校后不立即就业，而是以继续备考工作岗位、深造学习或创业考察等形式延缓就业的一种"暂时未就业"状态。[3]毕业生"慢就业"背后主要呈现两种典型特点，一是期待与现实之间的落差，二是本领恐慌与就业恐慌的负性叠加。"慢就业"不是单纯地指"不就业"，从动因和表现来看，可分为"积

① 丁春霞,殷丽萍,张慧.浅谈高校辅导员如何应对毕业生"慢就业"[J].中国就业, 2024（02）：52-53.

② 杨玥.新时期食品类专业学生"慢就业"现状调研[J].人力资源，2024（10）：64-66.

③ 马力，邓阳.高校毕业生"慢就业"探析及其对策[J].中国青年社会科学， 2019，38（05）：93-99.

极慢就业"和"消极慢就业"。[①] "积极慢就业"是指毕业生通过合理的自我评价、自我认知，利用一定的时间提升能力，最终达到自身求职目标的过程。而案例中的小刘不仅在就业意识上慢，而且在就业行动上慢，屡次失败的经历导致其情绪失控，对于求职和就业产生排斥心理，逐渐由初期仍尝试投递简历、参加面试的"积极慢就业"转变为屡次碰壁、情绪低落、对就业产生排斥心理的"消极慢就业"。

【解决办法】

针对案例中小刘由"积极慢就业"转变为"消极慢就业"的现象，辅导员从"慢原因"入手，进行"快思考"，探索纾解"慢就业"难题的途径，帮助学生解决实际问题。

一、帮助学生树立正确观念，合理调整预期

在外部环境因素的影响下，毕业生就业面临新的挑战。高质量就业不仅仅是看单位性质、薪资待遇等，更要立足长远，从人岗匹配等方面进行综合考虑。针对小刘存在的就业期望值过高，导致其对于未来职业选择深感迷茫的实际问题，辅导员的工作不再只停留在为学生提供就业信息、办理就业手续等服务性层面上，而是主动与学生谈话，复盘过往几次求职失败的经历，将思想政治教育融入就业教育过程中，引导学生树立正确的就业观，鼓励学生化被动为主动，积极转变就业观念，合理调整自身预期，先就业、再择业。同时，辅导员也主动联系学生家长和导师，结合学院历年毕业生就业数据信息，针对学生个体情况和就业环境整体情况进行分析，帮助家长和导师客观看待问题，合理调整预期，家校联动，促进学生就业。

---

① 王丹丹. 新时代高校毕业生"慢就业"对策研究[J]. 中国大学生就业，2021(05)：40-46.

二、提供情绪疏导，强化专业认同

案例中小刘出现焦虑、迷茫情绪的直接原因在于求职受挫、屡次碰壁，而根本原因在于专业认同度低，且对于专业发展前景和市场人才需求没有清晰的认识。专业认同指的是专业学科内个体的自我认同和专业身份的建构。对于学生而言，专业认同不仅会影响学习效能，也会影响其做出职业选择。[1] 辅导员一方面应给予学生心理支持，及时提供情绪疏导，增强其心理韧性，鼓励学生以积极的状态面对挑战，能动地调适内心的焦虑与不安；另一方面还要主动对接研究生导师，立足专业培养目标和学科特点，引导学生通过多种渠道主动关注行业发展趋势和就业形势，客观辩证地看待专业发展，帮助学生强化专业认同。

三、做好生涯教育，提升学生求职能力

"慢就业"之"慢"，既指时间维度的延迟、行动时效的缓慢，更指思想观念的松慢。[2] 出现"慢就业"情况的毕业生大多缺乏对职业生涯规划的理解和重视，且缺少关于求职能力方面的培训。辅导员一方面通过生涯规划理论帮助学生完成了全方位的自我探索，即从兴趣性格、个人能力、职业价值观等方面对自身进行分析，引导学生在择业过程中树立主体性就业意识，发挥个人自主性与创造性，结合专业特点与自身能力确定职业目标；另一方面围绕就业能力提升，从简历制作、面试表达、沟通技巧、心理调适等方面对学生进行指导，帮助学生提升求职技巧和综合素养。

在家长、导师和辅导员的共同帮助下，小刘的求职主动性和行动力有了一定程度的提升，通过不断努力和尝试，最终成功入职一所科研机构，负责项目管理工作。

---

① 曹姗，朱明.应用型本科毕业生"慢就业"成因及对策研究——以苏州大学应用技术学院为例［J］.江苏商论，2023（02）：127-129.

② 何珺，方晓田.Z世代大学毕业生"慢就业"的成因与纾解之道［J］.重庆科技学院学报（社会科学版），2024（01）：101-112.

【经验启示】

"慢就业"现象是社会发展过程中多种因素综合作用的结果，既有宏观因素，又有微观因素，社会、高校、家庭及毕业生个人都应该积极面对挑战，协同发力，纾解"慢就业"困境及其带来的危机。辅导员作为就业工作的关键一环和重要力量，一定要胸怀"两个大局"，站在培养担当民族复兴大任的时代新人高度，切实提升解决实际问题的能力。

一、要注重开展"观念驱动型"就业指导，做好学生就业观的前置干预，引导学生积极转变认知观念

就业观、择业观决定学生的就业行为，引导学生树立科学的就业观是破解"慢就业"难题的重要途径。部分学生自认为成熟的就业观或就业选择，大多是局限于家人的期待、特定舆论氛围下的盲目跟风，或是并非基于事实的主观臆断。在青年一代"多元择业观"的背景环境下，辅导员要充分发挥学生个体主观因素作用，引导学生积极转变观念，逐步建立科学的就业观，主动适应新时代、新形势下的就业新思维，努力提升综合素质与能力，从根本上消解"不愿及时就业"的消极心态与"不能及时就业"的无奈困境，实现高质量充分就业。

二、要着力实施"精准帮扶型"就业指导，将心理健康教育与就业能力提升相融合

辅导员要运用辩证思维认知"慢就业"现象，明确学生"慢就业"行为的逻辑成因，在此基础上把握学生心理特征，精准分析"慢就业"群体"慢"的原因、详细了解"慢"的情况、充分解决"慢"的需求，将心理健康教育融入就业指导过程中，通过心理引导帮助学生正确看待、认识"慢就业"，帮助学生积极地接受角色转变、责任承担的现实。辅导员还可组织学生积极参与模拟求职面试、无领导小组讨论等活动，帮助学生培养良好心态，树立职场信心，强化角色认同，预知并正确看待求职过程中可能

面临的挫折，主动调整心态，努力抓住机遇。针对求职季心理状态不佳的毕业生，辅导员要开展一对一帮扶，提供及时、有效的疏导，搭建"求职桥"，畅通"求职路"，让就业指导和服务从"大水漫灌"变成"精准滴灌"。

三、要优化提升"过程渗透型"就业指导，将生涯规划教育和就业能力提升贯穿于学生大学生活的全过程

辅导员要在学生在校期间的不同阶段，有层次、有计划地设计生涯规划教育的内容，将生涯规划教育渗透进入学、毕业教育，唤醒学生生涯规划意识，引导其正确认识个体价值和社会价值的有机统一，树立崇高的职业理想；要将生涯规划教育渗透进专业学习，培养学生对于专业的理性认识，强化专业认同；将生涯规划教育渗透进第二课堂，通过职业规划大赛、生涯体验周等活动，激发学生对职业兴趣、性格和价值观的思考。同时，辅导员要深入了解不同专业的就业前景和市场需求，针对不同类别、不同需求学生的特点精准施策，围绕简历撰写、模拟面试等做好毕业生求职技能的细致指导，帮助毕业生提升就业核心竞争力。

【专家点评】

就业是热点问题，就业工作的压力也比较大。案例中学生向辅导员抛出的三个问题，在一线工作的辅导员都会遇到。

面对当前严峻复杂的就业形势，求职受挫的毕业生经常会产生焦虑和自我怀疑——"为什么我参加面试总是失败""我的未来到底在哪里"。针对这些普遍且难解的问题，辅导员要积极向毕业生提供帮助，而且辅导员要具备主动助力的能力。在本案例的处理过程中，辅导员通过自己的力量和研究生导师取得联系，共同引导学生关注行业发展趋势和就业形势，帮助学生强化专业认同，这是非常有必要的，也是本案例解决过程中的一个亮点。就业工作需要凝聚育人合力，聚焦全过程就业指导，聚力全方位精准赋能，不断拓展就业育人广度，增强就业育人深度。

结合本案例，我认为要将就业育人作为落实立德树人根本任务的关键环节，帮助毕业生塑造正确的就业观念。当前毕业生就业中反映出的观念问题主要包括就业心态迷茫、就业态度不积极等，毕业生在就业预期方面呈现出了低自我效能感的倾向。因此，高校要帮助毕业生理性看待就业问题，提升抗压能力，正确认识个人与社会的关系，在客观评价自我、理性认识就业环境的基础上，做出有利于自身发展和社会发展的职业选择。

【专家简介】

张润枝，教育部高校思政课"思想道德与法治"分教学指导委员会委员，全国高校思想政治理论课教师 2015 年度影响力人物，北京师范大学马克思主义学院院长。

第四篇

心理健康指导

沟通心连心，陪伴共成长
——"挫折应激"下高关怀学生的心理危机处置及干预帮扶案例

孙一博　李晨子

【案例描述】

小明，男，在新生入学心理健康测评中，测试结果显示其存在明显的抑郁状态和显著异常的生活事件，综合评估，他存在危机的风险较高。

辅导员从学生入校以来的心理状况入手，与小明谈心谈话，了解学生的过往经历、家庭环境等信息。在经过全面了解后发现，小明与父母间的关系疏离、充满冲突，家庭情感支持薄弱。小明在高中时，曾与班主任发生较大的矛盾冲突并出现自杀意念，且曾用刀片划伤手臂。辅导员将相关情况汇报学院领导及学校心理中心，将学生列为心理高关怀学生，持续关注。

大一学期末某日凌晨，辅导员收到小明的信息："老师，我好难受，我好想自杀。"辅导员立即启动心理危机应急预案，第一时间联系学生并赶赴现场，以保障学生的人身安全，同时向学校心理健康教育（咨询）指导中心及学院学生工作负责同志报告，并将学生情况及时告知家长。辅导员了解到，小明因与恋爱对象分手且与好朋友关系破裂，导致情绪崩溃出现自杀想法，遂用刀片划伤手臂。辅导员通过陪伴、倾听，帮助小明暂时打消了自杀意念。随后，引导学生每周定期前往学校心理健康教育（咨询）指导中心寻求专业的心理咨询帮助，并在学生有意愿前往医院就医时，第一时间利用学校的"医校结合"绿色转介通道帮助学生。经医生诊断，小明被确诊为重度抑郁焦虑。

【案例分析】

随着社会经济的不断发展，竞争压力、就业焦虑和情感困惑等各种因素交织在一起，使得高校学生产生较大的心理压力。大学生心理危机主要来源于学习压力、家庭经济压力、社交压力等。大学生群体在情绪认知上的不成熟是心理危机产生的主要原因，其中应对方式与归因模式等方面的不良特征是心理危机产生的易感因素。本案例是由新生心理健康测评异常发现的学生心理创伤叠加恋爱、人际挫折引发心理危机的典型案例。根据案例中小明的主要表现、成长经历、生活事件等，其心理危机产生的主要原因有以下几点。

一、家庭教育严苛，父母关心缺位

父母教养方式是原生家庭效应的关键因素，也是家庭教育的核心。在充满矛盾的家庭中成长的孩子更容易在认知方面产生偏差，表现为过度敏感与缺乏安全感，在一定程度上更容易产生心理创伤，进而对生活失去兴趣，导致社交退缩，较难与他人形成良好的人际关系。小明的父亲长期给予他较大的学习压力，缺少关心关怀，小明无法从父亲处获得支持和肯定，与父亲互相不信任，从而产生了自我否定、绝望等消极情绪。当小明意识到自身精神状态不佳，可能存在心理问题，希望前往精神科就诊时，遭到了父亲的反对，从而加重了小明的负面情绪。

二、社会支持薄弱，自我认同缺位

社会支持是个体感受被爱，产生价值感都需要的，是一种在社会环境中促进人类发展的力量或因素，包括家庭支持、朋友支持等。小明性格较内向，缺乏自我调节能力和人际交往能力，很难维持较长时间、较为稳定的亲密关系。小明入学时恰逢流行病管控时期，学生难以参加线下的课堂教学与校园活动，无法与学校老师、同学进行正常的人际交往与互动，没有结交关系密切的好朋友。因过往创伤经历的影响，小明难以与其他人建立信任关系，自我价值认同感较低，遇到困难或烦恼时不向他人倾诉或寻求帮助，导致负面情绪难以消解，甚至加重。

三、人际受挫应激，抗压能力缺失

失恋与人际关系受挫是大学生中普遍存在的现象。大学生对于恋爱的情绪体验强，但婚恋心理尚未成熟，没有形成成熟、稳定的恋爱观，容易出现恋爱受挫后的应激反应。小明与女友是高中同学，大学就读于不同城市，长时间的异地恋导致二人经常爆发矛盾和争吵，最终分手。小明的高中好友也在异地上学，各自在新学校学习生活使得二人间的联系减少，日渐疏离。小明在恋爱、友情的双重感情创伤下产生了焦虑、抑郁、愤怒等负面情绪，同时在一定程度上质疑自己的价值和能力，自我认同感降低。

【解决办法】

习近平总书记在全国高校思想政治工作会议上强调，"要坚持不懈促进高校和谐稳定，培育理性平和的健康心态，加强人文关怀和心理疏导，把高校建设成为安定团结的模范之地"。呵护学生心理健康是维护校园安全稳定的重要内容之一，学生安全是高校高质量发展的底线。辅导员的角色贯穿学生心理危机关键管理节点的全过程，要有心理健康思维、危机干预意识、必要的专业支撑，以及扎实细致的工作，预防处置学生心理危机事件，维护校园和谐稳定。

一、强化沟通，引导家长配合，家校联动关注学生

在小明同学自述有自杀意念且已发生自伤行为时，辅导员启动学校学生心理危机应急预案，以迅速化解学生的即时性心理危机。后经医生诊断，小明被确诊为重度抑郁焦虑。辅导员及时与家长取得联系，向家长反馈小明在校的基本情况和存在的问题。初次沟通时家长对小明的心理疾病认识不到位、重视程度不够，甚至不关心小明的自伤行为及自杀想法。辅导员转而与小明的哥哥沟通，向其说明小明目前心理问题的严重性，希望能够借助小明哥哥的力量，引导小明家长转变态度。辅导员鼓励小明家长积极参加校内外举办的一系列心理健康讲座，接受心理健康教育相关知识普及，使家长逐步认识到小明的心理健康问题及自身家庭教育中存在的不足，以便能够积极配合，帮助小明按时服药，积极治疗，采用合理沟通方式帮助学生营造健康积极的心理状态。辅导员与小明的母亲还定期沟通，引导家长与辅导员形成合力，达成一致意见，共同关心关注小明的心理状态。

二、进行挫折教育，引导学生构筑坚强的心理防线

当前，部分大学生尚未形成理性的挫折认知，未对挫折教育的迫切性和必要性形成认同，在挫折教育中参与社会实践的主动性和积极性不高，缺乏有效的挫折应对办法。在纪念五四运动 100 周年大会上，习近平总书记说："奋斗的道路不会一帆风顺，往往荆棘丛生、充满坎坷。强者，总是从挫折中不断奋起、永不气馁。"高校挫折教育对培养大学生抗挫折能力具有积极意义。针对小明面对恋爱、人际关系挫折难以自我调节的情况，辅导员通过谈心谈话、沟通陪伴，讲解与抗挫折能力有关的理论知识，引导小明转变对人际关系受挫的认知和态度。辅导员还发挥自身榜样作用，带领小明科学认识挫折，勇敢面对挫折，有效应对挫折，在挫折中汲取经验教训，提高心理耐受力和情绪管理能力。

三、全面总结事件经验，持续跟进关注学生心理状况

经与小明及其家长沟通，结合医生及心理中心建议，经过综合评估，小明未休学，家长未陪读，学生继续在校进行正常的学习生活。针对此情况，辅导员做了如下工作。一是建立心理健康成长档案。事件发生后，辅导员对小明进行了持续性、日常性的关心关怀与谈心谈话，及时掌握学生心理变化动态，关注小明的个体感受，倾听学生的内心想法，及时表达对小明的理解和重视，走进学生内心，使学生对辅导员充分信任，愿意与老师分享内心感受，从而使辅导员进一步认知学生情况。辅导员还鼓励学生定期进行心理健康测评，分析测评数据，记录每次谈话和帮扶工作的效果，不断调整工作方式，做好有效追踪。二是引导学生良好的适应性发展。针对小明社交能力不足、社会支持薄弱的情况，辅导员鼓励学生积极参与校园活动和社会实践并从中结识朋友，引导学生在实际交往过程中提高人际交往能力。发挥宿舍"信息员"功能和学生骨干的帮扶引领作用，关注学生日常心理健康状态。辅导员还鼓励舍友带领小明积极参与体育活动，如篮球比赛、拔河比赛等，使其在社交活动中适应校园环境和人际关系。联系班主任、专业课教师、心理咨询师，形成心理健康教育合力，共同帮扶小明逐渐克服学习、生活、人际交往等方面的适应性问题。

【经验启示】

一、提高专业能力，学习心理咨询技术

在谈心谈话中，辅导员可以运用各种心理咨询技术，例如开放式提问、倾听、非语言沟通等。合理运用心理咨询技术可以增强谈心谈话的有效性，使学生更愿意沟通和接受帮助。辅导员可以通过专业培训和学

习进一步提升自己的心理咨询技术水平，不断提高自己的专业能力①，从而更好地通过谈心谈话帮助学生解决困扰。与此同时，要注意心理咨询中存在的保密原则和保密例外。辅导员在与心理高关怀学生谈心谈话时，要对谈话内容保密，不将谈话内容随意告知学生家长、同学等。但是当学生出现伤害他人或自己的倾向时，要及时告知学生家长及学校、学院，形成合力共同帮助学生。

二、深化大学生生命教育，树立正确生命观

大学生正处在个人心理塑造和价值观养成的重要时期，他们乐于探索人生道路、求索生命意义，不可避免地开始思考"生死"问题。而学生心智发展的不成熟则容易导致其在遇到困难、挫折时滑向自伤甚至自杀的极端。《全面加强和改进新时代学生心理健康工作专项行动计划（2023—2025 年）》中提出，我们要"培育学生热爱生活、珍视生命、自尊自信、理性平和、乐观向上的心理品质和不懈奋斗、荣辱不惊、百折不挠的意志品质"。辅导员需要加强对大学生的生命教育，不断更新观念，开拓创新，通过举办讲座、开展小组讨论、组织实践活动等多种方式，将生命教育融入大学生日常生活，引导学生积极思考、自主学习、全面发展，认识到生命的价值。

三、强化大学生挫折教育，将其融入课程与思政教育全过程

建立思政教育的长效机制，进一步增强挫折教育的育人实效。一是要丰富挫折教育的内容，引导大学生正确应对挫折。通过思政课实施挫折教育时，应引导学生以辩证唯物主义的观点看待挫折。任何事物的发展是前进性和曲折性的统一，要帮助学生既敢于面对挫折带来的失望、愤怒、焦虑等负面情绪，也要对未来充满信心，从挫折中总

---

① 金玲华. 心理咨询技术运用于高职院校辅导员谈心谈话中的实效性研究［J］. 现代职业教育，2024（10）：125-128.

结经验方法，树立挫折意识，形成不怕失败、越挫越勇、永不言弃等精神品质，从挫折中获得心理的成长与思想的升华。二是要优化创新挫折教育教学实践途径，充分挖掘专业教育课程和综合素养课程中所蕴含的思想政治教育元素，整合课程资源，培养大学生的抗挫折能力。结合课程特色开展课程思政，坚定马克思主义立场，引导学生运用历史唯物主义的观点看待问题，在课程思政过程中融入人生价值观的培养内容，引导学生通过树立正确的人生价值观，形成积极、理性应对挫折、处理挫折的态度与价值观。[①]引导学生参与实践活动，在实践中践行价值观念。发挥大学生的主体作用，使大学生在实践中认识挫折，进而战胜挫折，促进大学生挫折教育的有效落实，为其迈向社会、服务社会打下坚实的心理基础。

【专家点评】

重度抑郁焦虑对学生的成长影响非常大。在高校，虽然这样类型的学生数量并不多，但是对于我们的工作也是严峻挑战。案例分析和选编应该是什么样的？我认为，案例分析应该有形有意有滋味。形是什么，在案例中就是指时间、地点、人物、过程，这些都要在案例中有所体现，不然就没办法分析；有意指的是要有生活的意义、思想的力量，这要从经验启示、办法中去寻找；有滋味是指这个案例拿出来之后一定要值得品鉴，值得回味，值得咀嚼。

这份案例中经验启示高度还不够，第三点的"将其融入课程与思政教育全过程"中课程思政挖掘的内容不够深刻，还是心理健康教育比较多。真正解决人类灵魂价值问题的东西，不是一般性的心理诊断和心理治疗，是思想政治教育，是马克思主义理论教育，是有关理论、价值观的教育。

---

① 张家苗. 课程思政视域下高职生挫折教育的途径［J］. 广西教育，2022（36）：61-64.

历史的回顾要有理论的逻辑的体现，技术的力量也要在案例中体现出来，所以要运用历史逻辑、理论逻辑、实践逻辑和技术逻辑，这样才能将工作细致化、体制化。如果用"联"来形容，第一是学会串联，纵向解决学生思想问题；其次是学会并联，建立大思政格局，调动学校、家庭等各个方面的力量；第三为智联，创造性运用技术手段方法解决问题。要通过这样的联系，解决共性的问题，体现出案例分析的高度。

【专家简介】

吴满意，国家社科基金项目评审专家，国家级领军人才，四川省委宣传部特聘主讲教授，《思想道德修养与法律基础》教研会常务理事，电子科技大学马克思主义学院院长。

"小矛盾"暗藏"大危机"

——一则大学寝室人际关系问题引发的心理健康危机案例

王蓓蓓　阮小飞

【案例描述】

　　大一第二学期，小星、小羊两位女生产生寝室矛盾。小羊认为小星经常晚归打扰其休息，在寝室声音外放与朋友打电话，且不主动打扫卫生。小星认为小羊经常带其他宿舍的女生来本宿舍闲聊，私人物品乱摆乱放。除此之外，她俩还有其他诸多因生活习惯不一致而导致的小摩擦，同寝室的其他两位同学则保持中立。某日，小星在网络平台发帖吐槽长期以来寝室发生的事件，且对小羊进行人身侮辱。小羊通过头像发现小星将寝室的内部矛盾在公共平台传播且添油加醋，非常恼怒。二人在寝室产生口角冲突，小羊对小星的行为进行了非常严厉的指责，由此引发了小星的应激反应，导致其产生轻生念头。原来小星的父亲酗酒严重，在小星小时候经常对其进行打骂，因此小星面对大声严厉的指责会产生发抖、恶心等较为强烈的应激反应。小星小学时也曾因为父亲的行为自杀未遂。中学阶段，其父因酗酒过度亡故，对她的冲击较大。

　　小羊因为长期以来的寝室矛盾，性格也变得非常易怒，她认为寝室内其他两位同学逐渐偏向小星，开始抱团孤立自己，感觉到非常焦虑、烦恼，同时对寝室其他室友也产生了厌烦。其他舍友则认为小羊的性格过于自我，在日常相处中经常刻意"找麻烦"。网络平台事件成为矛盾大爆发的导火索，寝室矛盾愈演愈烈，小羊和小星也从一开始的冷战发展为激烈争吵，已影响到学生的正常学习和生活。

【案例分析】

古人云："相见易得好，久住难为人。"意思是当人们初次相见时，总会展现自己好的一面，恭敬礼貌，给别人留下好印象；然而，相处时间长了以后就会显露不同的个性，彼此间难免产生矛盾冲突。大一新生在度过了入学后的熟悉期以后，生活中的各种矛盾冲突就会逐步显现，宿舍也会逐渐出现很多矛盾和冲突。案例中的小星和小羊之间的事看似是不起眼的宿舍"小矛盾"，但辅导员如果不及时关注，可能会引发学生心理健康和人际关系双重危机。

一、"小矛盾"的成因

（一）学生个人层面

大学生活中，同寝室的不同个体间往往会因为作息时间冲突、边界意识模糊、宿舍及个人卫生等问题产生摩擦。当此类生活习惯问题初现时，大部分学生采取的策略不是心平气和沟通，直接解决问题，而是隐忍，忍而不发，更多地采取向周围同学好友抱怨、发朋友圈吐槽等方式发泄内心的情绪。学生不敢沟通是因为缺乏技巧，不愿意沟通是因为网络社交提供了短暂的情绪宣泄的渠道，最终拒绝沟通则是因为矛盾在一次次被忽视被吐槽中加深激化。长此以往，矛盾不断积累，不对话、不解决，就会最终演化成互相之间不能破除的成见。

（二）"00后"大学生群体宿舍生活的特点

"00后"大学生有一些共性：他们生长环境较为优越，可能存在适应能力较差，集体生活的适应性不足的情况；他们的主体意识较强，可能会经常以自我为中心思考问题，忽略他人感受；他们人际交往的网络化程度高，可能会忽略现实社交，社交技能较差。"在宿舍这个小社会、大家庭、隐形课堂中，来自不同地域文化、不同家庭背景，有着不同生活习惯和性格特点的大学生聚集在一起。由于家庭环境、成长经历、文化资本、价值追求等都各不相同，因此在宿舍情境中的微观互动容易产生人际关系的不和谐，引发矛盾冲突。"①

以上是造成"00后"大学生寝室小矛盾频发的主要原因。

二、"大危机"的两个层面

（一）心理健康危机

本案例中造成小星心理健康危机的成因众多。小星小时候遭遇父亲家暴，中学阶段父亲突然离世，这些因素在小星步入大学前就为她埋下了心理疾病的隐患。这是前因。同时，家庭是社会化的初级场所，家庭成长环境往往内隐地塑造着学生的人际交往模式。小星因自身独特的成长经历，性格孤僻，缺乏对亲密关系的信任，拒绝社交，等，这些因素都使她在寝室无法与舍友建立良好的人际关系，并由此导致了宿舍矛盾的爆发，而宿舍矛盾大爆发也再次诱发她出现心理问题。这是后果。高校学生除上课之外有80%左右的时间都待在宿舍，宿舍关系的矛盾常会引发学生的消极情绪，使其归属感减弱，还会影响学生在校生活学习的效率。如果问题长时间得不到解决，可能还会因为矛盾激化出现一些极端事件或者造成心理危机。

---

① 楼艳，陶安娜，邵顿. 互动仪式链理论视角下的大学生宿舍文化建设［J］. 思想教育研究，2020（3）：150-154.

（二）网络暴力危机

一是当前网络技术的发展推动社交情景重构，使得社会大众忽略了现实社交。青少年处在一个信息爆炸和虚拟化的社会环境中，往往只注重个人兴趣和需求，并且将社会交往转移到网络空间，缺乏对社会交往的兴趣和热情。社交媒体的流行也让他们更加倾向于网络交往，而忽略了现实中的社交技能锻炼，逃避现实中的人际交往。二是学生习惯于将人际矛盾诉诸网络，或是宣泄情绪，或是道德审判，又或是维权声讨。当第一个学生在网络空间吐槽、肆意侮辱和攻击别人的行为没有被及时制止，就会有越来越多的人去效仿甚至变本加厉，对涉事人造成严重伤害。三是吐槽现象在某种意义上正在成为青年社交常态。微博、小红书、抖音、朋友圈、"师大小棉袄（有求必应）""赞哦校园集市"等平台给学生提供了网上吐槽空间，遇事不决就去吐槽，平台上充斥戾气，极其容易引发学生的模仿。四是由于网络本身具有的开放性与匿名性，吐槽行为更容易走向非理性，走向网络暴力，容易引发次生危机。

【解决办法】

随着"00后"走入校园，新生代大学生在价值取向、生活态度、言语表达及行为方式等方面的差异越来越凸显，很容易引发宿舍矛盾，宿舍内的"小矛盾"往往会带来"大危机"。处理寝室矛盾既要着力于化解冲突，也要落脚于解决问题，换宿舍是化解冲突最快速的方式，但并不能从深层次解决问题。换宿舍只是把问题暂时压下去，掩盖矛盾，这样的做法可能会带来更大的群体性事件、更多的不稳定因素，这就是所谓的"小事拖大、大事拖炸"。

针对本案例，辅导员采取"五步走"的方法，警惕并预防"小事闹大"的风险，"大事化小"解决问题。

一、迅速扑灭"近火"，妥善处理小星的应激反应与轻生意念

第一，立刻启动二级心理危机响应预案，加强看护，谨防安全风险，必要时送医。

第二，即刻危机解除后，评估小星轻生意念，着重安抚其情绪，进行压力疏导。

第三，待小星情绪平稳后，入情入理劝说其删除网络吐槽不当言论，控制网络舆情，同时避免小星再受刺激，引发危机。

二、着力解决"近渴"，讨论两人还能不能一起住的问题

矛盾发生的当下，调整宿舍是避免直接冲突、谨防危机发生的最优解。但是长远来看，仅仅调换宿舍而不解决两人间的矛盾问题则可能导致新的潜在矛盾的产生。因此，辅导员需要当好情绪的疏导员、矛盾的调解员和思想的引导员。

第一，多方约谈，了解事件的来龙去脉。

第二，分别谈心，引导学生换位思考，共情包容。

第三，多次谈话，了解双方需求，取得双方共识，寻求两人和解的可能性。

第四，从分别约谈过渡到集体约谈，引导学生理性反思问题。

第五，在沟通过程中高度重视，做好调解工作，引导学生相互道歉。

第六，宿舍成员召开圆桌会议，商议制订并签署《宿舍和平相处约定》。

第七，安排信息员和班干部随时留意学生归寝、上课及寝室相处情况，及时跟进，准备下一阶段深层次的教育引导，谨防次生危机的产生。

三、及时联动"近亲"，讨论家校协同育人问题

家庭是社会化的初级场所，需要在防危机的基础上与家长形成育人合力。

首先，告知家长当前情况，明确风险隐患，在解决矛盾冲突与预防危

机层面达成共识。

其次，再次深度了解学生家庭环境和成长背景，探寻下一步有针对性的教育引导方案。

最后，建议家长在日常交流和家庭教育中增强对学生社交技能的锻炼和心理健康问题的关注。

四、探索和睦"近邻"，关注宿舍思想政治教育阵地建设问题

大学寝室是学生活动最为频繁的场地，大学新生人际交往模式的养成往往深受寝室其他成员的影响。作为辅导员，要及时深入学生宿舍，观察同学之间的相处状态，同时也要着重加强寝室文化建设。

首先，要引导学生"住在宿舍"。宿舍的内务卫生和安全意识对学生身心健康发展至关重要，学校需要通过制订"标准化"的宿舍条例，明确寝室管理规定，将思政教育手段固化成制度，使宿舍成员均养成良好的生活习惯。

其次，教育学生"爱在宿舍"。宿舍相处情况影响学生身心健康发展和学习生活状态，为此要通过多层次的活动，指导大学生控制情绪，认识自己，增加社交应变力，积极构建融洽的宿舍人际关系。

最后，力量下沉"学在宿舍"。探索宿舍朋辈群体引领计划，通过"一站式"学生社区辅导员工作室，开展榜样示范交流活动，组织人际关系良好的朋辈群体把心得感悟和经验分享给其他同学，以正能量凝聚人际交往的共识。

五、加强关注"近因"，逐步解决本案例中激化人际矛盾和心理危机的导火索：网络吐槽问题

部分大学生即使认为当前充斥在各种社交平台中的信息存在非理性的表达，也常常成为"吃瓜群众"；另一部分或许有同类遭遇的学生则变成"怂恿者"，进一步加剧矛盾和暴力性，因此需要在关键问题上对学生思想

进行纠偏。

第一，"学思辨"。通过人际交往技巧的普及、常见的寝室矛盾现象的辨析等，帮助学生认清问题本质，寻求解决方法，以理性、思辨的态度对待人际矛盾。通过开展网络文明、理性表达等专项活动帮助学生形成网络空间所需的理性精神，提高理性解读与批判质疑的能力。

第二，"守规则"。网络不是法外之地，要帮助学生建立规则意识。组织学生学习有关网络安全和网络文明的法律法规，签署《网络安全文明学生承诺书》，强化学生的媒介责任意识与道德法律意识，避免学生在网上非理性发言。

第三，"会表达"。人际交往是大学生身心健康发展的一种需要，教育工作者要高度重视大学生人际关系教育，通过角色互换和情景模拟的方式，创建各种社交情境，如交友、合作和解决冲突等，让学生亲身体验并学习如何应对不同的社交情况，学会和他人相处和交流的有效方法。

寝室矛盾无小事，寝室矛盾因其成因的复杂性也无法从根本上杜绝。因此，遇到此类事件时不能掉以轻心，要警惕并预防"小事闹大"的风险，同时需要在日常教育管理中久久为功，持续开展教育工作，维护好外部环境，实现"蓬生麻中，不扶而直"的教育愿景。

【经验启示】

本案例可以引发以下思考：

第一，一旦有寝室矛盾发生，要"快、准、狠"，该出手时就出手，不能拖。寝室矛盾初次发生时，摩擦和不满情绪积压得不多，尚有调解的余地，时间拖得越久事情越大，矛盾越不好化解，造成的风险隐患也成倍增加。

第二，化解寝室矛盾不能"和稀泥"，要根据宿舍管理规定，做到有理、有据、有方，鼓励学生主动讲出所思所想，共同分析对错，化解矛盾隔阂。同时也需要因人因事因时而异，根据学生思想动态和行为特点创新和改进谈心谈话方式方法。

第三，重视宿舍文化育人作用，深耕宿舍文化阵地建设。习近平总书记在全国高校思想政治工作会议上强调，"高校立身之本在于立德树人"，要"坚持不懈培育和弘扬社会主义核心价值观"，要"更加注重以文化人以文育人，广泛开展文明校园创建"。① 因此需要高度重视宿舍文化对于青少年成长发展的重要作用，进一步强化"一站式"学生社区宿舍文化建设，通过多种形式的文化长廊、素质拓展活动等，围绕文明习惯养成、宿舍人际关系、集体团结等多种主题，持续开展教育工作，维护好外部环境，实现"蓬生麻中，不扶而直"的教育愿景。

【专家点评】

《"小矛盾"暗藏"大危机"——一则大学寝室人际关系问题引发的心理健康危机案例》，这个题目的相关话题非常值得长期研究。寝室对于大学生成长影响很大，未来还可以从社会学、行政学和法律法规等角度展开进一步的研究。其中，社会学牵涉到我们引导学生如何正确处理好、调节好正常的社会关系；行政学牵涉组织、制度和分工等问题；法律法规则是从规章制度的角度将思政教育手段固化于形。此外，构建大学生宿舍文化至关重要，宿舍文化的核心其实就是形成一个共同的宿舍生活价值观念，共同的生活方式。所以辅导员工作如何指导学生构建一个好的寝室文化，这是今后可以进行的一个新的思考点。

【专家简介】

田鹏颖，东北大学二级教授，马克思主义理论学科博士生导师。教育部"长江学者"特聘教授，国家"万人计划"哲学社会科学领军人才，国务院政府特殊津贴专家。

---

① 习近平在全国高校思想政治工作会议上强调把思想政治工作贯穿教育教学全过程 开创我国高等教育事业发展新局面 [N]. 人民日报，2016-12-09（1）.

走出恋爱的"冲击"，面对毕业的"风暴"
——研究生压力应激事件化解引发的思考与启示

袁珂月　郭康凌

【案例描述】

小梦，女，硕士研究生，本科毕业工作了几年后考入一所学校攻读硕士研究生。研一时，小梦与男朋友分手，因感情受挫陷入悲伤、绝望的不良情绪中，常独自哭泣并回避他人，还出现了头疼、失眠等症状。辅导员给予她情感关怀，通过谈心谈话疏导其不良情绪，并与导师联动，引导小梦将注意力转移到学业上，小梦的状态暂时平稳。研二期间，辅导员通过定期谈心谈话与小梦建立信任关系，舍友信息员对小梦保持关注，其状态基本保持平稳。

但即将研三时，面对论文和就业压力，小梦又开始倍感焦虑，相关症状开始加重。但因为有前期辅导帮助工作的良好基础，起初她借助心理中心资源定期进行线上咨询，并请假回家"散心"。但请假返校后不久的某日早晨，辅导员收到来自小梦的消息："老师，您有空吗？我想跟你聊聊，感觉今天状态差到了极点，我说服不了自己。"

辅导员立即电话联系小梦，在与其保持通话并安抚情绪的同时启动应急预案，第一时间与学院副书记赶至小梦宿舍。经了解，小梦近日因论文、就业的双重压力出现了焦虑情绪，头疼、失眠等症状也复发，进而产生了轻生的想法，但尚未采取行动。在对学生的心理状态与危机程度进行初步判断后，辅导员与导师一起带学生至学校心理中心进行评估，并联系学生家长告知相关情况。随后，小梦在家长的陪同下就医，诊断结果为中度抑郁，遂请假回家，在父母的监护下服药治疗。2024年3月，小梦返回学校进行毕业论文的收尾工作。后来，小梦顺利通过毕业论文的送审和答辩，也找到了自己心仪的工作。

【案例分析】

小梦的表现是典型的面对压力事件产生的心理应激反应，及由此引发的一系列情绪、认知、躯体和行为等的症状。此案例反映的是学生因毕业压力产生压力应激反应的心理健康问题。

一、校园心理危机事件该如何有效干预

心理危机是一种个体运用自己寻常的方式不能应付所遭遇的内外困扰时的反应。根据心理危机事件可能导致后果的严重程度，心理危机事件可分为重大事件（Ⅰ级）、较大事件（Ⅱ级）和一般事件（Ⅲ级）。

重大事件（Ⅰ级）：极端严重的心理危机，如学生出现自杀企图并已实施严重自残或暴力伤害他人等行为。此时，辅导员需立即启动紧急程序，上报学院主管领导及学校管理部门，同时联系紧急救援服务，确保学生生命安全。联系家长告知学生情况，协助家长办理相关手续，确保学生被迅速转移至专业医疗机构接受全面治疗，同时持续提供心理援助，减轻家庭及学生的心理压力。

较大事件（Ⅱ级）：学生生活学习中遭遇突然打击，如家庭发生重大变故、遭遇性危机、受到意外刺激，并伴有强烈的情绪和行为反应。这一级的心理危机需通过心理咨询师的专业评估，确定学生的危机程度，如果评估发现危机程度不高，则进行持续关注、帮扶和家校沟通；如果评估发现

危机程度较高，则需立即带学生到精神卫生医院心理科等专业机构接受相关诊断和治疗。

一般事件（Ⅲ级）：在心理健康摸排中筛查出有心理障碍或心理疾病，如有短暂的情绪低落或学习压力，产生焦虑、困扰。辅导员首先要通过耐心倾听和安抚，帮助学生缓解情绪，并鼓励学生主动寻求心理咨询中心的帮助，后续定期开展谈心谈话和关心帮扶。

二、对于心理高关怀学生，如何做好日常管理和教育引导工作

心理高关怀学生是指在心理健康方面有潜在危机，需要学校特别关注、主动且有针对性地开展教育管理和关怀帮扶工作的学生。

首先，心理高关怀学生是否适合继续在校学习须进行严格评估。这一流程包括心理健康测试、日常行为观察、心理咨询师访谈，并结合家长反馈。评估时，参考学生的心理状态稳定性、自我管理能力、对学习环境的适应性以及是否存在潜在的自伤或他伤风险等关键因素。

其次，要做好心理高关怀学生在校期间的安全保障。学校要建立常态化的沟通机制、构建多层次的观察网络。辅导员定期与学生谈心谈话，通过持续的沟通交流，有效识别并预防潜在的心理危机。同时，动员多方力量，包括导师、实验室同学、舍友等，对学生的日常行为进行观察，密切关注学生在校期间学习、生活及情绪状态，以便及时发现异常或风险行为。

最后，持续做好心理高关怀学生的关心关爱工作。辅导员要建立长效关怀机制，定期追踪学生心理状态；任课教师要通过线上线下结合的方式进行学业辅导，确保学生学业不断线；还要加强就业指导，提升学生的个人职业素养和竞争力；利用学校资助体系和心理资源，为经济困难的学生提供必要的经济援助和心理支持。此外，还应构建家校合作平台，定期沟通学生情况，形成家校共育的良好氛围。

三、毕业年级学生均面临毕业压力，为何只有小梦或者少数同学会出现压力应激

案例中小梦的压力源可以从以下几个方面分析。

第一，自身的压力。小梦从小成绩优异，学业生涯较为顺利，在潜意识中对自己有着较高的自我期待，当出现论文进展不顺、学业受阻的情况时，就会产生挫败感和不良情绪。而在部分学生的个人成长经历中，家庭教育的缺位会使得本人缺乏有效应对情绪和面对压力的自我调节的能力，各种不良情绪又会进一步演化成消极、焦虑的状态。

第二，来自他人的压力。父母对小梦寄予厚望，期望她能在校期间取得好成绩，毕业后找到好工作，这种无形的期望也是小梦的压力来源之一。由于长期缺乏有效的深入沟通渠道，家庭这一本应成为学生心理成长坚实支撑的社会支持系统，未能及时提供必要的情感慰藉与实质性援助，相反，家庭这种未能充分理解与支持的情况，在不经意间加重了该学生的心理负担。

第三，来自环境的压力。部分毕业工作多年后再返回学校就读的研究生，入学后的学习生活状态与之前熟悉的工作状态或本科学习状态都有较大的差异，面对新的环境、人际关系和学习生活状态，需要做出相应的角色转换和适应调节，包括学习新的技能、建立新的联系以及面对新的挑战等。

压力的认知评价理论认为，会产生压力不光取决于压力事件本身，还取决于个体的认知和解释。它包括两个部分，一是对压力事件的评价，二是对应对问题能力的评价。当毕业来临时，小梦在初级评价中感到毕业和就业这两个压力源是巨大的威胁，而其受家庭条件和成长环境的影响，个体自我效能感不高，因此担心没有足够的能力去完成毕业论文，也无法找到心仪的工作，感到非常焦虑，并且不由自主地设想最糟糕的结果，担心出现延迟毕业的情况或找不到工作，从而演化成了情绪的失控和压力应激的反应。

四、如何引导学生提高抗压能力、避免压力应激，做好情绪管理和压力应对

针对研究生群体在校园生活中面临的种种压力，以及由压力导致的情绪失控、压力应激乃至危机事件，需有针对性地开展以下工作。

（一）前置预判与预防机制

一是识别潜在压力源：引导学生全面审视并识别学业负担、科研挑战、人际关系、职业规划及个人期望等可能带来的压力，提前预判压力状况。二是教授情绪管理技巧，包括识别、表达与调节技巧，如深呼吸、正念冥想、情绪日记等，帮助学生调整对压力事件的解读方式，从积极角度审视问题，培养情绪韧性。

（二）日常关心与帮扶体系

一是建立信任关系：与学生建立良好的信任关系，鼓励他们分享自己的感受和困扰，及时给予关心和支持。二是倡导压力的正向转化理念：引导学生认识到压力是成长的催化剂，鼓励他们以积极心态面对挑战，将压力转化为推动个人发展的动力。三是构建多元支持网络：鼓励学生积极利用学校、家庭和朋友资源，引导学生主动寻求帮助和支持，帮助他们解决问题和减轻压力。

（三）情绪管理与压力应对

压力的认知评价理论认为是否会产生压力不光取决于压力事件本身，还取决于我们的认知和解释。情绪ABC理论认为，我们的情绪（C），其实与发生的事件（A）无关，而是与我们如何看待这件事（B）有关。这两种理论都强调了个体的主观认知在压力应对和情绪管理中的重要性，而对于智力水平、领悟能力都比较强的高校研究生群体，在认知方面具有较高的可塑性，研究生辅导员可以利用这一认知方面的可塑性帮助学生形成积极、理性的认识。一是批判性思维训练，帮助学生学会质疑并调整不合理的思维假设；二是教授时间管理和优先级设定策略，减少因时间紧迫或

任务繁重而产生的压力感；三是引入正念减压法（MBSR）、认知行为疗法（CBT）等科学验证有效的心理干预技术，帮助学生在校园生活中保持内心的坚韧。

【解决办法】

一、安抚情绪，确保安全，撑起援助之"伞"

案例中的小梦出现了强烈焦虑的情绪反应，伴随着头疼、失眠等生理反应，同时出现了独自哭泣、社交回避等行为反应，是典型的压力应激表现，应采用Ⅱ级响应行动。在收到小梦的"求助"信息后，辅导员立即与她取得联系，保持通话状态并安抚其情绪。同时，辅导员迅速将问题上报，并与其家长进行沟通，协助家长了解心理健康方面的相关知识及安全陪护的注意事项。在就医并获得诊断后，小梦表达了希望暂时"逃离"毕业论文相关事宜、回到熟悉家庭环境中休息的意愿，为此，辅导员协助她办理了请假手续，让她得以与父母回家服药与治疗。

二、耐心倾听，取得信任，搭建沟通之"桥"

在小梦请假回家后，辅导员与她每周至少联系一次，交流内容从起初的身体状况、就医效果询问，逐渐扩展到交友情况及日常生活。赢得信任是顺利开展帮助和辅导工作的前提，辅导员通过让小梦充分表达自我情绪，并运用共情、接纳、积极关注等方式，让小梦感受到老师们的真诚支持与关心，从而建立起基本的信任关系。

三、持续关注，多方支持，构建安全之"港"

案例中虽然小梦曾出现了轻生的想法，又处于中度抑郁状态，但在请假回家休养和治疗期间，她坚持每日服药，定期复诊并进行心理咨询，状态一直平稳。同时，专业医生建议小梦参与学习工作等正常的社会活动以促进社会功能的恢复。基于此，经学校心理咨询中心线上谈话，综合评估认为，小梦可以继续在校学习。学院借助多方力量，共同协助小梦不畏压力、直面压力、化解压力。学院领导进行宏观指导，协助调配资源；心理咨询师提供定期咨询与心理疏导服务；导师负责学业指导；辅导员负责日常监测，并通过谈心谈话给予关怀；家长方面保持与学生和辅导员的沟通，协同应对；舍友及同伴则提供情感交流的支持，一旦发现异常情况或危机行为，及时上报，密切关注小梦在校情况。

四、理性沟通，修正认知，指引成长之"路"

通过谈心谈话，辅导员深入了解了小梦的过往经历。由于小梦对教师这个职业十分认可与向往，在实习安排时，辅导员有意识地引导小梦继续尝试教师类的岗位，通过实习增强其在教师职业上的成就感，帮助她重新树立和增强自信，从而增强其自我效能感和抗压能力。同时，引导小梦理性看待他人的评价，将注意力转移到自身的学习与发展上，鼓励小梦多交朋友，融入和谐温暖的人际关系中。

【经验启示】

一、如何分辨学生是情绪问题还是心理健康问题，如何识别和判断学生是否有抑郁倾向

在日常工作中，如何分辨学生是情绪问题还是心理健康问题，如何识别和判断学生是否有抑郁倾向？如学生面临的是情绪问题，可以通过谈心谈话等方式进行疏导；但若是心理健康问题，则需及时引导学生就医，确保其得到专业的诊断和治疗。

持续时间：情绪问题通常是短暂的，与特定的情境或事件相关，如考试压力、人际关系冲突等。而心理健康问题则可能持续较长时间，且不限于特定情境。

影响范围：情绪问题主要影响学生的情绪状态，如产生焦虑、愤怒等。而心理健康问题可能涉及更广泛的方面，如学业表现、社交关系、

自我认知等。

症状的多样性：心理健康问题可能伴随多种症状，如行为变化、学业下滑、社交困难、身体反应等。而情绪问题通常较为单一。

二、如何发挥好研究生导师第一责任人作用，共筑育人合力

研究生对导师怀有极大的依附感和信赖感，在此背景下，辅导员需准确把握自身的职责与要求，补充并强化导师的显性教育内容，同时扩大导师隐性教育的影响力。为此，应充分利用科研组、课题组、实验室的结构优势，顺势做好教育引领工作，与导师共筑强大的育人合力。在日常工作中，辅导员需明确自身的职责与要求，与导师建立协同工作机制，将了解到的研究生的学习、生活和心理状态及时反馈给导师，以便双方共同商议并采取有效的帮扶措施。此外，辅导员还应通过组织师生交流活动等方式，增进师生之间的了解和信任，帮助其建立良好的导学关系。

总而言之，像小梦这样因情感受挫和毕业压力而引发心理应激的学生，应及时识别、建立信任、保持关注、积极引导。同时，辅导员与导师做好工作协同，为学生提供情感支持和学业指导，为其发展保驾护航，防止应激行为转化为危机事件，帮助和守护学生健康发展，使其成长成才。

【专家点评】

该案例的整体阐述和一系列包括识别、发现、处理的过程是比较完整的，也很清晰。不论面对本科生还是研究生，当心理健康问题浮现时，尽管表象可能相似，但其背后的根源和影响因素往往具有多样性和复杂性。因此，该案例还提醒我们，在关注学生心理健康的同时，也要深入探索和引导他们的人生观和世界观，帮助他们在困境中找到生活的意义和价值，从而实现更为全面和深远的健康成长。

对于案例中的小梦，辅导员不能陪她走到最后，但当她离开了辅导员、离开了学校这个环境，她该怎么办？在她病情平缓的时候，如果我们

不以更加积极、正确的价值引领她的话，那么之后那些问题必然会再次出现，这恰恰是辅导员在思想引领、价值引领方面非常核心的工作，也是我们所说的，辅导员在做好学生知心朋友的同时，更重要的是要成为他们的人生导师。

【专家简介】

冯培，首都经济贸易大学马克思主义学院教授，首都经济贸易大学原党委书记，教育部高校思想政治理论课教学指导委员会委员，教育部大学生思想政治教育研究中心专家委员会委员。

"父母为何一边爱我，一边害我"

——"高压"兼"厚爱"环境中成长学生的人生矛盾

刘星辰　解建团

【案例描述】

"老师，我刚才不受控制，大脑空白，等我反应过来的时候已经在前往天台寻求自杀的路上了。我不想死，我感到十分害怕，您能不能帮帮我。"这是本案例学生主动向辅导员求助时说的几句话。

小郑，男，大一学生，家中独生子。从小到大，小郑的父母不断向其强调专注提高学习成绩，其他事情由家长包办，高考志愿也由父母代其决定。小郑中学时期身体瘦弱，长期受慢性肠胃炎困扰，渴望家长关心关爱自己的身体和情绪，但父母仍不顾其身体状态不断强调以学习为重，更不关注其心理变化，不重视其心理需求，高考后强硬要求其选报公费师范生，未来做一名教师。这种高压管理在小郑心中埋下对抗父母的种子并生根发芽。

经了解，小郑自中学起就陆续在网上搜索自杀方式、自杀工具、自杀感受等内容，长期存在自杀意念。

学生求助后，经过学院、辅导员、专业心理咨询师、舍友、班干部的长期帮助，仍难以彻底扭转身心煎熬的状态，专科医院诊断其为中重度抑郁。但他因肠胃基础疾病，服药后副作用强烈，频繁引发呕吐，难以实现有效的治疗，身心煎熬导致其无法维持正常的学习和生活。2022 年下半年，家人带其办理休学手续并回家进行治疗。休学期间，家长多次带小郑求医无果，家长反馈，小郑整天不出家门，只是躺在卧室玩手机，不与家长、亲人沟通，不愿与大学老师、班干部、舍友沟通，也不再愿意就医，表达出"我就是不上学，不能让家长如意"的想法。家长多次参加相关培训，学习心理知识，试图修复亲子关系，收效甚微。父母一度心理崩溃，提出家长"消失"在这个世界，将财产全部留给他，希望小郑能够"消除对父母的仇恨"，恢复正常的学习生活，仍无法引起小郑的心理波动。无奈之下家长只能将小郑的休学时间延长一年，但休学期满，如小郑再不去学校报到，将作自动退学处理。

【案例分析】

适应障碍是指个体在经历明显的生活改变或环境变化后产生的一种应激相关障碍。其发病往往与生活事件的严重程度、个体心理素质、心理应对方式等有关，生活或环境的变化包括离婚、失业、转学、出现经济危机、退休等。一般情况下，随着时间的推移，适应障碍能够自行缓解，如若无法缓解，则可能会转化为更为严重的精神障碍。因此，适应障碍的治疗应该以心理治疗为主，药物只用于情绪异常较为明显的患者。药物治疗的作用是加快症状的缓解，为心理的治疗提供基础或合适的环境。

案例中的小郑属于现今社会中较为常见的"长期家庭教育偏差"导致高校新生适应障碍最终引发严重心理疾病并导致心理危机的典型。此类学生往往表现为"生活自理能力较差、人际关系敏感、腼腆内向、身体健康状况较差"，而学生家长往往有一方或者父母双方均较为强势，对学生有非常严格的管束和强烈的控制欲。此类学生升入大学后生活方式、居住环境、学习形式等因素发生较大变化，极易引发认知偏差、生活不适应等问题，多数学生会在升入大学后第一学期内完成适应，若学生长期无法适应则可能出现严重心理问题甚至导致危机事件。所以高校在中学大学衔接阶段着重加强此类学生的识别和引导至关重要。

升入大学后，小郑先后表现出以下三方面问题。一是生活自理能力较差，难以适应。具体表现为个人卫生状况不佳，个人生活事务处理能力较差。小郑在秋冬季节衣着单薄，衣服鲜有更换，饮食习惯不佳，面对老师的关心经常用"没事""没关系""不冷"等应付性质的词语来回复。实际上是因为家长没有为其及时购买衣物，而他自己不会，也不愿意主动添置衣物。二是几乎无社交能力，人际关系敏感。除宿舍舍友以外，小郑几乎不和其他人尤其是异性交流。小郑在宿舍以玩游戏、玩手机为主，手机浏览内容以动漫（《火影忍者》）为主，班级、学院集体活动几乎不参与。极易认为舍友所说的话是针对自身，容易产生宿舍矛盾，多次突然向舍友发脾气或者"生闷气"。三是身体健康状况不佳，受长期病痛影响。小郑长期受肠胃炎、甲沟炎困扰，整个人显得较为萎靡疲惫，在确诊中重度抑郁症后开始服用抗抑郁药物时肠胃反应加剧，导致其精神状态持续恶化。四是学习成绩不佳，与高中水平产生较大偏差。大一学年，小郑虽然没有不及格课程，但是整体成绩排在班级中和年级中末位，与初中、高中时期的佼佼者身份产生较大差距，从而形成心理偏差。

我们认为，小郑出现以上问题的主要原因有：

第一，家庭教育出现偏差，家庭教养方式偏于专制。随着社会的发展与家庭人口结构的调整，我国家庭结构主要以"四老人—二中年——孩子"为主，孩子作为整个家庭的核心被宠爱包围，而家庭对孩子期望过高以及优质社会资源的有限引发家长产生焦虑心理。有不少家庭在学生学业上长期保持严格要求的"高压"状态，对学生日常生活方面采取大包大揽的"厚爱"策略，如此较为专制的行为弱化了学生的主体性，学生自主意识被压抑和削弱，升入大学后在一定程度上脱离了"高压""厚爱"环境，对大学生角色的行为规范、学习生活方式、人际关系处理等日常事务掌握不佳，也就很难适应大学生活。父母对小郑寄予的期望过高，施加的压力过大，主要关注其学业成就，包揽了小郑除学习外的大多数日常事务，不仅忽视了他的身心健康和情感需求，而且不利于小郑在生活、社交等方面综合素质的培养。这种教育方式可能导致小郑在成长过程中缺乏应对问题和挫折的能力，同时对他的身心健康产生了负面影响。

第二，自我认知出现偏差，理想与现实产生冲突。自我认知偏差是指人们对自己的认知和评价存在偏差或失真，常常导致对自己和周围世界的错误理解。小郑在初中、高中时期学习成绩排名靠前，受学校、老师、同学的重视程度高，但升入大学的同学学业水平相近，更不乏表现优异者，小郑学业名次急剧下降以及所受重视程度降低对其造成较大心理冲击，可能导致其对自己失去信心，从而产生挫败感和焦虑情绪，难以在短期内调适平衡。加之小郑喜爱和长期浏览动漫、二次元内容，对动漫中的理想人格和角色产生较大的迷恋，从而不自觉地将虚拟世界与现实中的自己、同学、亲人及周遭环境进行比较，并产生较大落差，激化内心世界矛盾，从而进一步对现实世界产生悲观、消极情绪。这对学生接受现实、融入现实、改变现实产生了一定的阻碍作用。两种原因交织，使得小郑的自我认知产生较大偏差，理想中的自我与现实中的自我矛盾不断冲击着小郑的精神世界，使其备受煎熬。

第三，长期慢性病痛困扰，情绪总体较为低落。研究表明长期受慢性病影响的患者抑郁情绪、焦虑情绪的发生率相比常人更高。小郑自中学起就因慢性肠胃炎多次住院，身形消瘦、状态不佳。这种身体上长期的不适，无疑给小郑带来了沉重的心理负担，使他难以像同龄人那样无忧无虑地享受青春。辅导员曾积极动员小郑参加学校运动会的集体项目，但小郑升入大学后因卫生状况不佳感染甲沟炎，在几次训练后无法坚持而退出集体训练队伍，这也加剧了他对自己身体状况的忧虑和失望。身体状况不佳对他的心理状态产生了一定程度的负面影响，导致小郑长期处于疲惫和不适的状态，尤其是在确诊中重度抑郁后，治疗药物副作用强烈，从而引发其频繁呕吐，这无疑又增加了他身体上的痛苦和心理上的负担。在这种双重打击下，小郑的情绪和心理状态进一步恶化，最终使他无法继续坚持学业，选择了休学。

【解决办法】

如今不少家长试图通过强心理预期、强家庭资源和学习时间的持续投入，达到提升子女学业成绩和社会成就的现象普遍存在，高中生升入大学后从"高压"的学习环境和"厚爱"的生活环境过渡到相对宽松自由的学习生活环境后，长期压抑的情绪极易得到过量释放，各类心理问题可能浮出表面，高校如何在此类学生入学后第一时间做好识别和引导成为工作重点和难点。对于案例中的小郑，学校和辅导员可以从以下三个方面进行识别与引导。

第一，构建系统高效的新生适应性教育体系。一是多措并举精准识别此类学生。辅导员要通过查阅新生档案、勤加走访宿舍、开展谈心谈话、关注心理测评等对学生家庭基本情况、宿舍生活状态、身体健康状态、人际关系状态、心理健康状态等有整体的把握，识别和关注此类学生。二是学校要以政工干部、辅导员、专业教师、优秀朋辈为育人主体，以新生入学教育、理想信念教育、劳动育人课程、军事训练、社会实践、朋辈帮扶、专业引导、职业生涯规划等内容为依托，构建多层次、全方位的新生适应性教育内容体系，帮助此类大学生逐渐克服学习、生活、人际交往适应性问题。

第二，家校联动引导家长修正家庭教养方式。一是发现此类学生后辅导员应及时与家长取得联系，向家长反馈学生在校表现和存在问题，与家长共同制订解决方案，引导家长在教育期望、教育方式、关爱方法等方面注重遵循学生成长客观规律。二是引导家长认识到大学生已长大成人：一方面要尊重学生意见，调整包办态度，避免粗暴干涉子女选择，修正唯成绩论的思想；另一方面后续要着重锻炼学生的生活技能、学习方式，同时提升其人际沟通能力。三是强调家长应重视学生身心健康，如若发现问题应尽早就医，如若产生较为严重的心理问题应告诫家长及时带学生就医，寻求专业力量介入。

第三，建立帮扶体系提升学生自我效能感。面对长期存在适应性问题的学生，应将其作为重点帮扶和引导的对象。一是学生在校期间辅导员可以安排宿舍中可靠学生干部或舍友对其在日常生活提供帮助和指导，逐步提高其自理能力。二是安排学生党员、志愿者帮助其适应大学学习方法，提高学习成绩，增强其自信心。三是辅导员鼓励、动员此类学生积极参与集体活动，帮助他走出宿舍，减少对互联网、电子产品的依赖，在现实生活中建立良好的人际关系。四是借助学校心理咨询专业力量对其进行定期咨询、心理疏导、状态评估以帮助其缓解心理压力，增强其情感表达能力，逐渐提升学生的自我效能感。

【经验启示】

对于像小郑这类从小在"高压"与"厚爱"环境下成长且存在适应障碍的学生，高校应采取综合措施尽早进行识别和引导，构建适应性困难学生精准识别和引导机制——从入学前到入学后，从个体到家庭再到学校都要有相应的策略和方案来识别出面临问题和困境的学生并及时提供有效帮扶。只有这样才能够更好地满足学生成长需求，防止其负面情绪累积并转化为危机事件。

辅导员在与家长沟通时应牢牢把握住两个基本点：第一个是尽快让家长认识到学校与家庭在同一条战线，都是为了学生的健康成长和发展，这是辅导员与家长进一步沟通、解决学生问题的基础；第二是让家长接受自己孩子出现心理问题的现实，由于部分家长缺乏心理健康方面的知识，对精神类疾病存在偏见，他们很难承认自己含辛茹苦培养的孩子出现了心理问题，这是家校联动中最大的难点。

【专家点评】

本案例在目前的中学、大学阶段应该是比较普遍的一个问题，不少学生进入大学后或多或少都出现过适应上的障碍。案例独到之处是展现了当今社会中父母全心全意为孩子付出爱得可怜和孩子面对父母这种厚爱却并不理解之间产生的矛盾，不仅学生饱受身心煎熬，父母同样痛苦不堪。

值得注意的是我们辅导员在处理此类问题的时候有两个关键立场必须明确，一是不能因为学生对父母这种特别的爱的方式不理解而鼓励或默许学生对抗父母、疏远父母甚至与父母断绝家庭关系，这一点马克思主义家庭观不允许，中华优秀传统文化也不允许。二是在部分家庭中，学生的成长过程中具备的水准、能力、思维、格局超越了他的父母，因此也出现了部分学生成长成才后看不起、瞧不上父母的心理，这同样也是不允许的，是需要我们辅导员在做工作的时候向学生强调的。没有做过父母的孩子往往不理解，为人父母后才明白父母苦心，学生的成长成才是离不开父母的，这个道理必须给学生讲清楚。

在解决此类问题的措施和建议方面，案例从学校、家长、学生三个层面出发，比较全面和合理，但值得补充的是在家长和学生层面如果能使二者共同参与到一些有效的活动之中，将会减少学生和家长之间的认知偏差。家长做到陪伴学生成长、为学生提供适当信任和支持，双方在共同参与活动、共同处理事务的过程中慢慢互相理解、互相认可，就能在一定程度上纠正学生与家长之间的认知偏差。

最后也建议我们辅导员能够以马克思主义家庭观为指导、以中华优秀传统文化为借鉴，结合高校学生工作实际，对学生加强家庭、家教、家风建设的教育，加深学生对家庭的认知，也为家校联动，做好学生的思想教育工作打基础。

【专家简介】

胡元梓，国家哲学社会科学办公室政治学学科评议组成员，人民出版社《新华文摘》编辑部编审，中国政治学会理事，中国行政管理学会理事。

第五篇

学生组织
管理

"一场未完待续的查宿"
——学生工作的"交"与"接"

南金阳　邱远航

【案例描述】

"老师，她去打水了，她回来我让她给您打电话。""老师，她去洗澡了，她回来我让她给您打电话。""老师，我已经返回宿舍了，您放心！"这是本案例学生红红及其舍友向辅导员报"平安"时说的几句话。

红红，女，本科生（已毕业），从小家庭条件优越，父亲比较强势，母亲对红红百般宠溺，红红学习上进。大四时，其原辅导员调离学工岗位，由新的辅导员接任。

红红自己和家庭对她的规划是出国留学，所以白天，她就在学院的自习室学习，备考雅思，还时不时来学工组给辅导员打声招呼，乍一看，一切都是积极向上的景象。临近期末，在辅导员夜查宿时，发现她没有在 11 点前返回宿舍，舍友告知辅导员她在浴室。后来，辅导员发现红红是未经批准外出，夜不归宿。经了解，红红给母亲说的是想在外学习，和辅导员请过假了；同时，请舍友吃饭，让她们在查宿时帮自己打掩护，舍友们也没有拒绝。在辅导员与红红谈话时，红红自己坦白，雅思学习压力太大，她不敢和父母说，尤其担心父亲责骂，又觉得新辅导员接任，可能对他们的情况不了解，夜不归宿也不会被发觉。

后来，学院对红红及其舍友的行为进行了处分和教育。现任辅导员在和前任辅导员沟通时又进一步了解到一个细节：红红之前就有撒谎的习惯，舍友对其不当行为也有包庇的情况。这个故事初看只是学生日常管理方面的情况——查宿，学生夜不归宿；其实，这里还反映出一个现象：现任与前任辅导员对学生工作的交接问题。

【案例分析】

在高校思想政治教育工作第一线工作的辅导员们，对学生的日常管理、思想政治教育、心理健康、班团建设等方面都起着非常重要的作用。由于高校辅导员升迁、借调、离职或其他岗位调整方面的原因，工作交接是普遍存在的现象。但辅导员工作性质特殊，他们工作交接的质量直接影响着学生思想政治教育工作的质量。不同于一些行业工作交接的对象往往只是设备清单、人员清单、资金账目等档案类的静态信息，高校辅导员工作交接的重点对象是学生，是饱含情感的学生，是所涉及的每一个学生，涉及学生的信息往往是动态的。本案例就反映出辅导员工作交接时现任与前任信息不对称的情况。那么，为什么会出现辅导员信息不对称的情况呢？我们试着像剥洋葱一样一层层剖析，一条条梳理。

一、辅导员之间信息交换不全面

在以往的工作交接中，由于时间较为仓促，存在一场"晚点名"、一次"查宿"、一份"名单"、一份"交接表"就完成工作交接的情况。以工作交接表体现的重点信息为例，我们往往就高关怀学生的情况记录得多，就大部分学生交流的情况少，这就可能为"灰犀牛"现象的产生埋下种子。同时，学生的情况是会发生动态变化的，高关怀学生的情况可能也有变化。在信息交换方面，思想政治教育场域有其特殊性，既有涉及学生基本信息、学习成绩、宿舍成员等档案类的静态信息，也包括学生目前的情绪、未来职业规划、入党意愿等涉及情感价值的动态信息。

二、信任迁移没有完成

工作交接涉及前后两任辅导员和学生。经过长期磨合，大多数学生已经熟悉并逐渐适应了原辅导员的工作思路和工作方式，彼此之间也形成了一定的交往模式，存在着一定的信任机制。相较之下，新任辅导员和学生之间相对来说比较陌生，若之前交流较少，彼此间的熟悉度、信任度就较低，在一定程度上加大了思想政治教育工作开展的难度。例如，原先年级各方面的情况都差强人意，这样就可能会给同学们一个错误的感觉，来了一个"整治"他们的辅导员，如果此时有些学生工作处理得不恰当，不排除同学们会联合起来形成对新任辅导员的孤立；假若原年级各方面情况良好，同学们可能会很敬佩前任辅导员，熟悉前任辅导员的工作方式，加之对辅导员有深厚的感情，这时候不排除其可能有抵触新任辅导员的想法。"孤立""抵触"等情况都不利于学生与新任辅导员之间的有效沟通，会对信任迁移工作的完成造成不利影响，制约新任辅导员开展日常教育管理工作，增加日常教育管理工作的风险。[①]

三、辅导员的作用未能充分发挥

一方面，工作的交接，不意味着离任辅导员对学生工作热情的丧失，不意味着离任辅导员无法再提供情绪价值和实际关怀。离任辅导员对高关怀学生的一句暖心话，一次活动中的现身，往往会产生事半功倍的育人效果。从学生的角度来观察，离任辅导员的"不离开"，是一种高级的爱——陪伴。学生们不是少了一个辅导员，而是多了一个辅导员。但在实际情况中，给离任辅导员的工作交接时间不充裕，对离任辅导员的人

---

① 周梦霓. 浅谈高职辅导员中途接班工作策略［J］. 当代教育实践与教学研究，2019（15）：133-134.

文关怀不到位；碍于离任辅导员升迁、借调、轮岗等情况，没有事先规范交接要求，一些流程可能就敷衍地走完了。这些情况都不利于学生工作的交接。另一方面，新任辅导员缺少工作交接的相关培训，没能够在正式交接前介入相关学生工作，例如查宿、班团活动、离任辅导员的专项工作等等。在实际工作中，新任辅导员容易疲于应对，被动处理事务。一旦工作交接过程中产生突发情况，两任辅导员往往无法形成合力，使学生日常管理工作大打折扣，学生思想政治教育工作也很难高质量完成。

【解决办法】

高校辅导员工作交接是任何高校辅导员都必须要研究和解决的问题。我们刚刚分析了辅导员间信息不对称的相关原因，可以试着从以下三个方面进行优化。

一、着力构建"三全育人"工作体系

"三全育人"体现了高校落实立德树人任务的内在要求，呼应了高校思想政治教育的时代价值，有利于进一步破解高校思想政治教育的实践困境。因此，高校将立德树人作为立身之本，着力构建"三全育人"工作体系，不断提升思想政治教育的针对性和实效性。在实践中，高校应从充分发挥"全员"育人合力、规范"全程"育人通路以及整合"全方位"育人资源三方面增强思想政治教育精准性，帮助学生成长成才。"三全育人"工作体系要求，学校各个部门、各个成员都承担着学生思想政治教育的使命，该体系也为辅导员工作交接系统化、制度化提供了支撑，同时也进一步明晰了工作要求。"三全育人"工作体系进一步清晰，交接工作的具体机制也会进一步完善。同时，"三全育人"工作体系的构建离不开一项基础工程——学生基础信息共享。首先，基础信息共享可以在涉及学生日常管理的各个部门形成合力，避免"小事拖大、大事拖炸"，使每一个环节能够

连接起来；其次，基础信息共享可以使辅导员从琐碎的日常事务管理中抽身出来，化被动为主动，将更多的精力放入教育、引导工作上，例如班团建设、党支部活动、创新创业项目等，实现师生互动、双向奔赴，增强师生在思想政治教育活动中的获得感。

二、充分借鉴结构化沟通模式

在辅导员工作交接中，高关怀学生的相关信息交接是非常重要的一环。针对这一交接环节，可以充分借鉴结构化沟通模式，提高交接的效率，减少不必要的风险。例如，借鉴 SBAR 沟通模式。该沟通模式包括：目前发生了什么，即现状（situation）；什么情况导致的，即背景（background）；我认为问题是什么，即评估（assessment）；该如何去解决问题，即建议（recommendation）。该模式是一种以证据为基础的标准的沟通方式，在紧急情况下能够保证信息的准确传递，是世界卫生组织所提出的标准化沟通模式。SBAR 沟通模式目前应用的场景多为医学领域，对高关怀学生的工作交接具有一定的借鉴意义。辅导员间基于 SBAR 沟通模式交接高关怀学生的相关工作，能够在一定程度上提高工作交接的质量，减少交接耗时，减轻辅导员的心理负担。实践中，高关怀学生的家庭背景、心理状态、行为反应、宿舍情况等信息如果交接不清、遗漏，可能会使新任辅导员失去最佳介入期，引起家校纠纷、发生护理措施不到位等情况。SBAR 沟通模式的运用，可以使接任者充分评估并梳理高关怀学生资料后认真标注其情况。一旦危机事件发生，前后任辅导员可以更有条理地沟通，方便接任者短时间内了解高关怀学生的危机情况，系统分析管理、教育等问题，及时采取妥当措施。总的来说，该模式形成的沟通信息有提醒、警示和预见作用，使交接更顺，交接时间更短，提高工作效率，促进团队合作，提高交接工作质量。

三、不断丰富师生互动场景

在辅导员工作交接中，信任迁移是重要的一环，减少信息的不对称性有利于完成信任迁移。在学生日常教育管理中，由于不对称信息条件下存在逆向选择和道德风险问题，因此，拥有信息优势和信息劣势的各方（辅导员、学生）试图通过某种信号向对方传递自己的"真实"信息。怎么充分传递辅导员和学生间的信号呢？要通过丰富师生互动场景丰富信息交换场景。那么，怎么丰富师生互动场景呢？一方面离不开校院两级的文体活动，学工组辅导员要大力动员，让不同年级的师生能够在同一个平台交流；另一方面，学院学工组要有意识地设计不同年级师生互动场景，在学院层面的学生管理实际中，加大不同年级、不同辅导员的活动参与度，增强学院学工团队的影响力，使学生们感受到管理有年级，关爱不缺位，从而做到行为不越位。当然，优秀的班团活动，也可以引导学生有意识地邀请不同年级的辅导员参加、点评。辅导员们与学生们交流的机会越多，信息传递就越充分，减少了"抵触""孤立"，一旦需要工作交接，信任迁移就能够很好地完成。

四、夯实辅导员日常管理工作

辅导员个人往往会遇到工作调动的情况，要完成高质量的工作交接，可以从三个方面进一步完善、优化。一是辅导员在日常工作中要及时更新学生信息，可以参照 SBAR 沟通模式更新高关怀学生动态信息；利用更高阶的数据库，丰富学生个人画像。二是辅导员之间既要交接数据信息，更要交接经验教训。离任辅导员向继任者交接经验教训可以使继任者少走弯路，更快地进入角色，尽可能快地度过磨合期，更快更好地开创工作局面；也可以帮助继任者吸取教训，对症下药，有针对性地解决遗留的问题；还可以起到警示作用，把教训当成隐患来预防，让继任者在今后工作中防止再犯类似过错，促进工作开展。三是学生管理部门可以通过问卷、访谈进一步关注辅导员现实需求，提高辅导员的工作获得感，这也有利于进一步完善辅导员队伍建设。

【经验启示】

辅导员交接工作在所难免，工作交接的内容涉及每个学生的方方面面。实践中，应构建"三全育人"工作体系，梳理影响工作交接的因素，提高辅导员在开展思想政治教育工作中的团队协作能力，做好班团建设（高质量的班团建设也利于工作交接开展），在辅导员工作交接的实践中，做到"交"得清楚，"接"得明白。

【专家点评】

首先，这个案例选题和分析都很准确，从案例的整体表述、分析、论证来看，是一篇比较成熟的思想政治教育工作的专业学术论文。这个案例是一个宿舍管理的问题，也是一个辅导员工作交接的问题，作者通过日常的宿舍管理，分析总结宿舍管理中的隐患，理出了其他的问题——辅导员工作交接的问题，显示了作者一定的理论功底和丰富的实践经验。

其次，我国高校的宿舍管理制度是高校各项学生管理制度的重要组成部分，作者还可以再进一步挖掘高校当前宿舍管理制度面临的困境，针对宿舍管理制度本身，做更为丰富的研究。例如，当前，社会新的事物新的变化层出不穷，社会多元化的特点和趋势越来越明显，这种多元化的特点反映到学生身上，各种可以预料和难以预料的情况时时刻刻都在发生，这就给宿舍管理带来了新的困难和压力。在这个案例中，即便新老辅导员之间能够实现无缝对接，类似案例中学生的情况仍然有可能发生。特别是新兴的网络技术、雨后春笋般的 AI 产品让学生完全可以通过网络虚拟技术，用虚假的声音和视频欺骗老师，因此，我们还应当不断地加强和完善现有的学生管理制度，锁定责任主体，解决我们能力范围内能够解决的问题，以防止或者减少此类案例或者问题的发生。对这样的问题，我们也应继续思考和探索新的解决办法。

【专家简介】

蒋红，云南大学教授，马克思主义理论研究和建设工程重点教材《马克思主义基本原理》编写组主要成员，国家社科基金重大研究专项首席专家，中国期刊协会常务理事。

朋友变"敌人"

——一起校园突发事件的处理与反思

胡雪梅 李钊

【案例描述】

小杰，男，本科三年级，因个人身体原因办理了校外住宿。考虑到小杰性格偏执，且曾出现过深夜从宿舍外出并失联的情况，辅导员根据学校校外住宿管理规定，要求监护人陪读，关注学生日常表现并及时沟通。

小马，男，本科三年级，性格开朗，与小杰曾是好友。后为避免性格消极的小杰给自己带来负面影响，与其日渐疏远，直至某次争吵后绝交。

某日下午，根据授课教师安排，小杰在该课程 QQ 群内发布对小马小组课程作业的点评意见。他的隐晦用词和张冠李戴的评价①引发小马的不满。当日 23 时许，小马在群内进行了"回怼"。

次日下午，小杰在群内再次回复信息②，此后群内无人发布信

---

① 由于对小马与自己断联、绝交行为不满，在二人此前发生的争吵中，小杰多次使用"忘恩负义、恩将仇报"等词语。在本次作业点评中，小杰不仅出现错误匹配授课者和授课作品的情况，还在点评小马个人表现时，使用"望恩赋义"一词，引发小马不满。

② 小杰在群内表示，"我那天根本就没有听你们讲课""如有不满可以私聊，只可惜你已将我的联系方式全部删除"。

息。16:32，辅导员接到学生小周的电话，称小杰与小马在自己宿舍内发生激烈争执，小杰有倒地撒泼、自扇耳光、拍打床铺等行为。辅导员在电话中提醒学生可在保护个人安全的基础上进行劝解，同时立即前往学生宿舍，联系学生干部给小周提供帮助。途中，辅导员与小杰父亲取得联系，得知他因家事刚刚离开西安，小杰无人陪同。16:38，已抵达学生宿舍园区的辅导员再次接到小周的电话，称小杰携带危险物品致使小马肩部受伤，小马已自行报警，还一时气急，发布了含小杰携带物品图片的朋友圈。

【案例分析】

这是一起突发校园危机＋学生心理问题的复合型案例。校园危机事件是指在校园内部由于自然的、人为的或社会政治等原因引发的，对学校教学、工作、生活秩序造成一定影响或危害的事件。[①] 本次事件发生在学生宿舍，且二人争吵、同学受伤的事情，小杰在他人宿舍内的异常行为和小马一时气急发布的朋友圈引起了学生一定范围的恐慌。

针对由学生心理问题引发的校园危机事件，在此事的处理过程中需要积极应对两个关键点，妥善解决两个难点。

关键点一：警惕情绪爆点，关注学生身心状态

大学是学生从家庭庇护走向独立自主的过渡场所，学生在此极易出现情感失落和人际关系的不和谐。某次，面对小杰再次表现出的不顾自己感受的"双标"行为，小马与其在线上发生激烈争吵并彻底绝交，删除了小杰的联系方式。小杰难以从与好友断联的情绪中走出，产生"我帮了他这么多忙，他为什么这样对我"的偏执想法，认为小马"忘恩负义"。

此次事件中，当小杰看到小马在群内的回复后，困惑、孤独、不满的

---

① 杨腾辉，罗钊. 高校校园危机事件的成因及对策分析［J］. 公关世界，2024（9）：114-116.

情绪被激发，直至冲突发生，依然无法从"他为什么如此恨我""不要孤立我"的思维状态走出。伤人事件发生后，小杰长时间接受警方传唤审问，存在压力叠加放大情绪的风险。但辅导员在关注小杰的同时，也要留心小马的治疗情况和情绪状态，避免小马因身体的伤痛和心理的愤懑交叉影响增大情绪负担，再次使用网络发言纾解压力。还要关注在场学生状态，必要时可联动学校心理中心。

关键点二：关注舆情热点，杜绝产生次生风险

信息时代，网络的公开、快捷和不透明性增加了校园管理的难度，舆情风险成为高校风险管控的关注点之一。作为网络原住民的 Z 世代，习惯且善于通过网络发声寻求支持，信息扩散的速度加快，广度增大。事件发生后，小马曾在课程群内发布大段信息斥责小杰在其宿舍大吵大闹的行为，也在朋友圈中发布了事件相关的信息（约 5 分钟后删除）。辅导员需要全面掌握情况，向前指挥，做好舆情监管，避免事件进一步恶化。

近年来校园危机事件频发，社会对同类事件关注度较高。小杰认为，小马在与自己"绝交"后，孤立他、排挤他，对他不理不睬，自己本次的行为是"积怨已久，实在控制不住自己的情绪"。此次的暴力冲突事件的后续风波和是否存在"小团体"孤立他人的现象均需纳入调查和舆情监管范围之内，杜绝次生风险的产生。

难点一：学生缺乏社会支持，难以凭借自己调整状态

社会支持是个体通过社会联系所获得的能减轻心理应激反应、缓解精神紧张状态、提高社会适应能力的重要因素。[①] 经过调查分析，大学生社会支持的来源主要是家人、朋友、亲戚、同学、恋人等五类人群。小杰遇

---

① 黄俱婕. 社会支持与大学生心理健康关系研究［J］. 国际公关，2003（8）：127-129.

到问题，大多时候求助于父亲或辅导员，无其他可以聊天、谈心的朋友、同学，社会支持度较低。事发次日，觉得自己才是受害者的小杰趁父亲外出独自离开住所，在给家长发送一条含有轻生意味的微信消息后失联。庆幸的是，小杰最终接听了辅导员的电话，通过电话中透露出来的信息，学校和警方协同发力，成功将其找回。在后续事件处理过程中，除了辅导员和办案民警，小杰不与任何人交流；在等待谈话的时候，他常常通过微信联系父亲，"你到哪里了""我要看到你才行"。

难点二：学生排斥且家长偏见较深，难以开展专业心理帮扶

自 2022 年 9 月接任小杰辅导员以来，辅导员曾就个人状态、学业态度、人际交流等多个方面与小杰进行谈心谈话。基于对其语言行为的分析判断，辅导员曾多次建议家长带小杰前往专业医院接受心理健康检查。但小杰反感被贴上有心理问题的标签，自述"只是情绪比较敏感"；其母考虑到药物影响、社会负面评价等对心理治疗也有较强抵触情绪；其父虽然考虑了辅导员的建议，但因阻力较大，未能成功带小杰就医问诊。后经辅导员多次劝导，小杰答应通过与辅导员沟通、定期在学校心理中心咨询的方式调整状态。

【解决办法 】

考虑到校园危机事件的急迫性、危害性和学生心理问题的长期性、复杂性，宜从以下五个方面处理此事。

一、及时响应，第一时间到场处理

接到学生的电话后，辅导员第一时间赶赴现场。到宿舍后，辅导员先检查了小马的伤势（肩部受伤，伤情鉴定结果为轻微伤），稳定并安抚所有在场同学情绪，将两位同学分开并分别安排学生干部陪同。将事件上报给学院书记、副书记，同时报告学校党委学生工作部，联系党委保

卫部共同处理此事。在接到辅导员的信息后，学院书记、副书记、学校相关部门负责人随即抵达现场，将受伤学生就近送至校医院接受治疗，辅导员留在现场配合民警调查取证，联系双方家长，建议其尽快到校。

小杰家长次日凌晨抵达。辅导员在派出所向其简要说明了事件经过，进行注意事项提醒，家长在警方要求下签署担保书后将小杰带离。小马家长次日中午抵达，辅导员在医院与家长见面，告知事件基本情况和学生伤情及治疗情况，安抚家长情绪。此外，考虑到小马家庭经济情况，向学校申请为其发放临时困难补助，解决学生现实困境。

二、事件还原，家校联动推动问题解决

本着公正、中立的态度，辅导员先与小杰及在场同学进行一对一谈话，后在小马身体允许的情况下与其沟通，引导学生还原事件经过。情况梳理完成后，辅导员积极与学生及双方家长沟通，告知事件客观过程，避免学生因为情绪受挫拒绝告知家长相关情况，或为获取支持而只说于自己有利的内容，导致家长对学校处理意见产生误解。

经过近三天的沟通交流，双方能够正确认识到此事涉及的利害关系，小杰及其家长真诚地向小马及其家长致歉，并提供经济补偿，争取其谅解。两名学生在双方家长的监护下进行交流，消除了此前产生的隔阂。待小马伤情鉴定完成后，依照学生本人及双方家长意愿，两人在警方的见证下签署和解协议书。小杰递交检讨书，对其行为进行深刻反思，承诺日后将严格遵守法律法规、校纪校规，约束行为，控制情绪，如有问题第一时间与家长、老师沟通。

三、批评教育，促进学生成长成才

考虑到小杰认错态度良好，在查明学生违纪事实，并将违纪事实材料交予其核实后，经学院党政联席会讨论，报学校党委学生工作部会商，学校根据校纪校规给予小杰处分。辅导员将学生处分告知书送达小杰本人并

告知申诉渠道。小杰及家长当场表示认同学校的处理结果，无任何异议。

辅导员对小马不理性的发言和在网络媒体发送不恰当内容的行为进行批评教育，使之知晓解决冲突的适当方法，引导学生通过合理的渠道反馈诉求。对其他在场同学化解冲突、帮助同学的行为予以肯定，告知学生如出现思想、情绪问题，可第一时间告知辅导员寻求帮助，同时提醒同学们注意事件影响，切勿传播相关内容。

四、点面结合，教育引导消除隐患

由于事发后，学校、学院迅速展开了应急处理，保护了学校声誉和涉事学生的隐私，给事件处理争取了空间，此事并未造成舆情风险。辅导员先后与当事人及其好友进行谈心谈话，给予有针对性的指导。考虑到小杰的心理状态、小马不愿更多人知晓此事的诉求和双方家长担心影响学生未来发展，不愿意扩大此事的意愿，学院未在年级内通报处理结果，调整为将结果告知事件相关人员，并结合法律法规、校纪校规，以其他同类案例面向班级、年级做警示教育，增强学生红线意识。

五、对标调整，保护学生身心状态

事件处理过程中，小杰在警方的介入和要求下转至医院接受心理检查，确诊为焦虑抑郁，且有双向情感障碍倾向。经过走访调查和沟通疏导，小杰从处理人际关系时产生的"被孤立、被排挤"的错误想法中挣脱出来，但情绪状态仍不稳定。因学生课程量较少且已完成课程中期考核，为保护学生身心状态，经学生本人及家长申请，报学院与各任课教师知晓，学生选择返乡疗养，家长签署安全承诺书后陪同学生返乡。辅导员在学生行前再次与学生本人及家长分别沟通，提醒家长做好学生用药监管，定期复诊。

【经验启示】

经过多方努力，涉事双方达成和解并恢复到各自的学习生活秩序当中。在场学生经过辅导员的疏导，均未产生不良情绪和心理问题。基于本事件的处理，共有以下两点经验启示：

一、完善改进校外住宿学生的安全管理，提高家校联动质量

在小杰携三甲医院诊断证明和家长知情同意书、安全承诺书办理校外住宿后，辅导员与家长确认了实际情况，沟通分析了校外住宿利弊，家长慎重考虑了小杰身心状态，坚持办理校外住宿，并保证由监护人陪同住宿。此事发生前，由于女儿生病住院，家中事项无法周全，小杰主动提出，自己近期状态良好，让父亲放心回家照料家人。其父虽叮嘱小杰告知学校老师自己需要离开几天，但小杰并未执行，致使管理空档出现。

为杜绝类似事件的再次发生，一是要持续严守学生校外住宿审核关。对于确有校外住宿需求的同学，需要确保申请理由充分正当、材料完备齐全、家长知情同意，并且学生校外住宿的个人安全可以保障。二是要加强校外住宿学生管理。辅导员要定期走访学生校外住宿地，确保学生校外住宿地点与申请地点一致且环境安全，陪同人员可靠，增强学生与辅导员的沟通互动。三是加强校外住宿学生家校联动。辅导员要定期与学生家长主动沟通学生情况，了解学生实际诉求，排查风险隐患，把握学生情绪状态，与家长建立长期良好互动关系。四是严把校外宿舍状态核查关。考虑建立校外住宿夜查寝打卡程序，学生夜打卡后由监护人或校外住宿陪同人员确认打卡信息，避免出现校外住宿学生夜间管理真空。

二、协同发力，开展未确诊但研判存在心理异常的学生的关怀管理

根据小杰在谈心谈话、网络空间、现实交往中的表现，辅导员推断学生可能存在心理异常，但因各种原因，学生始终未就医。事发当日中

午13时许，辅导员与小杰和其他同学共同进行运动会训练，小杰并未出现异常表现；小杰和小马在线上群内争辩时，同学、老师均未察觉到任何异常，直至小马再次发布信息后，学生干部才向辅导员转发此信息，任课教师也在群内进行了提醒；事发后，小杰多次出现自言自语和抠手臂（出血）的情况，最终在警方的要求下接受了专业检查。

针对这些情况，辅导员一是要深入学习心理健康知识，对学生情况进行初步研判分析，不断改进与学生交流的方式，持续引导。辅导员要关注学生在语言、行为等方面偏离日常状态的表现，抓住学生情绪低落、寻求解决途径的节点做好转介。坚持与学生家长沟通交流，帮助学生家长正确认识心理问题，提高重视程度。二是要持续探索全员育人方式。坚持用学生干部查考勤，辅导员谈心谈话，邀请学生参与集体活动等方式，疏导学生情绪，扩大学生社会支持。在班级中安排可靠信息员，关注校外住宿学生在校状态，及时上报异常。提醒专任教师加入育人环节，增强与教师的联络沟通，做好信息反馈。三是要增强心理健康教育在学生学习生活中的显示度。在日常教育中，通过晚点名、班团活动、知识讲座、心理团辅等活动，引导学生关注自身身心健康，帮助学生正确处理人际交往问题。

【专家点评】

在由学生人际交往矛盾引发的校园突发事件中，如何及时化解和处理矛盾冲突，妥善解决学生心理问题，该案例给出了一个相对圆满的解答。第一，要及时。辅导员第一时间到场，学院、学校第一时间响应、配合，给事件的顺利处理和有效推进打下了坚实基础。第二，要关爱。立德树人，就是把教育做好、做扎实，从而引导人、培养人。无论是对受伤学生，还是对伤人学生，都应当从朋友的姿态出发，保护学生的隐私，正视学生的诉求，使其感受到关爱。第三，要细致。工作要踏实，厘清事件原委，找到问题核心，回应学生关切，才能调停化解矛盾冲突。

【专家简介】

包心鉴，中国政治学会学术委员会副主任，山东省习近平新时代中国特色社会主义思想研究中心学术委员会委员、特邀研究员，山东大学特聘教授。

强化身份认同　坚守党员初心

——大学生党员身份意识淡化问题的思考与应对

黄博阳　李钊

【案例描述】

小李，女，本科毕业后考取母校硕士研究生。本科三年级时，经过党组织的培养、教育和考察，小李正式加入中国共产党，光荣地成为党组织的一员。到2024年年底，其党龄将满三年。然而，伴随党龄的增长，小李的党员意识却"不升反降"，开始呈现出淡漠化、松散化的倾向。

在其本科辅导员老师的忆述中，小李曾是一名思想端正、学习优秀、工作认真、各方面均积极追求进步的学生党员，她在班级各项事务中热情履职、倾心奉献，展现出良好的党员品质和优秀的学生风采，为身边的同学树立了良好的典范。然而，曾经在学习和各项活动中表现突出的她，研究生入学后却似乎失去了最初的那份热情与担当，不再展现出党员应有的先锋模范作用。

辅导员通过多方调查获悉，进入研究生阶段，小李不仅在学业上存在敷衍了事，甚至旷课等倦怠行为，对于集体活动也兴趣索然、不再积极参与。更有甚者，据小李所在党支部的支部书记反映，小李已连续两次在未事先请假的情况下缺席支部党员大会和主题党日活动，而面对党支部书记的关心和询问，小李的态度却是不以为然。

【案例分析】

小李思想的前后变化引起了辅导员的关注和担忧。经多方了解和综合分析，辅导员认识到，小李在研究生阶段党员活力缺失，既受到了个体因素的影响，也与组织环境密切相关。

一、个人忽视党性锻炼，弱化身份认同

小李的理想信念不够坚定最根本的原因是党员身份意识淡化。党员的身份意识是党员进行自我认知、开展实践工作的基本要求和重要基础[①]，正如习近平总书记在全国组织工作会议上所指出的，"干部的党性修养、思想觉悟、道德水平不会随着党龄的增加而自然提高，也不会随着职务的升迁而自然提高，而需要终生努力"。可以说，党性修养是党员的终身必修课，而加强党员意识的培养正是加强党性锻炼和修养的重要方面。但小李在成功入党后，未能坚守初心，出现了思想上松懈和身份意识模糊的情况，这正是其个人党性修养弱化的表现，需要严肃对待、理性分析并及时修正。

从个体外部环境看，从本科生到研究生的身份转变，给小李的学习和生活带来了一些新变化，要求其必须完成自我身份认同并采取相应的行为机制来适应新环境和新挑战。总体而言，相较于本科时期，其在研究生时期的特点突出表现为如下几个方面。其一，个体自主性增强。小李的思想更为成熟、个性更加内敛、独立意识和批判性思维增强，习惯独自面对问题，与他人沟通相对减少。其二，学习上以科研活动为主。研究生阶段，小李的学术志趣增强，个人精力多集中在课题组的科研工作上，与导师的交流互动更多，与同学们的交流讨论也多局限于科研、论文等方面。其三，主体活动流动性大。由于科研调查、专业实践、联合培养等需要，小李所在专业学生须在校内外开展各类实习、实践活动，其个人时间、精

---

① 孟献丽.不忘初心 强化党员身份意识［N］.光明日报，2018-02-27(5).

力、能力均有限，难以兼顾各项工作。以上这些研究生时期的阶段性特征可能是造成小李思想和行为转变的重要环境因素。

二、研究生教育培养与党建融合不深入

除了党员成长发展和组织运行管理方面存在的不足，结合小李的研究生身份特点，从更宏观的层面进行问题剖析，辅导员认识到小李当前的思想态度还客观地反映出了专业育人与研究生党建和思政工作两者间存在衔接不够紧密的现象，"党建+"育人格局没有充分发挥作用。

以"三全育人"为载体的研究生"大思政"格局要求辅导员注重以融合思维为提升高校党建质量的核心[①]，以推动研究生党建思政与研究生教育培养。把支部建在学科上，通过"党建+课程""党建+学术""党建+实践""党建+就业"……增强研究生思想政治工作的针对性和亲和力，让研究生党员在示范引领中发展进步，让广大研究生在党建赋能下成长成才。

综上可见，让小李重审并端正入党动机，坚守入党初心，强化党员身份意识，实现"组织上入党一生一次、思想上入党一生一世"，同时引导小李所在的党支部更好地发挥其战斗堡垒作用，增强学校基层党组织的创造力、凝聚力和向心力，成为化解问题的关键。

【解决办法】

针对此案例，作为高校辅导员，可以围绕以下三个方面展开工作。

一、理想引航，时常"拂拭"初心

高校辅导员是开展大学生思想政治教育的骨干力量，同时辅导员多兼任学生党支部书记，双重角色肩负双重使命。面对学生党员，辅导员老师

---

① 黄宝印，陶好飞，蔡永明.高质量党建引领高校事业高质量发展：价值意蕴、评价探索及实践进路［J］.思想教育研究，2024(5):138-143.

应当立足自身岗位职责，充分发挥党建在思政工作中的龙头作用，加强对党员的教育管理，补足学生党员的精神之"钙"，治好学生党员思想上的"亚健康"，以思想自觉引领行动自觉，帮助学生党员凝心铸魂、固根蓄能；同时引导学生党员常拂初心不蒙尘、强化使命勇担当，鞭策、鼓励学生党员不断强化党员身份意识，让党性随着党龄的增长得到淬炼和提高。在本案例中，辅导员采取了以下几种措施，帮助学生筑牢思想根基。

（一）细致了解原因，关注个体成长

辅导员通过对小李所在支部的其他党员同志、学生骨干、室友等的问询进行侧面了解，并多次与小李开展面对面的沟通交流，深入了解了导致小李党员活力减退的具体缘由和她的真实想法，明白了其中的原因是多方面的，包括学业压力、职业规划、党组织活动吸引力不足等。通过对学生开展个性化关怀，辅导员发现了小李的实际问题和困难，了解了她的个人发展规划及需求，并针对症结，精准施策，提供了个性化的指导和帮助。在此过程中，辅导员始终坚持把解决思想问题与解决实际问题相结合，成功引导和帮助小李意识到了自身问题，并为其进一步攻克问题、提升自我减轻了压力、增强了信心。

（二）坚持严管厚爱，约束学生党员

严管厚爱方能有畏有为[①]，谈心谈话是我们党的优良传统和政治优势，是高校辅导员开展思想工作和深入了解、关心爱护学生的重要途径。在已有工作的基础上，辅导员指导小李的支部书记抓实经常性谈心谈话工作，充分把握小李的思想动态。同时严肃党组织纪律，培育小李的纪律意识，促使其严格按照组织纪律规范约束自己。针对小李多次无故不参加组织生活的情况，用好"批评与自我批评"这一重要法宝，要求小李对照党章、党纪检视自身问题。在支部大会上，小李严肃地开展了自我批评，做出了

---

① 胡卫兵.严管厚爱方能有畏有为［N］.人民日报，2020-09-21(5).

书面检讨。小李真诚的自我剖析，不仅平息了党支部其他同志对小李的不满，也对所有支部成员起到了一定的警示教育效果。

（三）强化党性教育，锤炼政治素养

坚定理想是守牢入党初心与使命担当的关键。除了多次与小李深入细致、循序渐进地谈心谈话，辅导员还组织并邀请小李参加了《革命者》红色观影活动。影片所讲述的李大钊同志引领一众革命志士为救国存亡积极奔走、奋起反抗的历史故事，让小李深受触动。同时，结合小李的专业方向，辅导员通过"大先生"张新科、杰出校友赵海龙等身边优秀党员的模范事迹为其生动诠释了学校"西部红烛两代师表"精神的深厚内涵，鼓励小李作为教育硕士，自觉传承好学校的优良精神，赓续前辈们的优秀传统，书写后辈新篇，从而激发小李再接再厉、勇创新高的内生动力。

（四）加强组织引导，注重实践锻炼

在充分考虑可行性、示范性的基础上，学工组结合学生党员的特点和客观实际，在新生入学报到、学校运动会等场合设立"党员先锋岗"，鼓励小李佩戴党员徽章，穿上"党员先锋队"的志愿者马甲，亮明党员身份，和诸多党员一起投身于文明校园建设、朋辈教育、科研创新实践、乡村振兴等具体的社会实践工作，践行全心全意为人民服务的宗旨，以实际行动挥洒青春热血，强化先锋意识。认同、自觉、自信是共产党员身份认知的三个递进层次[1]，得到了同学们的支持和认可，党员小李的身份荣誉感和自豪感也在不断生成和积累。

二、创新引领，激发支部活力

中国共产党是始终保持青春特质的党[2]，党支部是党组织中的基本单

---

① 刘芮杉.共产党员身份认知的三重境界［J］.前线，2020(11):32-35.

② 沈壮海，蒋从斌.新时代中国共产党青年观的新发展［J］.思想理论教育，2022(6):4-10.

元，在高校党组织结构中处于"终端"位置，是保证党的路线、方针、政策、各项目标任务有效贯彻的具体执行者，承担着教育、管理、监督党员的重要职责，党支部始终充满生机和活力，才能更好地发挥其战斗堡垒作用。

（一）培育支部书记，筑牢坚强堡垒

小李所在的研究生党支部是由学生党员担任支部书记，他在实际开展工作时存在一定困难，如难以把握重点方向、理论理解较为浅显、开展活动经验不足等。辅导员把抓好和培育支部书记这个"领头羊"，作为加强党支部建设的重要着力点，在选优配强研究生党支部书记的基础上，每月定期召开党支部书记工作例会，由各党支部书记对工作开展情况进行集中汇报，在交流、反思、总结中帮助小李的支部书记提升理论素养和工作本领。

（二）强化激励机制，实现创先争优

辅导员进一步加强了年度民主评议党员工作，重视结果运用，将民主评议党员结果作为研究生评奖评优的重要参考。在对优秀共产党员、优秀党务工作者和先进党支部进行评选和表彰的过程中，扩大其示范带动效应，使研究生教育评价不再"唯论文""唯科研"。通过民主评议工作的展开，小李也更加深刻地认识到了自己和先进党员之间的差距，找准了自身的不足，明确了发展方向。

（三）丰富活动形式，提升组织活力

为深入了解小李在支部活动中的表现，辅导员列席了其所在党支部的组织生活，指导支部在做好工作提示和要求的基础上，进一步加强支部系统计划和工作安排的自主性，开展组织生活时充分结合小李所在专业的学科特点和学习生活实际情况，积极探索支部活动新模式，例如采取理论小课堂、辩论研讨、知识竞答、轮值主讲等形式开展理论学习。鼓励小李自主备课，主讲一堂微党课，让小李从被动的接受者转变为主动的讲述者，从"听人讲"到"自己讲"，充分参与到党支部建设中，激发她的主动性和创造性。辅导员还叮嘱支部书记为小李过好"政治生日"，通过过"政治生日"、重温入党申请书、召开毕业生党员大会等，增加活动仪式感，提高参与度，帮助学生党员坚守入党初心。

三、多方协同，矢志科研报国

在研究生党员教育管理的问题上，要有广泛覆盖的"大思政"工作格局，还应注重根据研究生的特点采取相应的措施。在此案例中，不仅要关注小李的思想政治素质培养，还应结合她在学术研究和职业发展中的实际需求，提供更加贴近小李学习与生活实际的教育内容和管理方式。

（一）发挥导师作用，共育时代新人

导学关系作为研究生阶段核心的社会关系，既深刻影响研究生求学过程，还作为一种"师承"关系贯穿于导师和学生的生涯始终，[①] 导师对于研究生党员的思想塑造起着重要作用。基于此，一方面，辅导员借助导师力量帮助小李增强政治素养；另一方面，组织小李所在的学生党支部与教师党支部结对，定期开展支部共建活动，通过支部活动场域下小李与导师的互动交流提升她的思想认识。学工组还计划通过组建功能型党支部、师生联合党支部等形式，让党员导师、党员师兄师姐等担任支部书记，充分利用他们的政治优势、威望优势、经验优势帮助像小李这样的青年党员成长。

（二）党建领航赋能，促进学术发展

辅导员鼓励小李将履行党员义务和实现个人理想高度统一起来，在不断探索中寻找身份角色的平衡点，努力实现自身学习、工作和党性锤炼三者的良性互动，从而全面提升自己的综合素养。一方面，结合小李文学和

---

① 杨斌.《"导学思政"凝聚三全育人合力〔N〕. 中国教育报，2020-06-08(5).

教育学的学科背景，辅导员指导党支部将习近平文化思想、教育家精神的学习列入支部的年度学习计划，增强理论学习的针对性和吸引力；另一方面，教育引导小李牢记"国之大者"，立志做大学问、真学问，把论文写在祖国的大地上。① 小李所在的党支部定期组织学术交流活动，引导党员提升了面向中国实际、解决中国问题的意识与本领。党支部形成了特色品牌，也在客观上带动了小李等研究生党员的学术科研发展。

在学院、支部书记、学生导师、辅导员老师等多方力量的共同努力下，小李一改往日的倦怠，重新焕发出了一名青年学生党员应有的青春活力。2024 年 6 月，小李顺利毕业。相信如今心中有火、眼里有光的她在走上工作岗位后也一定会牢记共产党员这个"第一身份"②，用散发出的红烛微光照亮更多孩子的人生路。

【经验启示】

一、党建工作是龙头

党建是思想政治工作的龙头和依靠力量。③ 研究生群体中党员占比较高，以小李所在学院为例，截至 2024 年 5 月，本科生党员和研究生党员分别占学生党员总数的 32% 和 68%，研究生党员数占研究生总数的 44%。高校辅导员，特别是研究生辅导员要把党员教育管理工作作为学生思政工作的重要阵地，利用党员、党支部辐射带动更多学生坚定理想信念、增强党性锤炼、塑造政治品格。

---

① 燕连福.推动思政课"讲好道理"的辩证思考［J］.马克思主义理论教学与研究，2024(3):17-20.

② 李鹃.牢牢把握六个更好统筹［N］.中国纪检监察报，2022-12-19:(4).

③ 陈旭.思想政治工作的龙头和依靠力量［J］.人民论坛，2017(5):6-8.

二、关爱学生是基础

做到严慈相济，坚持严管与厚爱结合、激励与约束并重。一方面，解决实际问题要首先解决思想问题①；另一方面，在探究学生思想转变的根源问题时，辅导员应深入了解学生面临的实际困难，及时回应学生的诉求，全心全意为学生服务，让学生感受到党组织的温暖和力量。

三、助力成长是关键

自我提升、自我实现是学生党员活力迸发的重要内驱动力。高校学生党建工作要立足于"时代新人铸魂工程"，用好"大思政"育人格局，同时要结合学科特色、专业特点，鼓励学生党员，特别是研究生党员摒弃"躺平"思想，树牢担当意识，着眼于国家重大战略、关键领域和社会重大需求，勇攀学术高峰，实现成长成才。

【专家点评】

高校是发展培养和教育管理学生党员的重要场所，在实现为党育人、为国育才中发挥着重要作用。此案例通过细致分析个例党员思想行为转变的具体原因，并积极探索激发其活力与热情的现实路径，为高校学生党建工作提供了宝贵启示。案例揭示了党员持续教育的重要性，指出要引导学生党员树立终身学习的理念，将党的理论知识内化于心、外化于行。同时认为，面对问题应深入实际，精准施策。通过理论联系实际、个性化指导和集体激励相结合的方式，有效激发研究生党员的责任感和使命感。这也启示我们，高校辅导员应具备问题导向意识和创新能力，不断发现和探究问题，探索和创新工作方法，提升学生党建工作的专业性和实效性，发挥高校辅导员在大学生思想引领和学生党员队伍建设中的关键作用。

---

① 王易.在遵循规律中不断加强和改进新时代思想政治工作［J］.北京教育(德育),2021(9):51-56.

【专家简介】

夏晓虹，中国高等教育学会第七届常务理事,《高校辅导员》常务副主编，中国高等教育学会辅导员工作研究分会秘书处办公室原主任、教育部高校思政队伍培训研修中心（山东大学）办公室主任。

"推优"背后的风波
——学生干部精准培育与施策的思考

周静　高霏

【案例描述】

小李，本科生，担任学生干部。该生于 2022 年 3 月被确定为入党积极分子，后进入培养考察阶段。

2023 年 10 月，学院按照"成熟一个，发展一个"的要求，开展推荐优秀共青团员作党的发展对象（以下简称"推优"）工作。小李是唯一符合最低考察时间要求的同学。但一年来，小李学习成绩中等，在一些班团活动组织中存在形式大于内容的现象，有时太过注重个人得失，经团支部召开"推优"大会，小李未能进入下一步考察环节，最终没有被推荐为发展对象。

推选结果公示后，小李第一时间就找到辅导员表达不满，在意见反馈过程中，多次提到干部"无用"、推选不公等言论，在学院学生干部、所在班级同学中，造成了一定的负面影响。小李的具体意见和诉求主要有三点：一是作为学生干部，为大家做了很多工作，没有功劳也有苦劳，自己理应被推荐为考察对象，进而确定为发展对象，大家的不支持让他无法接受；二是本团支部只有自己符合基本条件，为什么不能直接确定为发展对象？"推优"大会没有必要举行；三是如若学院这一次不推荐他，下一次符合基本条件的同学增多，自己没有竞争优势，落选怎么办？同时暗示学院给他学生干部优先推选的资格。

【案例分析】

高校学生干部，一般是指担任班团干部、学生会干部、学生社团干部等的大学生，作为大学生中的骨干力量，他们既是普通的受教育者，也是特殊的学生管理者和服务者，对于促进高校有效治理、浓厚校园文化氛围、提升人才培养质量具有重要作用。[①] 然而，在多元时代背景下，高校学生群体特征不断变化，高校学生干部也面临角色认知与定位、能力与素质提升等多方面的考验，这不仅影响着学生干部自身的成长发展，在一定程度上也影响着高校学生思想政治教育与日常管理工作实效。案例中的小李在一次"推优"入党落选后，内心产生了较大的冲突，我们认为主要原因有以下几个方面。

一、角色意识淡薄，谋职动机存在功利倾向

动机是意识主导机能，人的心理动机来源于人的需要，动机决定目的，目的在一定程度上反映动机。那么，究竟是什么原因促使大学生渴望做学生干部呢？经过谈心谈话，辅导员发现，部分学生希望通过担任学生干部在工作中得到锻炼，增强组织管理能力、社交能力、应变能力等，提升自身竞争优势，找到能够实现自我价值的工作岗位；也有学生认为学生干部队伍是一个先进活跃的组织，受老师"青睐"，希望能够加入其中，结识更多优秀的人，积累人脉资源；更有学生直言希望担任学生干部后，更快地解决入党、评奖评优等现实问题。这些都反映出当前部分学生干部集体观念淡化，个人主义、实用主义思想倾向比较严重的问题。他们在分析处理问题时，倾向于从自己的切身利益出发，从自己的利害得失来考

---

① 刘正宗，蒋宁. 高校学生干部角色行为与舆情回应：基于湖南高校的调查分析 [J]. 中国青年研究，2019（3）：97—101.

虑，凡是对自己有利的事情就去做，凡是对自己没有好处的事情就避开，片面强调自我设计、自我发展，关心自我利益的满足。案例中的小李就是此类学生干部的典型代表，"推优"入党落选后，小李认为自己的干部身份没有得到相应的回报和补偿，自己受到了不公平的对待。功利化的谋职动机，致使小李在任职期间，将更多心思花在了学生干部这一标签能够给自己带来多少个人利益上，而对干部角色本身的思考和实践却非常缺乏。在与班级同学的交流中，大家反映小李在工作中存在形式主义的问题，与同学交往并不密切，相比于集体的事情，他更关注个人的荣誉和得失。

二、规则意识淡薄，行动决策存在特权思想

规则是指在日常生活、学习和工作中约束人们行为的各种制度、章程和行为准则。而规则意识是指社会个体对规则的认知、认同、尊重和信仰，并自觉遵守规则的愿望和习惯。① 规则意识植根于社会生活和实践交往，既是个体发展的精神特质，也是美好生活建构之需。② 学生干部规则意识状况与个体主观认知密切关联，也受到一定外部环境因素的制约。本案例的矛盾触发点是党团和班级建设工作中的"推优"入党工作。"推优"是党赋予共青团组织的一项光荣任务，受到广大团员青年的普遍关注。长期以来，我们不断完善"推什么""谁来推""怎样推"等"推优"工作重点环节，细化指标体系，规范工作程序，发挥民主集中制优势，坚决做到结果公平公正。可以看出，推优入党的严肃性决定了这项工作必须讲规则，讲程序，它容不得一点"特权思想"。在日常实践中，我们会碰到部分学生干部，自认为身份特殊，就想搞点特殊，或者觉得自己可以搞点特殊，进而陷入个体情理逻辑的思维方式。案例中的小李

---

① 贾新华. 当代大学生规则意识的缺失与培育［J］. 教育理论与实践，2010（9）：30-32.

② 王雅丽，焦延楠. 新时代大学生规则意识的影响因素及培育对策分析［J］. 保定学院学报，2022（2）：92-98.

认为所在团支部只有自己符合基本条件，自己又是学生干部，从情理上说，学院应该直接划拨一个名额给他，同学们在推荐时应该优先考虑他，对规则的淡漠，使其逐渐萌生出了特权思想，进而导致其对"推优"入党工作制度产生认知偏差，宁可质疑、无视"规则"，也不愿意反思自我，倾听意见建议。

三、使命意识淡薄，作用发挥存在差距不足

高校肩负着为党育人、为国育才的重要使命，高校学生干部是学生中的骨干和中坚力量，是联系教师与学生的纽带和桥梁，是加强和改进大学生思想政治教育的重要依靠力量。学生干部不仅仅是学生日常事务的基层组织者、管理者和实施者，更应该成长为政治素质过硬、专业能力突出、群众基础良好的榜样标杆，要能够带动引领青年勇担时代使命，争做新时代好青年。从外部环境上看，随着对外开放的不断深入，拜金主义、享乐主义等多样化社会思想涌入，不断冲击着大学生的使命意识，具体表现为部分大学生对时代使命的重要性认识不足，大学生参与集体活动的动机呈现多样化特征。从高校内部来说，一方面，随着学生组织类型的不断丰富，架构体系的不断扩充，学生干部群体的人数不断增多，而一些低年级学生干部往往在实现了一些个人目标后，就选择退出干部群体，高年级甚至出现无可推可选干部的情况，导致学生干部队伍整体素质参差不齐，学生对学生干部的身份认同程度不一。另一方面，部分高校学生干部选拔培养机制还不健全，一定程度上存在重工作能力、轻思想道德，重使用、轻培训的遴选管理现状，导致部分学生干部使命意识不强，自我要求不高，工作格局不大，整体表现距离师生期待还有差距。本案例中，小李虽担任学生干部，但是其学业成绩中等，工作投入度不够，奉献集体和服务同学的意识还不强，在同学中的引领和团结作用发挥还不够充分，这些是组织做出对其继续培养决定的主要依据。

【解决办法】

培养高素质的学生干部队伍是加强和改进大学生思想政治教育的重要途径，学生干部的化育，既要着眼选拔—培养—激励—约束—反馈的全过程统筹，也要突出阶段性的精准教育。既要注重理论层面的价值灌输，也要从干部成长困惑切入，因事而化、因时而进、因势而新。

解决本案例中小李的诉求，我们要指导学生回答好三个问题。一是端正谋职动机，追问自己为什么当学生干部。在谈心谈话中，我们以学生干部角色理解切入，与小李一起探究学生干部的角色价值，帮助小李建立起正确的认知和价值判断，淡化"官念"，引导其树立科学长远的发展目标，并在实践中不断深化奉献精神和为民服务的宗旨意识。二是破除"特权"思想，明确权利的边界、监督和约束。学生干部相比普通同学，有更多展现和锻炼的平台，这在各类学生工作中，本身就是一种优先，优先被了解，优先得到了展示。学生干部岗位赋予的权利是有边界的，这种权利必须合规，且受老师、同学的共同监督。三是坚定使命担当，思考学生干部能够发挥什么作用，如何发挥作用。案例中的小李使命意识不强，成长信心不足，个人综合发展不突出，示范引领作用不够有力。在谈心谈话中，我们通过学业诊断，工作复盘等方式，与小李一起找出自身弱点弱项，进一步优化个人、集体成长路径。通过一段时间的引导、指导、考评反馈，使其不断明晰个人、集体发展目标，并通过不懈努力，提升自身综合素质，带动集体共同进步。

通过对这一案例的进一步总结反思，我们认为，辅导员解决此类学生干部的困惑和诉求，可以重点从以下三个方面发力。

一、"选聘期"精心引导，使学生干部明确角色认知

建立一支素质精良、作风过硬、团结善战的学生干部队伍，选拔工作是第一步，而科学有效的干部选拔本身就是一种教育手段，选拔标准就代表着高校引领学生干部成长的方向。辅导员在日常工作中，一是要前置教育引领，通过开展晚点名、主题班团活动等形式，加强理想信念教育，端正学生的入党动机。选树优秀学生干部榜样，强化服务意识，防止角色认知模糊不清的学生进入学生干部队伍。二是要激活道德需求，引导学生知晓个人不是孤立生存的，互相之间是相互依赖的，培养学生自觉自愿接受外在道德影响并将其内化，正确理解学生干部的角色定位和价值追求，坚决摒弃功利思想，用自身的道德品质塑造自己，影响同学，为集体的共同成长而工作。

二、"培养期"精准培育，提升学生干部专业水准

学生干部需要承担某一学生群体的活动组织、通知传达、意见反馈、信息搜集等具体工作，工作如何开展，怎么才能开展得合规则、有质量，这些都关系到日常思想政治教育工作的有效性。在较长时间的学生干部培养教育期，一是要着力培养学生干部的民主与平等的意识。在日常工作中，通过平等的讨论，转变学生干部对权利的不正确的认识，让他们认识到权利只是赋予了自己更多的责任而不是个人追逐名利以满足自己虚荣心的工具。必要时辅导员要给学生干部以适当的指点，以避免其以为有权在手，就可以谋求私利。二是要着重强化工作过程指导、监督，经常开展工作复盘、培训，强化规则意识，引导学生干部熟悉规则，理解规则，尊重规则，严格按照规则办事，掌握学生日常管理工作的规律和关键点，实现学生事务的稳妥有序推进。

三、"考核期"精细指导，强化学生干部使命意识

学生干部，既是学生，也是干部，在"推优"入党、评奖评优、项目申报等工作中，既是组织者，也是被考核者，辅导员不仅要从管理者的角度去要求学生干部，更要从培养人、教育人、锻炼人的角度，激励学生干部。一是要加强学生干部使命意识教育，牢牢把住"思想之舵"，引导学

生干部深刻认识新时代的历史使命，自觉成长为所在班团组织的榜样标杆。二是要激发学生干部成长内驱动力，帮助其增进成长信心，不因一时得意而忘形，不因一时失意而失志，理性平和、积极向上，带动其他学生共同进步，真正成为先进集体的领跑者。

【经验启示】

高校学生干部，具有学生和干部双重身份，学生干部的常规培养并非一日之功，唯有明确目标、精心化育、审慎判断、及时追溯、深入思考、全面分析、用心指导、适机施策才能引导他们锚定目标站位高远，持之以恒行动稳妥，充分理解规则的正确性与科学性，以高位认知与正确行动不断提升自身综合素质，进而带动群体成员共同成长。

一、精准关注思想引领，培养一批有正气的学生干部

学生干部是学生中的骨干力量，要建立科学的选拔和培养机制，进一步发挥这部分关键少数在学生群体中的正向引领和组织作用。要强化对这一群体的价值引领，始终把思想政治标准、道德品行表现放在首位，引导学生干部坚定政治立场，树牢宗旨意识，在大是大非面前保持头脑清醒，做事有公心讲规则，积极涵养一身浩然正气，让人能够感受到学生干部的清澈和纯粹。

二、精准提升业务能力，培养一批有灵气的学生干部

学生干部是学生日常管理工作的主要协助者和参与者，其业务能力的强弱直接影响到学生工作的质量和效果。要善于抓住教育载体，与学生干部一起经常性召开工作复盘会议，学习党团工作制度、熟悉学生事务工作程序，加强工作业务培训与研讨，引导他们在"干中学""学中干"，不断提升自身工作能力。要建立完善的评价机制，通过定期的业务考核、工作评估等方式，对学生干部的业务能力进行客观评价，并根据评价结果及时

调整培养计划和方法。

三、精准指向担当作为，培养一批有朝气的学生干部

学生干部一般各有特点，或者实干型，或者群众型，或者创新型，或者学习型，在面对不同的工作任务或者事例时，有时优势显著，有时也会暴露缺点和不足。我们要朝着培育综合型学生干部的方向，积极引导他们勇于担当作为，不断增强使命意识，始终充满对未来发展的信心，坚定目标，持之以恒，锤炼优秀的个人品质，为实现个人全面发展、集体共同进步不懈努力。

【专家点评】

学生干部是辅导员做好学生日常教育管理工作的依靠力量。

学生干部，首先是学生，其次是干部。学习是学生的本职工作，学生干部的学习要好。学生干部和社会上的干部、国家领导干部不一样，学生干部要主动服务同学，通过服务学生锻炼自我、提升自我。学生干部在实践中能够不断提升组织能力、协调能力，以及面临紧急事件时的处理能力，当学生干部的过程就是一种锻炼。

学生干部不能光说不练，应该有一种奉献精神，要发挥带头作用，要带头遵守学校的规则，不能对同学指手画脚。

我们要教育引导学生干部更好地进行角色定位，要经常性开展培训，指导他们掌握组织管理的方法。学生干部中如果有特权思想，我们要及时纠偏，树立正确的导向；要弘扬正气，树立主流价值观，把学生干部的带动、服务和奉献意识激发出来。

案例的解决办法可以更加有针对性，能够对解决案例中的同类问题发挥更多借鉴作用。

【专家简介】

刘先春，兰州大学马克思主义学院教授，中央马克思主义理论研究和建设工程首席专家，国家社科基金重大招标项目首席专家，首届思政课影响力人物十大标兵之一。